汽车维修技能训练“从校园到职场”系列丛书

汽车涂装与修复

宋孟辉　惠有利　主　编

机械工业出版社

本书从实际应用出发，按照项目教学的要求，将具体内容按照学习目标、任务分析、相关知识、任务实施的形式进行编排。

本书全面地阐述了汽车涂装修复的理论知识和应用技能，并介绍了先进的前沿的汽车涂装修复技术。全书共分6个项目20个任务，内容包括车身板件的表面处理、车身板件的防腐蚀处理、中间涂层的施工、汽车面漆调色、面漆的喷涂及汽车涂料和涂膜性能检测。

本书内容先进、资料翔实、图文并茂、通俗易懂，适合作为职业院校相关课程的教材，同时也可作为汽车涂装修复技术人员的参考用书。

图书在版编目(CIP)数据

汽车涂装与修复/宋孟辉，惠有利主编. —北京：机械工业出版社，2016.9

(汽车维修技能训练"从校园到职场"系列丛书)

ISBN 978-7-111-54655-9

Ⅰ.①汽… Ⅱ.①宋… ②惠… Ⅲ.①汽车—涂漆②汽车—车体—车辆修理 Ⅳ.①U472.4

中国版本图书馆CIP数据核字(2016)第200019号

机械工业出版社(北京市百万庄大街22号 邮政编码100037)

策划编辑：赵海青 责任编辑：赵海青 丁 锋

责任校对：刘 岚 封面设计：陈 沛

责任印制：李 飞

北京铭成印刷有限公司印刷

2016年10月第1版第1次印刷

184mm×260mm · 17印张 · 409千字

0001—3000册

标准书号：ISBN 978-7-111-54655-9

定价：45.00元

凡购本书，如有缺页、倒页、脱页，由本社发行部调换

电话服务	网络服务
服务咨询热线：010-88361066	机 工 官 网：www.cmpbook.com
读者购书热线：010-68326294	机 工 官 博：weibo.com/cmp1952
010-88379203	金 书 网：www.golden-book.com
封面无防伪标均为盗版	教育服务网：www.cmpedu.com

前言

在我国，随着汽车尤其是家用轿车保有量的不断增加，车身涂装维修市场也在不断扩大，需要的车身涂装维修人员也越来越多。同时，汽车涂装使用的材料在不断变化，维修质量的要求也在不断提高，对维修技术人员的素质也提出了更高的要求。各职业院校纷纷开设了此类专业，培养专门的汽车涂装维修技术人员。目前的一些相关的教材缺少针对性，理论性过强，缺少实际指导作用。同时，汽车涂装维修新工艺、新材料不断出现，现有教材无法满足人才培养要求。

本书着重介绍汽车维修涂装技术，参与编写人员由职业院校教师和维修企业技师组成。全书共分6个项目，内容包括车身板件的表面处理、车身板件的防腐蚀处理、中间涂层的施工、汽车面漆调色、面漆的喷涂及汽车涂料和涂膜性能检测。每个项目中包含多个任务，每个任务按照学习目标、任务分析、相关知识、任务实施的模式进行编排。“任务实施”详细说明了实操的安全与卫生要求、准备工作、操作流程及操作中的注意事项，同时给出了实训记录单，便于教学活动的实施。每个项目后面配有该项目的理论试题和实操考核要求及考核记录单，用以提示指导教师在项目实训结束后检验学生的掌握情况。

本书由宋孟辉、惠有利担任主编，参加本书编写的还有李培峰、杨占峰、鞠峰、卢中德、孙涛、张成利、李泰然、郭大民等。

由于编者水平有限，书中难免存在不足之处，恳请广大读者批评指正。

编　者

目录

项目一

车身板件的表面处理

汽车车身大多数的零件都是由金属制造的，为了减少零件腐蚀造成的损失采取了很多措施，但至今为止仍以有机涂层为最有效、最经济、应用最普遍的方法。同时，色彩斑斓的车身颜色也是由不同的汽车涂料形成的涂膜呈现的。因此必须了解掌握涂料的分类、性能、操作工艺、成膜原理等方面的知识，才能确保汽车维修的涂装质量。

任务一　车身涂装安全与防护

学习目标

1. 了解安全防护的重要性。
2. 了解涂装技工受到的身体危害有哪些。
3. 熟悉涂装技工的基本安全防护措施有哪些。
4. 掌握安全用电、防火和电动工具使用技能。
5. 学会正确的使用和保养防护毒面具。

一、任务分析

涂料施工操作中安全生产和个人保护是防止发生火灾、伤亡事故、职业病，保障职工身体健康的一个重要措施。由于涂料及稀释剂都是易燃品，都易挥发并且有一定毒性，在施工中严格执行劳动保护法规和条例。

油漆、腻子等化学品对人体的危害会逐渐积累起来，虽然有些危害短期内不会有症状表现出来，但是经过长时间的积累，表现出来的症状就会非常严重，而且一般无法治愈。因此与损失的健康相比，使用呼吸保护装置等防护措施永远是廉价的，而且是非常必要的。

二、相关知识

（一）个人安全防护

1. 汽车涂装作业危害

涂装作业时能够危害人体的物质，有很多在短期内可能不易察觉对身体造成的伤害，但 15 年或 20 年以后，病症就会发作，通常这种伤害是无法挽回的。根据其大小，溶剂、微粒会沉淀在支气管或细支气管中，肺部细胞间隙大小如图 1-1 所示。

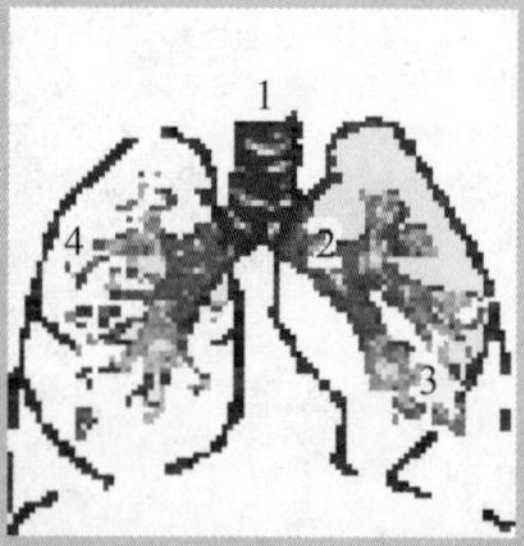

图 1-1　肺部细胞间隙

1—气管(10μm)　2—支气管(5~10μm)

3—细支气管(1~5μm)　4—肺泡(0.01~1μm)

1）颜料可能含有铅、铬、镉、铁等重金属。铅危害神经系统、血液系统、肾脏系统、生殖系统；铬危害呼吸道、消化道、皮肤溃伤、鼻中隔穿孔；镉危害呼吸道病变、肾脏系统。

2）挥发性有机化合物(英文简称 VOC)可能含有或包括甲苯、二甲苯。有机溶剂危害刺激中枢神经、皮肤、肝脏。汽车修理厂对环境污染最严重的是挥发性有机化合物的排放。

3）树脂可能是合成的物质，合成树脂危害使呼吸道过敏、皮肤过敏。

4）2K 型烤漆的固化剂可能含有异氰酸盐，异氰酸盐刺激皮肤、黏膜以及呼吸器官障碍。不注意安全防护存在的隐患，如图 1-2 所示。

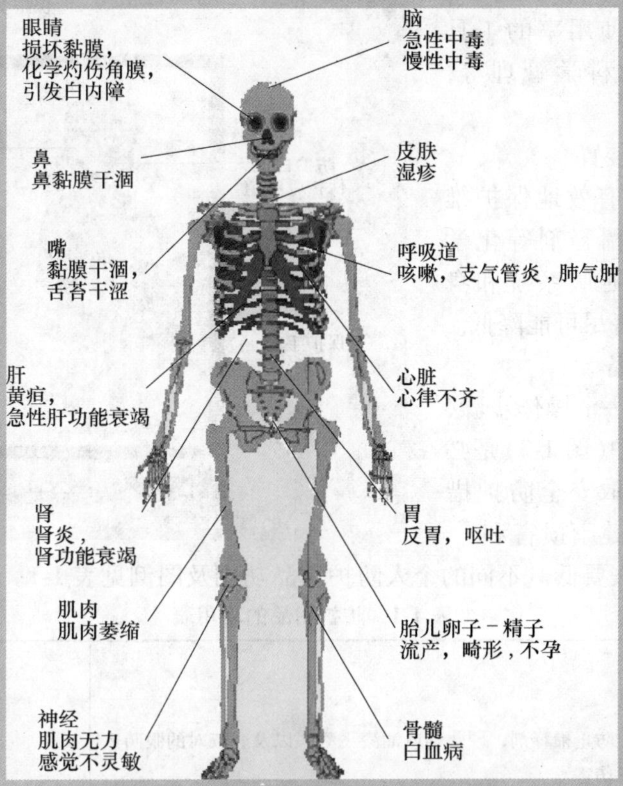

图 1-2　人身体各个部位的安全隐患

汽车修补漆的作业，必须注意安全，避免工业意外的发生。因此，我们必须谨记：预防胜于补救。

2. 安全防护

涂料对环境的影响主要是涂料中有机物的挥发、废涂料的排放、稀释剂的处理等。喷漆工作中时刻要注意自身的安全防护，安全防护措施不仅需要硬件上的支持，例如良好的工作环境和维修设备，更需要维修厂的管理人员和维修人员充分认识到安全防护的重要性。

（1）环境控制

环境控制中很重要的内容应该是通风。良好的通风条件，不仅有利于涂层干燥，还能及时排出有害废漆和挥发性气体。如果条件允许最好在具有强制换气扇的烤漆房或无尘车间内喷漆。

（2）使用先进的工具设备

先进的喷漆设备可以有效地降低化学物质对操作者的危害。

1）高质量的喷枪，提高喷涂时的油漆利用率，减少废漆。HVLP（高流量低气压）喷枪、静电喷枪、无气喷枪能使涂料利用率达到65%以上。可以提高涂料的使用率而达到降低 VOC 的目的。

2）无尘干磨设备可以使腻子打磨造成的粉尘降到最低，减少了操作者呼吸系统吸入粉尘的概率。

（3）使用环保的喷涂产品

选用高固体份涂料和水性涂料、选用提高涂料使用率的工具设备、对废涂料的科学管理等，减少对环境的污染。

（4）使用防护装置

防护装置可以有效地保护维修人员，使油漆、稀释剂等化学物质对维修人员的呼吸系统和身体皮肤等造成的危害尽可能降低。

3. 个人防护装备

涂装施工中每一个操作步骤，正确的个人安全防护（图 1-3）是必需的。在工作中采取安全防护措施的成本，永远比健康损害和挣钱能力降低的损失要低。不同的个人防护用品功用及图例见表 1-1。

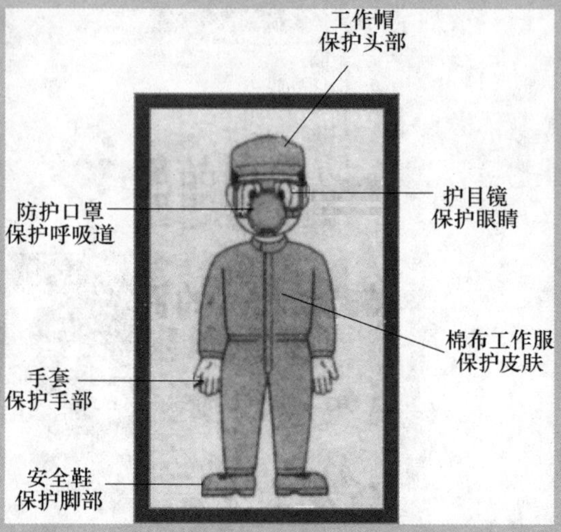

图 1-3　个人安全防护用品

表 1-1　防护用品的功用表

护目镜	防止稀释剂，硬化剂或油漆飞溅，以及磨灰对的眼睛造成伤害	
防尘面具	保护肺部免受打磨时产生的固体微粒的危害。根据需要使用不同级别微尘过滤器。滤芯的保护等级见表 1-2	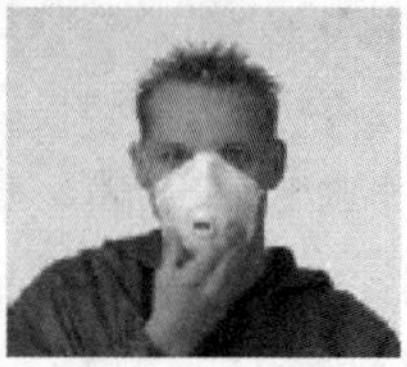
防护手套	在打磨或处理汽车零件时免受手部伤害。异氰酸酯和溶剂会通过呼吸器官，即口和鼻被吸入。溶剂也会通过皮肤，眼睛和头发被传送到血液系统中，从而损坏人的所有器官。因此，建议与溶剂接触时，佩戴防护手套	

（续）

过滤式呼吸防护面罩	如短期接触有害气体，可使用带组合过滤器的过滤式半面型面罩，装置组合 A2P2，打磨时不可用粗尘过滤式面罩。适合汽车制造厂和 4S 站喷涂操作	
半面式供气面罩	适合长时间接触有害物质，呼吸空气的质量与环境空气无关。两侧送风，气流均匀，通过附设的气压计可随时调整最舒适的送风气压。可以随时观察活性炭滤芯的有效性。需配活性炭过滤器及腰带	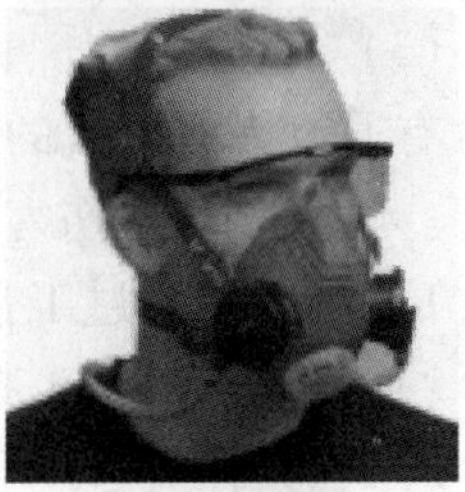
全面式供气面罩	适合长时间接触有害物质，呼吸空气的质量与环境空气无关。通过附设的气压计可随时调整最舒适的送风气压，可以随时观察活性炭滤芯的有效性。需配活性炭过滤器及腰带	
活性炭过滤器及腰带	绑在腰上方便使用，不影响喷涂操作。经活性炭过滤后气体可以直接供人呼吸	

表 1-2　过滤式口罩滤芯的保护等级

过滤物质	英文代号	颜色	过滤等级	保护范围
颗粒	P	白色	P1 P2 P3	低毒性固体物质 低毒性固体及液态物质 一般毒性固体及液态物质
有机气体及挥发物	A	棕色	A1 A2 A_X	沸点在 65℃以上的有机气体及挥发物（如溶剂），防护等级 1 级 沸点在 65℃以上的有机气体及挥发物（如溶剂），防护等级 2 级，防毒面具带配的是 A2 沸点在 65℃以下的有机气体及挥发物（如溶剂）

（二）安全生产

1. 安全用电

安全用电是企业经营管理的基本原则之一，“安全促进生产，生产必须安全”。违反用电规程，会造成停电、停产、损坏设备、火灾，甚至触电危及生命等后果。

（1）触电对人体的伤害

触电是指电流以人体为通路，使身体的一部分或全身受到电的刺激或伤害。触电可分为电击和电伤两种：

1）电击。电击是指电流通过人体，造成人体内部器官伤害，这是十分危险的。

2）电伤。电伤是指电流对人体外部造成的局部伤害，如电弧烧伤、电灼伤等。

（2）触电方式

1）单相触电。大部分的触电事故都是单相触电。此时人体承受220V的电压作用。

2）两相触电。是指人体同时触及两根火线，此时加在人体的电压是380V电压，其触电后果最为严重。

（3）影响触电伤害程度的因素

有通过人体电流的大小、电流频率高低、触电时间长短、人体电阻以及通过人体的途径等。电流是触电伤害的直接因素，通过人体的电流越大，致命的危险也就越大。

1）当人体流过工频1mA或直流5mA电流时，人体就会有麻、刺、痛的感觉。

2）当人体流过工频20~50mA或直流80mA电流时，就有生命危险。

3）当人体流过100mA的工频电流时就会呼吸困难，心脏停跳。

（4）触电事故的常见原因

1）忽视安全操作，违章冒险。

2）缺乏安全用电的基本常识。

3）输电线或电气设备的绝缘损坏。

（5）安全电压

人体通过10mA以上的电流就会有危险。因此，要使通过人体的电流小于10mA，若人体电阻按1200Ω算，根据欧姆定律：$U = IR = 0.01\text{A} \times 1200\Omega = 12\text{V}$。如果电压小于12V，则触电电流小于10mA，人体是安全的。我国规定特别潮湿，容易导电的地方，12V为安全电压。如果空气干燥，条件较好时，可用24V或36V电压。一般情况下，12V、24V、36V是安全电压的三个级别。

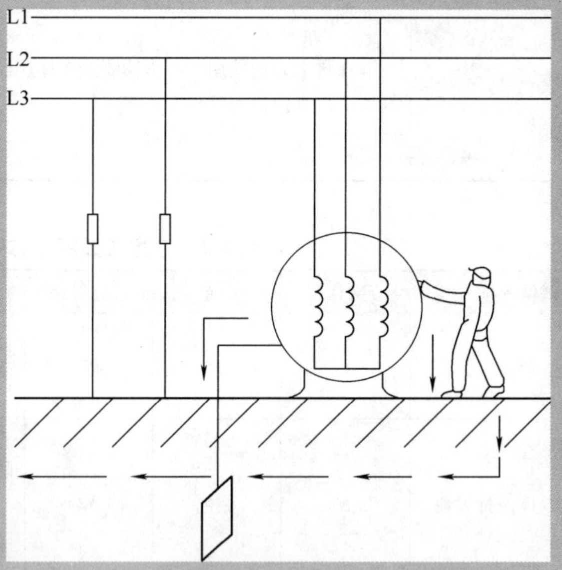

图1-4　电动机保护接地

（6）安全用电

为了防止触电事故的发生，可采用以下安全措施：

1）我国照明电源采用的都是单相电源。电灯开关应接在火线上，用螺旋灯头时不可把火线接在和螺旋套相连的接线柱上，以免调换灯泡时触电。

2）电气设备的保护接地。保护接地是指将电气设备的金属外壳与接地体之间可靠连接。图1-4所示为电动机保护接地电路。

3）电气设备的保护接零。保护接零是指将电气设备的金属外壳与零线可靠连接，如

图 1-5 所示。采用保护接零后，若电动机内部一相绝缘损坏而碰外壳，则该相短路，其短路电流很大，将使电路中的保护电器动作或使熔丝烧断而切断电源，从而消除了触电危险。可见，保护接零的防护比保护接地更为完善。

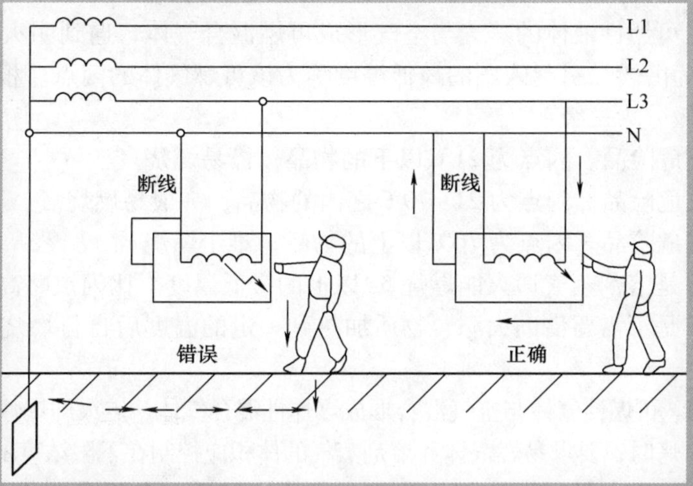

图 1-5　保护接零

4）提高电气设备的绝缘要求。电气设备的金属外壳和导电线圈之间的绝缘好坏通常用绝缘电阻来衡量。固定电气设备的绝缘电阻不能低于 0. 5MΩ。可移动的电气设备，如手提式电钻、台式风扇的绝缘电阻不能低于 1MΩ。潮湿地方使用的电气设备，如洗衣机等电器的绝缘电阻还应更高些，以保证安全。随着使用年限的增长、温度升高和湿度增大，电气设备的绝缘性能会下降。

（7）电动工具的安全使用

1）工作场所应该清洁无杂物，杂乱无章的工作环境会导致意外事故的发生。

2）使用电动工具操作时，应该检查工具是否接地，电线要用胶管保护，在潮湿场地操作，必须穿胶皮鞋，戴橡胶手套。

3）工作时衣服穿戴要合适，不要让松散的衣角或长链首饰卷入电动工具的转动部分。长发者应戴工作帽，把头发拢柱。

4）抛光机、电动角磨机等使用三脚扁插头和三眼扁插座。正确的接法是把用电器的外壳用导线接在中间长的插脚上，并通过插座与保护零线相连。

5）电气设备（空气压缩机、电气工具、照明设备）发生故障时，应立即切断电源，然后报告，由专业人员进行检修。

6）使用手提式电钻时，必须戴上橡皮手套或站在绝缘垫上。

7）电线或电气设备失火时，应迅速切断电源，然后马上报告。

8）在带电状态下，不能用水和泡沫灭火器灭火，否则会使人触电。这种情况可用黄沙、二氧化碳灭火器或 1211 灭火器进行灭火。

9）发现有人触电时，首先应使触电者脱离电源，然后进行现场抢救。

10）绝大多数的电动工具作业时，均需戴护目镜。进行粉尘飞扬的切削作业时，需戴防尘面罩。

2. 防火

涂料施工中，安全操作是防止火灾伤亡事故的一个重要措施。在涂装材料中，有机溶剂是发生火灾与爆炸的主要材料。

(1) 燃烧相关术语

1) 闪燃点。可燃性液体的蒸气与空气形成可燃混合气体，遇到明火而引起闪电式燃烧，这种现象称为闪燃。引起闪燃的最低温度称为该可燃气体的闪点。根据闪点不同将物质的火灾危险等级分为三级：

① 一级火灾危险品。闪点为21℃以下的物品，极易燃烧。

② 二级火灾危险品。闪点为21~70℃之内的物品，一般易燃烧。

③ 三级火灾危险品。闪点为70℃以上的物品，难于燃烧。

2) 着火点。是溶剂蒸气遇火能燃烧5s以上的最低温度。比闪点略高。

3) 自燃点。是不需要借助火源，物质加热到一定的温度后自行燃烧的最低温度，比闪点高得多。

4) 爆炸范围。可燃性气体与空气混合形成爆炸性混合气体，点火即爆炸。为了确保安全，汽修厂燃油烤房烘烤时，要求易燃气体和溶剂蒸气的体积应控制在下限浓度的25%以下。

5) 溶剂蒸气密度。易燃性溶剂的蒸气一般比空气重，有积聚在地面和低处的倾向，因此通风换气口应该设置在接近地面处。

(2) 灭火的基本方法

1) 移去或隔离已经燃烧的火源，熄灭火焰。

2) 隔绝空气，切断氧气，使火焰窒息，或者将不燃烧的气体(如二氧化碳)喷射到燃烧的物体上，使空气中的氧气含量下降到16%以下，熄灭火焰。

3) 用冷却法把燃烧物的温度降低到着火点以下，即可以灭火。

(3) 灭火器种类和型号

灭火器的种类很多，按其移动方式分为手提式和推车式；按驱动灭火剂动力来源分为储气瓶式、储压式、化学反应式；按所充装的灭火剂分为泡沫、二氧化碳、干粉、卤代烷(例如常见的1211灭火器)，还有酸碱、清水灭火器等。

常见的灭火器有MP型、MPT型、MF型、MFT型、MFB型、MY型、MYT型、MT型、MTT型。这些字母的含义如下：

第一个字母M表示灭火器；第二个字母F表示干粉，P表示泡沫，Y表示卤代烷，T表示二氧化碳；有第三个字母的，T表示推车式，B表示背负式，没有第三个的字母的表示手提式。

(4) 常用灭火器的使用

涂装车间常用手提式泡沫、二氧化碳、干粉或卤代烷灭火器。

1) 泡沫灭火器可用于扑救液体涂料火灾灭火。使用灭火器时应始终保持倒置状态，否则将会中断喷射。切忌直接对准液面喷射，以免由于喷射流的冲击，反而将燃烧的液体冲散或冲出容器，扩大燃烧范围。

灭火器每隔两年进行一次水压试验，每年要更换药剂，并注明换药时间。

2) 二氧化碳灭火器可用于扑救液体涂料火灾灭火。不适用于扑救轻金属火灾。使用时，要戴上手套，防止手被冻伤；在室外使用时，应选择在上风方向喷射，不能逆风操作；灭火时应连续喷射；在搬运过程中，应轻拿轻放、防止撞击。

二氧化碳是窒息性气体，对人体有害，空中的二氧化碳含量达到8.5%，就会发生呼吸困难，血压增高，严重的可因窒息而死亡。因此，在空气不流通的火场使用二氧化碳灭火器后，必须及时通风。

二氧化碳灭火器不可放在采暖或加热设备附近以及阳光强烈照射的地方，存放温度不要超过 55℃。每隔五年进行一次水压试验，并打上试验年、月的钢印。

3）干粉灭火器可用于扑救液体涂料火灾灭火。不适宜扑救轻金属燃烧的火灾。一经打开使用，不论是否用完，都必须进行再充装，充装时不得变换干粉品种。每隔五年或每次在充装前，应进行水压试验。

4）卤代烷型灭火器(1211 灭火器)可用于扑救液体涂料火灾。每隔半年检查一次灭火器上的压力。每隔五年或再次充装灭火剂前，应进行水压实验，合格后方可继续使用。

3. 涂料施工的安全管理

（1）涂料的存放和保管

1）库房要有通风口。防止过分密封，使得库房内有机溶剂的浓度过高而发生危险。

2）涂料仓库照明开关应安装在库房外面，施工场地的照明设备必须有防爆装置。

3）火柴、打火机、手机不得带进库房。

4）库房室温不得超过 28℃。

5）夏季高温时应有降温措施。取料时避开中午高温，在早、晚温度较低时取料。

6）库房内不许调配涂料，使用过的涂料桶盖必须盖紧，不准存放敞口的涂料桶。

（2）防火防爆

1）由于涂料在施工中有大量溶剂挥发，是易燃品，其闪点低，极易燃烧。因此涂料桶盖要盖紧，防止溶剂蒸发使空气中的溶剂浓度超过规定的界限。

2）所用过的浸有涂料、溶剂的棉纱、碎布等易燃物，应该集中存放在金属桶内，并用清水浸没，防止材料因过热而自燃。

3）涂料施工现场必须使用防爆插座，禁止使用闸刀开关。

4）有机溶剂使用量大的工作场所，不能安装配电箱、断路器、闸刀开关等设备。

5）在涂装作业中，砂轮机脱漆、使用焊枪、铁器的撞击、电气开关的接触火花、静电、吸烟、易燃物堆积引发自燃等情况下都会产生火种。

6）铁器相互敲击或穿有铁钉的鞋子撞击铁器都容易发生撞击火花。涂料桶不能用螺钉旋具开启。

7）涂装车间内的设备、管道、较大型的溶剂容器都必须接地，避免产生静电。

三、任务实施

（一）防毒面具的使用和保养

1. 防毒面具的检查

防毒面具在每次使用之前必须检查，如面具破坏或零件缺损，面具必须丢弃。检查程序如下：

1）检查面具有无裂痕、撕破或脏物。确保面具，尤其是面具与脸部贴合密封部分，不能弯曲变形，如图 1-6 所示。

2）检查呼吸阀有无变形、裂痕或撕裂，将阀提起，检查阀座有无脏物或裂痕。

3）检查头带是否完整并有弹性。

4）检查所以的塑料部件有否裂痕，检查过滤罐座是否完好。

5）将呼气阀盖卸下，检查呼气阀和阀座有否脏物、变形、裂痕和撕裂，然后重新装上呼气阀座，如图 1-7 所示。

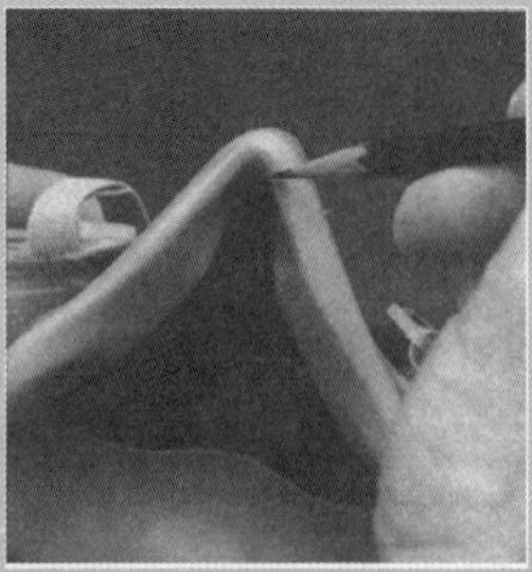

图 1-6　检查裂痕

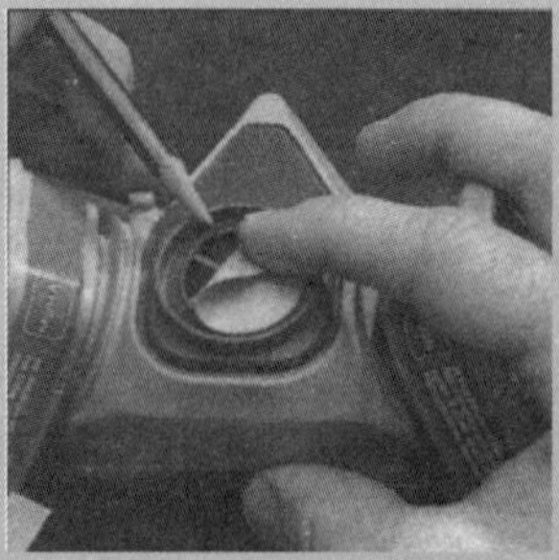

图 1-7　检查呼吸阀

2. 防毒面具的装配

1）先将虑毒罐标记部分对准面具本体的标记部分，然后扣上。

2）以顺时针方向扭转滤毒罐至卡定位置(1/4 圈)，如图 1-8 所示。

3）将滤棉放入塑料盖中，使印有字体的一面朝向虑毒罐，如图 1-9 所示。

4）将橡胶盖扣向滤毒罐并卡定。如装配正确，滤棉将完全遮住滤毒罐表面。

5）如果更换过滤棉，将橡胶盖拉起，如图 1-10 所示。

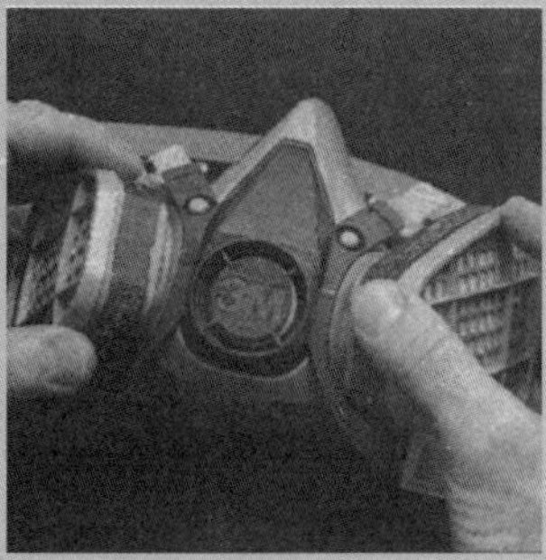

图 1-8　安装滤毒罐

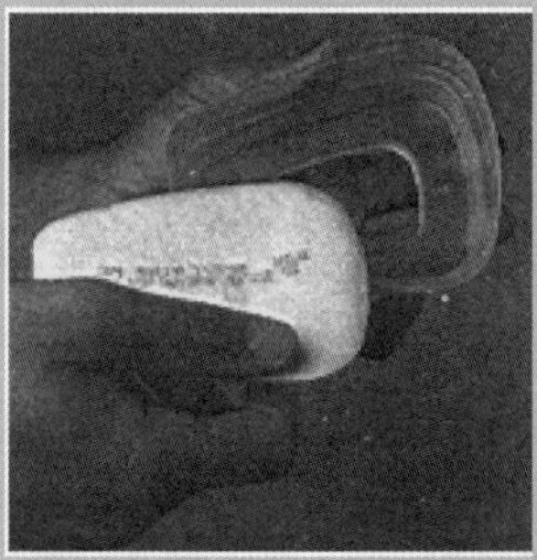

图 1-9　安装过滤棉

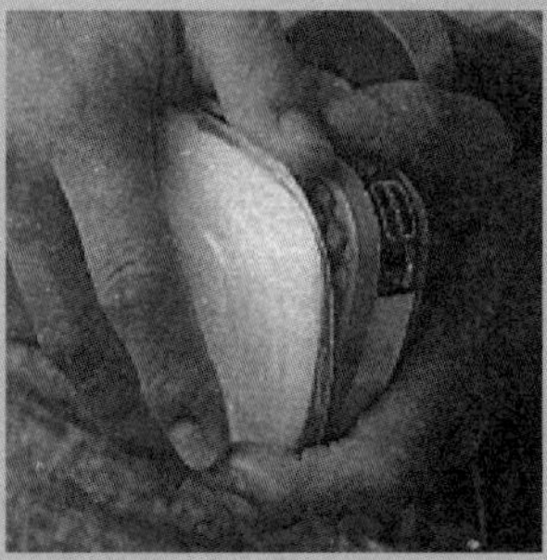

图 1-10　打开橡胶盖

3. 防毒面具的佩戴

1）将面具盖住口鼻，然后将头带框套拉至头顶，如图 1-11 所示。

2）用双手将下面的头带拉向颈后，然后扣住，如图 1-12 所示。

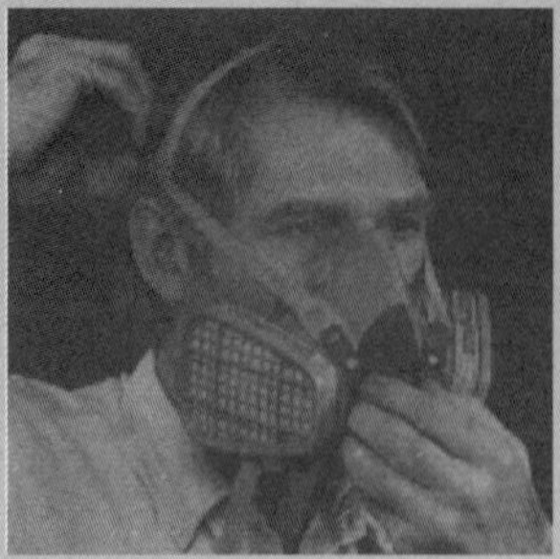

图 1-11　盖住口鼻

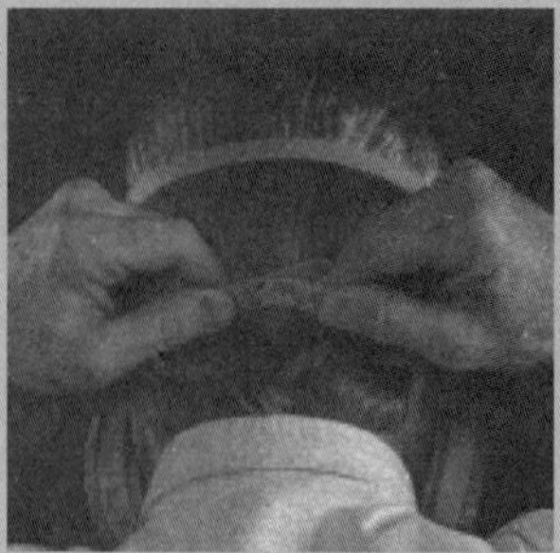

图 1-12　头带拉向颈后

3）将面具沿鼻梁稍往下调整，以不阻挡视野并保持最佳密闭性，如图 1-13 所示。

4）先调整前面头带，然后调整颈后头带，不要拉得过紧（如过紧，可向外推塑料卡将头带放松）。然后做正压/负压密闭性测试，如图 1-14 所示。

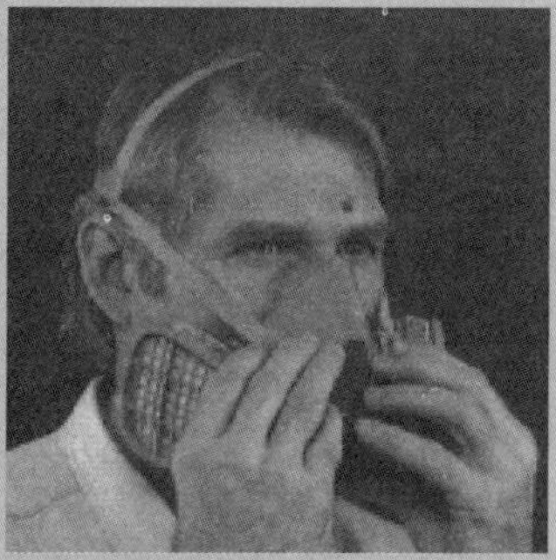

图 1-13　往下调整

图 1-14　调整

4. 密闭性测试

（1）密闭性正压测试

将手掌盖住呼气阀并向外慢慢呼气，如面具向外轻轻鼓胀，而没有感觉气体从面部及口罩间泄漏，则表示佩戴密闭性良好；如感觉有气体泄漏，重新调整面罩位置或调整系带的松紧度，以制止漏气，重新做以上的正压测试步骤，如图 1-15 所示。

（2）密闭性负压测试

用拇指抵住滤棉的中心部分，限制空气流入滤棉的呼吸管道。轻轻吸气，如果面罩有轻微塌陷，并向脸部靠拢，而没有感觉气体从面部和口罩间漏进，则表示佩戴密闭性良好；如感觉有气体漏进，重新调整面罩位置或调整系带的松紧度以制止漏气，重做以上负压测试步骤，直至密闭性良好，如图 1-16 所示。

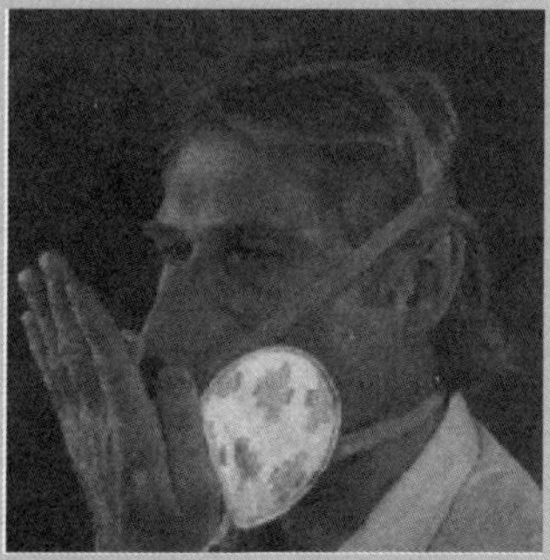

图 1-15　正压测试

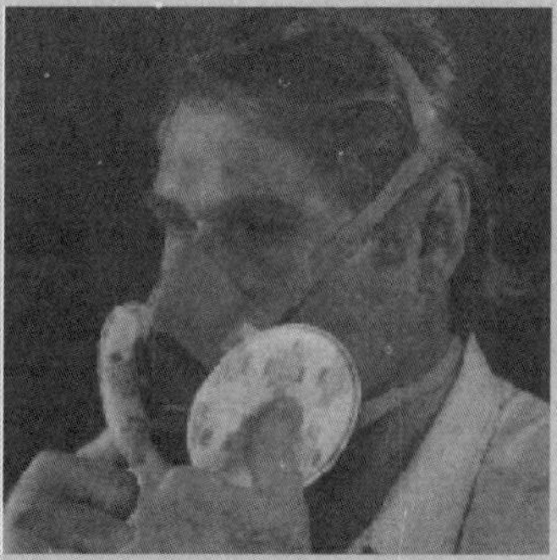

图 1-16　密闭性负压测试

⚠ 注意：

如果佩戴的口罩不能达到良好的密闭性要求，请勿进入污染区域。

5. 清洗和储存

1）在每次使用后，建议卸下滤毒罐和滤棉后并清洗面具，如图 1-17 所示。

2）面具使用一段时间后要彻底清洗(不包括滤棉或滤毒罐)，将防毒面具浸在温热的清洁液中，水温不要超过 50℃，用软刷清洗直至清洁，如图 1-18 所示。如有必要加中性洗涤剂，不要用含有羊毛脂或其他油性的清洁剂。

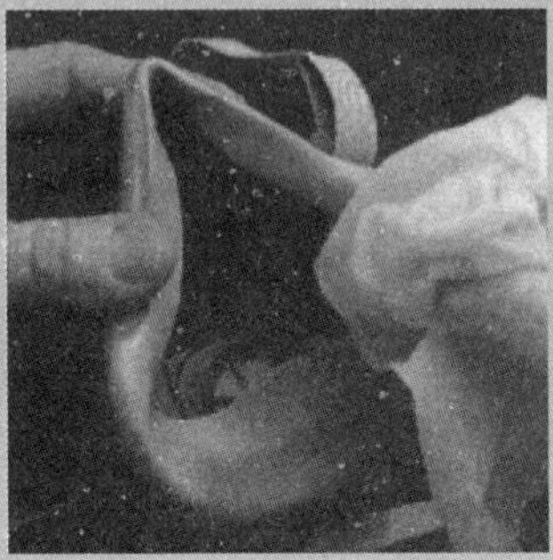

图 1-17　日常清洗面具

图 1-18　彻底清洗面具

3）用干净、温和的水冲洗。并在清洁的空气中风干。

4）防毒面具各个部件必须在每次使用前检查，如有破损必须丢弃。

5）在不是用时，清洁的防毒面具必须在污染区以外，密封保存。

6. 滤毒罐的使用寿命

滤毒罐的使用寿命与下列因素有关：

1）佩戴者的活动量(呼吸频率)。

2）污染物浓度及挥发性。

3）环境条件，如温度、湿度和气压等。

(二) 个人防护用品佩戴

进行车身涂装操作时要根据实际工作情况选用合适的个人防护用品，不同工作内容佩戴的个人防护用品见表 1-3。

表 1-3　不同施工项目佩戴的个人防护用品

工作项目 防护内容	工作帽	防护眼镜(观察施工效果时不戴)	防尘口罩	防毒面具	棉布工作服	防静电工作服	线手套	耐溶剂手套	安全鞋
清洁板件	√	√			√				√
损伤评估	√				√				√

（续）

工作项目 防护内容	工作帽	防护眼镜（观察施工效果时不戴）	防尘口罩	防毒面具	棉布工作服	防静电工作服	线手套	耐溶剂手套	安全鞋
打磨损伤部位	√	√	√		√		√		√
除尘	√	√	√		√		√		√
除油	√	√		√		√		√	√
板件防锈	√	√		√		√		√	√
调和、刮涂腻子	√	√	√		√		√		√
打磨腻子	√	√	√		√		√		√
遮护	√				√				√
准备和喷涂中涂底漆	√	√		√		√		√	√
打磨中涂底漆	√	√	√		√		√		√
涂料调色	√	√（对比颜色不戴）		√		√		√	√
喷涂面漆	√	√		√		√			√
喷枪清洗	√	√		√		√		√	√
抛光	√	√			√				√
竣工检查	√				√				√

为了防止发生中毒事故，施工中应该注意以下几点：

1）为了防止发生中毒事故，施工场地应有良好的通风或排风设备，使空气流通，加速溶剂气体散发，降低溶剂在空气中的浓度。

2）有机溶剂通过肺部吸入人体，因此在喷涂时要戴供气式面罩或活性炭口罩。

3）有机溶剂蒸气可以通过皮肤渗入人体。为了保护皮肤，施工前暴露在外的皮肤要涂抹防护油膏。施工后洗干净，再涂抹润肤霜以保护皮肤。

4）喷涂完毕后要多喝开水，平时多喝牛奶，有利于排毒。

实训记录单

日　期		姓名/学号	

1. 请将涂装施工用到的安全防护装备记录：

____

____

____

____

2. 你使用的防毒面具型号为____________由____________组成。________

____

____

____

____

3. 正确佩戴防盗面具的方法：

____

____

____

____

4. 防毒面具的清洁保养：

____

____

____

____

5. 实训中出现的问题、原因及解决办法：

____

____

____

6. 个人技能掌握程度：非常熟练□　比较熟练□　一般熟练□　不熟练□

教师评语：

实训记录成绩______分

______年____月____日

任务二　车身涂膜损伤的评估

学习目标

1. 熟悉车身结构和材料。
2. 了解车身损伤的种类，分析形成原因。
3. 能够熟练进行车身损伤程度的评估。
4. 能够根据车身损伤的程度制定合理的修复工艺。

一、任务分析

车身运行的环境复杂，经常会发生刮碰，甚至严重的碰撞。造成车身不同程度的损坏，这就需要维修技术人员能够熟悉车身涂装的相关知识，对车身的涂膜损伤进行合理的评估，然后根据规范的工艺进行修复。

二、相关知识

涂料是指涂于物体表面，能形成具有保护、装饰或特殊功能(如绝缘、导电、示温、隐身等)的固态涂膜的一类液体或固体材料的总称。

涂装是将涂料涂覆于经处理的被涂物表面，再经干燥成膜的工艺过程。车身涂装具有保护车身防止腐蚀、色彩鲜艳美观、提升车辆的价值和识别(如执行紧急特殊任务的工程抢险、救护、消防、警车等都是用不同颜色显示出不同信号而向其他车辆发出警告,引起注意,以保证行驶安全,保障人民生命和国家财产安全)等作用。

(一) 汽车涂料

人类生产和使用涂料已有悠久的历史，远在公元前二三千年，我国古代劳动人民就从天然的漆树上采集生漆液，用于涂装日用品；从桐树上采集桐籽榨取桐油，制成熟桐油，加入颜料制造涂料。早期涂料多半采用植物油和天然树脂为原料，故称“油漆”。随着以合成化工为原料的高分子材料的发展，大部分植物油和天然树脂被合成树脂所取代，故称为“涂料”。

现代涂料正逐步成为一类多功能的工程材料，所形成的涂膜属于高分子化合物类型。涂料能广泛地应用于不同的材质的物体表面，能适应不同性能要求，涂膜容易维护和更新，所以得到广泛的应用。

1. 涂料的组成

涂料由成膜物质、颜料、溶剂和添加剂组成，如图 1-19 所示。

（1）成膜物质

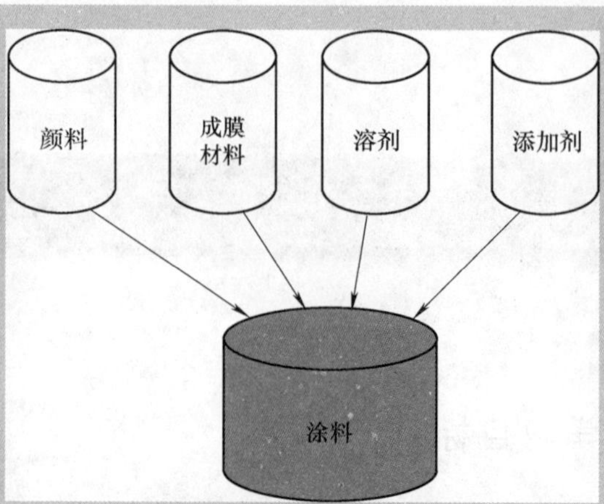

图 1-19　涂料组成

成膜物质是涂料的主体部分，其作用是使颜料保持明亮状态，使之坚固耐久并能粘附在物体表面，是决定涂料类型的物质。具有一定的保护与装饰作用，如光泽、硬度、弹性、耐水、耐酸碱等。成膜物质通过化学、物理改性后，可以提高涂膜的耐久性、附着性、耐腐蚀性、耐磨性和韧性等。现在市场上使用的车身涂料的成膜物质是树脂，树脂按来源不同可分为天然树脂和合成树脂；按结构和成膜方式不同可分为非转化型（热塑型树脂）和转化型（热固型树脂）。

（2）颜料

颜料是涂料中的不挥发物质之一，呈微细粉末状、有颜色。它赋予面漆色彩和耐久性，起美观装饰作用，同时使涂料具有较高的遮盖力，提高强度和附着力，改善流动性和涂装性能，改变光泽等性能。

颜色分着色颜料（包括有机颜料、无机颜料及金属颜料）、体质颜料（主要用于改进涂料性能并降低成本，大多为天然白色或无色物）、防锈颜料（如氧化铁红、铝粉、红丹、铬黄、磷酸锌等）及特种颜料。按化学成分可分为无机和有机颜料，无机颜料遮盖好、比重大、色调稍不鲜明，有机颜料遮盖低、比重小、色调鲜明。

（3）溶剂

溶剂是涂料中的“挥发”成分，它的主要功能是能够充分溶解涂料中的树脂，使涂料呈液态，便于在表面的正常涂布。大多数溶剂是从原油中提炼出来的“挥发性”配料，它具有良好的溶解能力。优质的溶剂能改善面漆的涂布性能和涂膜特性，并能增强其光泽，同时也有助于更精确地配色。

溶剂按用途不同可分为真溶剂、助溶剂和稀释剂；按蒸发速度不同可分为低沸点溶剂、中沸点溶剂、高沸点溶剂。

涂料中使用各种各样的树脂，各种不同的树脂用各种不同的溶剂来作为溶剂及稀释剂。不同的稀释剂应用于不同的涂料，有几种不同的稀释剂，其所含的溶剂及其混合比各不相同，使用时可以按周围的温度，选用最适合蒸发速度的稀释剂。例：快、中、慢及特慢稀释剂等。

（4）添加剂

由于近 10 多年来涂料生产工艺发生了巨大变化，添加剂的使用也越来越普遍。虽然添加剂在涂料中的比例不超过 5%，但它们却对涂料储存过程、对涂料施工成膜过程、对涂膜性能、对颜色调整方面起着各种重要的作用：有能加速干燥并增强光泽的加速剂；有减缓干燥速度的缓凝剂；还有能减弱光泽的消光剂；有些添加剂起的是综合作用，能减少起皱、加速干燥、防止发白、提高对化学物质的耐受能力等。

2. 涂料的成膜方式

涂料的干燥成膜是指涂料施工后，由液态或黏稠状涂膜转变成固态漆膜的化学和物理变化过程。为了达到预期的涂装目的，除了合理地选用涂料，正确地进行表面处理和施工外，充分而适宜的干燥过程也是重要的环节。涂料的成膜方式有物理成膜和化学成膜。化学成膜又包括氧化聚合型、热聚合型和双组分聚合型成膜等几种。

（1）物理成膜（热塑型）

靠溶剂挥发而干燥成膜，属于物理成膜方式，成膜机理如图 1-20 所示。成膜前后，物质分子结构不发生变化，仅靠溶剂（或水）挥发、温度变化等物理作用使涂料干燥成膜。干燥迅速但是耐溶剂性差，因为树脂分子没有结合在一起，所以涂层可以被稀释剂溶解。硝基纤维素（磁漆）、硝基改性丙烯酸、醋酸丁酸纤维素、改性丙烯酸等属于这种类型。修补涂装中常用的底色面漆和风干底漆等属于该种成膜方式。

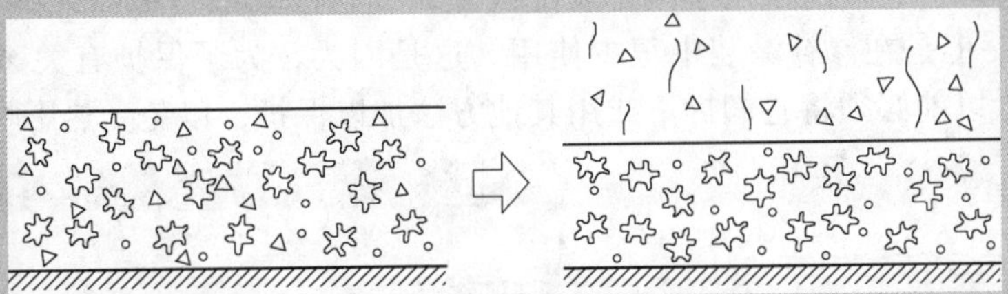

图 1-20　溶剂挥发成膜

（2）化学成膜（热固型）

在此类涂料中，涂料中的溶剂和稀释剂蒸发，而且树脂通过一种所谓“聚化”的化学反应固化。成膜机理如图 1-21 所示。刚刚喷涂以后，新涂料是一种液化层，其中的树脂、颜料、溶剂及稀释剂是混合在一起的。在固化过程中，溶剂和稀释剂蒸发，树脂中分子由于化学反应而互相逐渐结合。在完全固化以后，涂层完全没有溶剂和稀释剂。分子的化学反应结束，形成一固态的高聚物层。

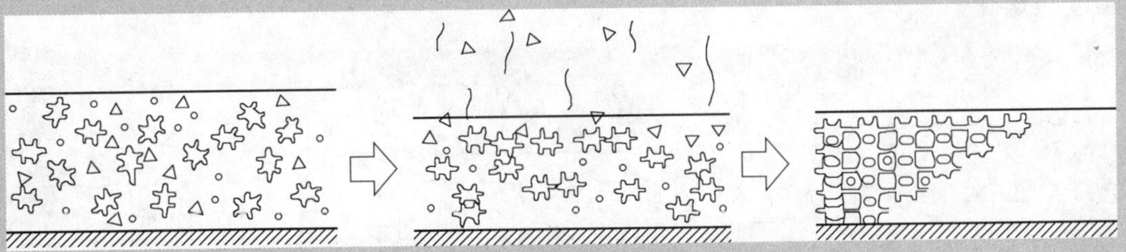

图 1-21　反应型涂料成膜过程

反应型涂料的特点是，除非向涂料施加能引起化学反应的要素，否则涂料不会开始固化。能引起化学反应的要素包括热、光、氧、水及催化剂（硬化剂）等。在汽车涂装使用的大多数反应型涂料中，固化是由于热式催化剂引起的。

1）氧化聚合。当树脂中的分子吸收空气中氧气，从而氧化时，它们便聚合为交联结构，这种涂料很少用于汽车，因为形成交联结构的时间太长，而且粗交联结构不能产生理想的涂层性能。邻苯二甲酸酯和合成树脂混合涂料是氧化聚合涂料的两个例子。反应机理如图 1-22 所示。

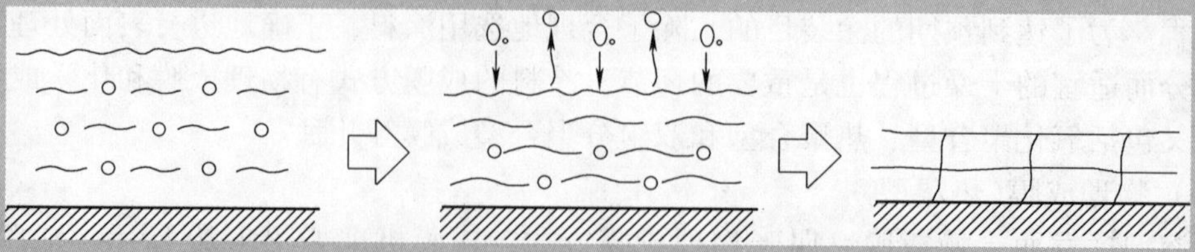

图 1-22　氧化聚合

2）加热聚合型。当这种涂料加热至一定温度（一般在 120℃以上），那么在树脂里便发生化学反应，使涂料固化。所形成的交联结构密度很大，所以在该涂料彻底固化以后，不会溶解于稀释剂。它广泛使用于汽车装配线上，如合成聚酯（OEM 涂料）等。反应机理如图 1-23 所示。但是在修补涂装中很少使用。这是因为，为了保护有关区域的塑料及电子零件，在重涂以前必须将它们拆下或用其他方法加以保护，以免受热影响。

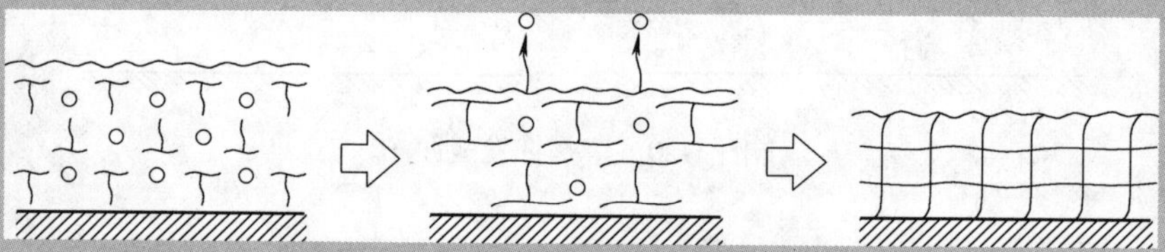

图 1-23　加热聚合

3）双组分聚合型。在这种涂料中，主要成分与固化剂按比例混合，以便在树脂中产生化学反应，从而使涂料固化。虽然该反应可以在室温下发生，但是可以使用 60~70℃的空气来加速干燥过程。汽车修补涂装大多使用这种涂料，也被称为 2K 涂料。反应机理如图 1-24 所示。有些双组分聚合涂料的性能与热聚合型相同，形成的涂膜不能再被溶剂溶解或受热熔化。

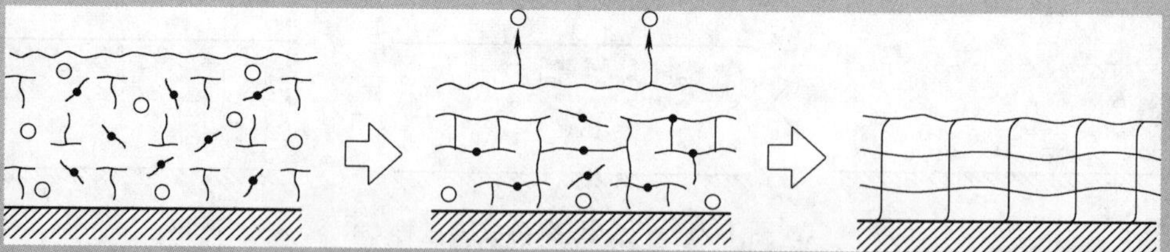

图 1-24　双组分聚合

3. 涂层性能

如果涂层具有较大的较密的交联结构，如图 1-25 所示，那么它便具有更好的涂层性能，例如较高的硬度和耐溶剂性等。

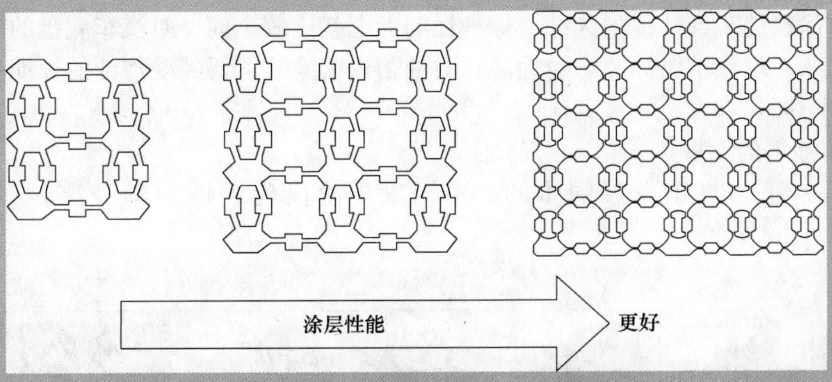

图 1-25　随着分子结构的变化涂层性能更好

不同类型涂料成膜的涂层，树脂在干燥前、后的分子形状见表 1-4。

表 1-4　树脂在干燥前、后的分子形状

干燥类别	涂料名称	湿的时候	干的时候
溶剂蒸发	硝基丙烯酸罩光漆	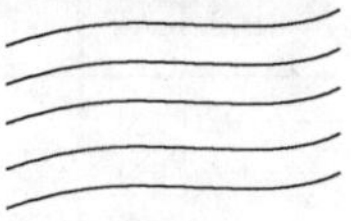	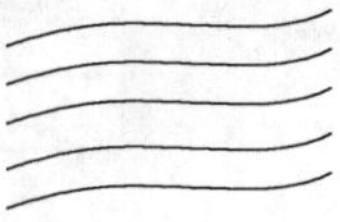
氧化聚合	邻苯二甲酸酯 醇酸树脂	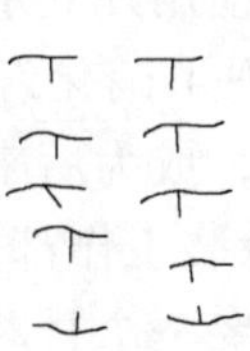	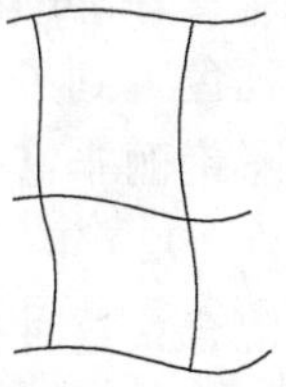
热聚合	热固氨基醇酸	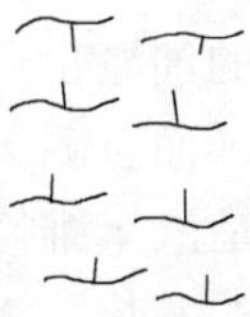	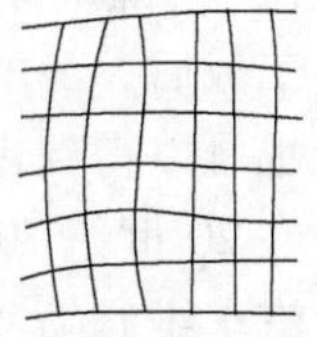
双组分聚合	环氧基树脂 丙烯酸、氨基甲酸酯		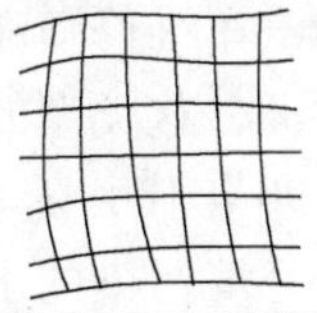

4. 汽车用涂料的特点和要求

汽车高级装饰性的涂料，要求涂膜外观光滑平整、花纹清晰、光亮如镜、光泽不低于90%；中级装饰性的涂料，要求涂膜外观光滑平整、花纹清晰，允许有轻微“桔皮”，光泽不低于 80%~85%。我国地域辽阔，气候差异很大，不同地区使用的汽车对涂料性能有不同要求，在干寒地区的汽车，要求汽车涂料具有一定的耐寒性能。在湿热地区的汽车，要求汽车涂料有防湿性。不同类型的汽车，不同的部位，要求也是各不相同，同时要有所侧重。如轿车车身对涂料的装饰性，耐久性，保护性，保光性要求很高；而载重汽车车身的涂装，对涂料的装饰性，耐久性，保护性的考虑就比较全面；对汽车底盘的涂装，则主要是要求耐久，耐化学腐蚀及防锈性能；对油箱内壁涂装，要经受汽油的长期浸泡，涂料要求也会有不同要求。

5. 汽车涂料的发展

汽车涂料是与汽车发展同步的，不同发展阶段代表性的车身涂料，如图 1-26 所示。

图 1-26　车身涂料的发展

车身外部的涂装最初是使用凡立水与磁漆，需要很长的干燥时间，而且耐久性较差，容易褪色。到了 1924 年出现了硝化纤维漆，俗称“拉卡”，它能在很短的时间内干燥，且色彩艳丽丰富，耐久性高，成为后来普遍使用的车身涂装涂料。

在 1920 年以前，所有涂装工作都是使用油制涂料，就是把烟尘、轻煤或其他颜料跟树脂混合，这种类型涂料需要一个月时间才可以完成涂装工作。第二次世界大战前，硝基漆替代了油制涂料，硝基漆最大的好处是干燥快，使用简单。

二战后，醇酸合成树脂的油漆也开始广泛使用，这种油漆的特点是覆盖性良好，不需抛光也可以得到良好的光泽，而且耐天气的性能非常好。

在 20 世纪 70 年代，也是汽车维修油漆一个重大发展的年代，双组分的聚氨基丙烯油漆使汽车维修喷漆起了重大的变化，无论在喷漆设备、工艺和效果方面都有了大突破，也成为汽车维修喷漆的主要材料，它的光泽、耐天气性能跟原厂汽车生产的油漆极为相似，在欧洲，这类型的油漆差不多占有了整个市场。

90 年代，随着欧洲及美洲意识到大量溶剂排放对生态的影响，各国涂料界都在从事减少环境污染的水性涂料、粉末涂料和高固体份涂料的研究开发。进入 21 世纪，我国对环保认识不断提高，低污染的环保涂料使用也越来越广泛了。在维修行业，高档车如奔驰、宝马、雷克萨斯等也开始使用水性涂料。

6. 环保涂料

随着人们环保意识的加强和法规的约束，汽车涂料制造商不断开发出环保性更好的涂料，汽车涂料中的环保涂料主要有水性涂料、粉末涂料、高固体分涂料等。

（1）水性涂料

溶剂型金属底色漆是挥发性有机化合物（VOC）排放的最大来源，占汽车车身涂装排放总量的一半左右。通常一部轿车需要 6kg 左右的底色漆，金属底色漆的施工固体分只有 15%左右，溶剂含量高达 85%。如改为水性涂料，VOC 排放量可减少 80%以上。

现有的水性底色漆主要有水性丙烯酸氨基漆和水性聚氨酯漆两种。目前的水性金属底色漆的定向性能已经优于一般的溶剂型底色漆，闪光效果更好。水性底色漆可与溶剂型罩光漆、水性罩光漆和粉末罩光漆配套使用。

水性罩光漆是 20 世纪 90 年代开发出的环保型水性涂料，价格较高，性能有待提高，目前尚未被广泛应用。迄今为止，水性涂料一般仍含有 2%~15%的有机溶剂，施工时对环境有一定程度的污染，开发无溶剂水性涂料成为涂料厂商未来的主要课题。

（2）粉末涂料

粉末涂料是 VOC 排放量最低的涂料之一。由于其卓越的环境效应和节能、高效、低成本等原因成为一般金属表面涂装的首选材料。但由于粉末涂料的抗紫外线能力和耐候性较差，在汽车涂装尤其是整车涂装方面的应用较晚。随着技术的日趋完善和粉末涂料性能的提高，现已能完全满足轿车涂装的各项要求，如外观装饰性、耐候性、耐化学性、抗划伤性、抗紫外线性等。1994 年第一辆粉末涂装汽车下线，宝马公司采用粉末罩光漆后，每辆轿车可以节省溶剂 1~1.5kg。国内除个别零件外，整车尚无使用先例。

（3）高固体分涂料

高固体分涂料采用低黏度的聚酯、丙烯酸树脂，以及高固体分的氨基树脂，平均每千克涂料的溶剂挥发量可减少 1/3 以上。由于高固体分涂料采用低黏度树脂，易产生流挂，施工不便。为保证会影响涂膜性能。因此固化过程控制和流挂控制是高固体分涂料的两大技术关键。

（二）汽车涂装

汽车车身的涂层质量要求最高，涂装工序最多、工艺最复杂，所用涂装材料和装备更新得最快，汽车车身涂层的质量优劣和涂装工艺的先进程度常代表某汽车厂（公司）的涂装工艺水平。因此常把汽车车身（尤其是轿车车身）的涂装作为汽车涂装的同义词。

1. 汽车涂装的分类

汽车涂装按涂装对象分类，大的可分为新车涂装（生产线涂装）和旧车的修补涂装。细的还可分为车身涂装，车架、车轮、发动机、底盘等零部件涂装。

汽车涂装一般属于多层涂装，按涂层（coat）的层数及烘干（bake）次数不同，又可分为单层涂装体系（1coat1bake 简称为 1C1B）、双层（2C2B）、三层（3C3B）、四层（4C4B）、五层（5C5B）发展到今天的最高达 7C5B 等涂装体系。涂层的总厚度也由原来的 30~40μm 增加到 130~150μm，逐步实现了由低级到高级的过渡，能够初步满足汽车工业对不同档次车辆涂装的要求。汽车总装厂通常所采用的涂装系统大体上可归纳为以下几类：

① 底漆→腻子→本色面漆。

② 底漆→腻子→中间涂料→本色面漆。

③ 底漆→腻子→中间涂料→单层金属闪光漆。

④ 底漆→中间涂料→金属闪光底色漆（本色底色漆）→罩光漆。

⑤ 底漆→防石击中间涂料→中间涂料→底色漆→金属闪光底色漆（多为珠光粉）→罩光漆。

上述涂装系统中，第①类是汽车工业发展初期所采用的涂装系统，国外基本不采用了，但在我国的一些低档车辆如载货车、农用车、公共汽车等仍然采用；第②、③类在国外被用于大型车辆如巴士、卡车等中档车上，国内则用于小型面包车、各种微型车等中、高档车上；第④、⑤类则用于轿车的涂装中，其中第⑤类的金属闪光底色漆只有铝粉、珠光粉之类的闪光颜料，采用这类涂装系统，涂层装饰性更为优越，外观显得更加美观、豪华、别致，铝粉和珠光粉的排列更为规整，闪烁均匀，立体感强。观察这类涂层时，明显地感受到它的不同寻常的丰满度、深度，其艺术感染力更为强烈。现代轿车涂装系统中，由于板材加工成型工艺精湛，腻子层多数都被取消了。

（1）生产线涂装

生产线上的涂装过程，如图 1-27 所示。涂装所采用的原材料基本上是单组分的（常温下配料，但不起化学反应，能达到管道输送的工艺要求）加热聚合型涂料，采用高温固化工艺，一般都要加热到 120℃以上。

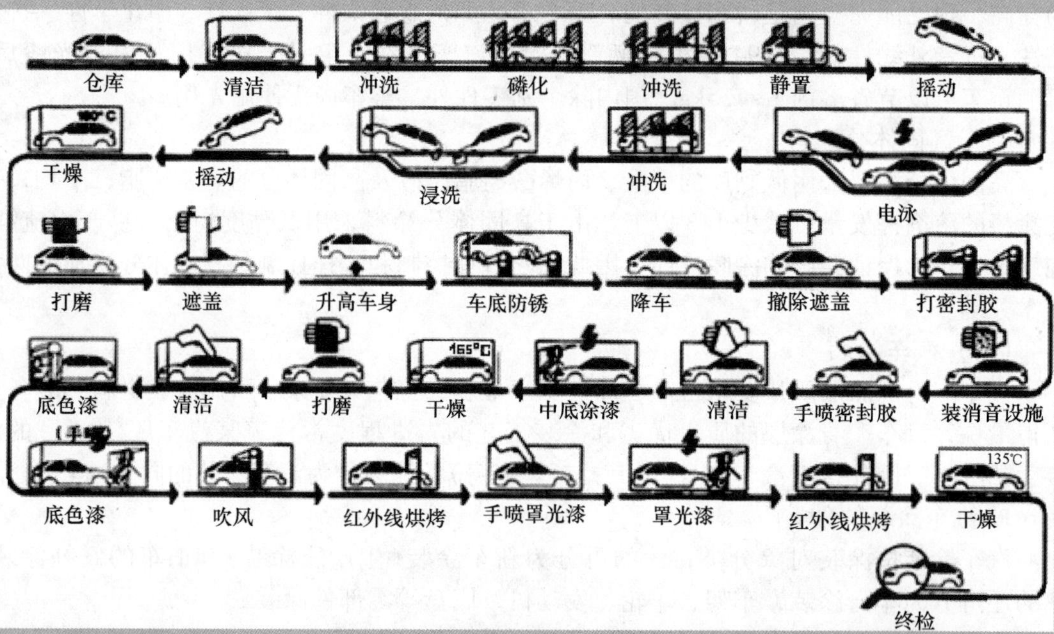

图 1-27　生产线涂装流程图

原厂漆膜厚度：单工序的素色漆从底到面的总膜厚约为 90～115μm，双工序的金属漆从金属底材到表面的总膜厚大约为 95～135μm。漆膜抗刮、抗磨等力学性能好，光泽均匀。生产线涂装生产的典型车身涂层结构，如图 1-28 所示。

（2）修补涂装

修补涂装是指钣金修复的表面，经涂装修复后要达到与原厂漆性能相近的涂膜。修补涂装过程所用的原材料基本上为双组分的（现用现配，使用时间有严格的限制）化学反应型涂料，采用室温固化或烘烤强制固化工艺。

按要求维修后漆膜厚度约 150μm，但是实际情况跟维修材料和维修技师的技术水平有直接关系。图 1-29 为典型的修补涂装涂层结构。

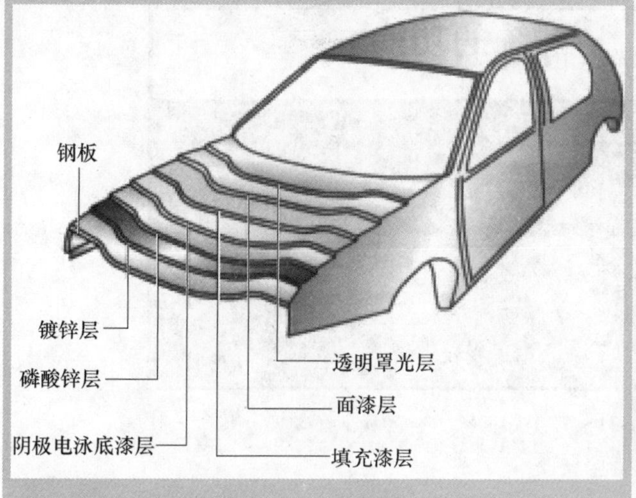

图 1-28　原厂漆膜结构图

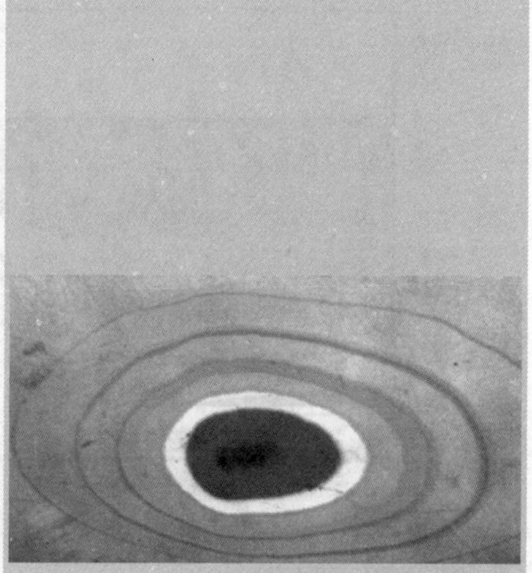

图 1-29　修补后涂层结构

汽车修补涂装技术是本书主要介绍的学习任务，对于生产线涂装的相关知识，则作为基础知识来掌握。

2. 车身涂层的类型

按面漆的施工工艺可分为单工序面漆、双工序面漆和三工序面漆。

（1）单工序面漆

单工序面漆结构，如图 1-30 所示。单工序是指面漆只施工一次即可获得颜色和光泽。形成的涂膜既有遮盖力，能遮盖住底漆颜色，呈现给我们需要的颜色，还有一定的光泽度，并且还有很好的抗机械损伤能力。白色的普通桑塔纳轿车和红色捷达轿车多为单工序面漆。

图 1-30　单工序面漆

（2）双工序面漆

双工序漆膜结构，如图 1-31 所示。双工序是指面漆需要分两次施工来获得：第一次要喷涂底色漆，底色漆为金属漆或珍珠漆，干燥以后只能提供遮盖力，展现出绚丽的金属光泽。第二次要喷涂罩光漆，罩光层能提供光泽度和抗机械损伤的能力。底色漆层和罩光层合起来构成面漆层，现代轿车绝大多数都是双工序或多工序的面漆。

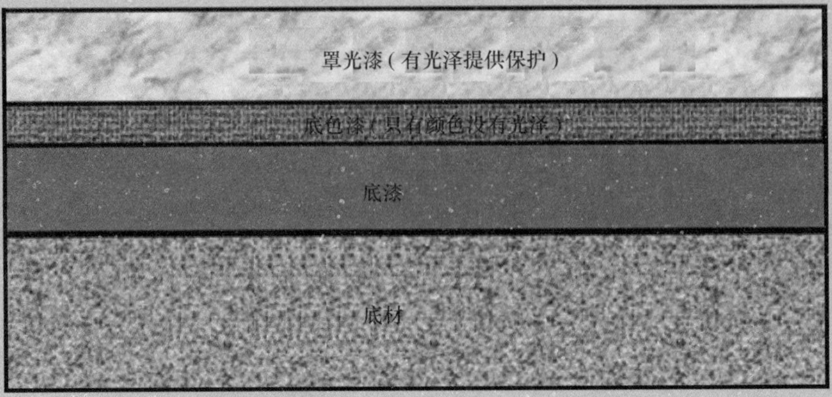

图 1-31　双工序面漆

（3）三工序面漆

顾名思义就是面漆层要分三次施工才能获得，珍珠漆多为三工序。施工时第一次要喷涂底色漆，这种底色漆为没有金属颗粒的素色。第二次喷涂珍珠层，喷涂的方法和喷涂的道数要求严格，否则会影响到涂层的颜色。第三次喷涂罩光层，喷涂方法与双工序一致。

3. 汽车涂层标准

综合各大汽车公司的标准，汽车涂层的质量指标应包括表 1-5 所列的基本内容。

表 1-5　汽车涂层的主要质量指标

项目名称	评价内容
外观装饰性	1）外观质量。规定不同表面的涂层缺陷的许可程度 2）光泽。以不同角度测定光泽 3）鲜映性。即日本的 PGD 值（欧美 DOI 值） 4）色差。各厂的不同年度的标准色板 5）抗擦伤性。观察在擦洗车身时涂层被划伤的难易程度
耐候性	1）大气曝晒试验。国际上推荐美国弗洛里达曝晒站，国内则推荐广州、海南岛（与弗洛里达的纬度差不多） 2）人工老化试验 3）耐光（紫外光、仿太阳光）性试验 4）耐低温（或耐温变性）试验
耐蚀性	1）耐盐雾试验。以通过试验的小时数表示涂层在盐雾中无变化的时间 2）耐湿热（或温水）试验 3）耐循环腐蚀试验。在 24h 内于规定的盐雾、湿热、室温条件下各自放置规定时间为一个循环
机械强度	1）附着力。划方格或划叉法，用胶带粘撕，观察涂层剥落程度还有测定二次附着力的，即测定耐盐雾或耐湿热试验后的涂膜的附着力 2）冲击强度或静冲击（即杯突）试验 3）弹性。观察抗底材变型引起涂膜开裂、剥落的程度 4）硬度。用摆杆硬度计、铅笔或指甲测定 5）耐崩裂性。即抗石子或钢砂冲击的性能

（续）

项目名称	评价内容
耐介质性能	按涂层的使用环境选择测定下列性能 1）耐化学试剂性，如耐酸、碱、切削液等 2）耐机油、汽油、防冻液、刹车液等 3）耐污染性，如耐鸟粪、昆虫粪、口红等
涂层的厚度	控制各层厚度和涂层的总厚度

为适应市场竞争之需，各汽车制造厂都在努力提高涂层质量，加上其他措施，以确保汽车整车使用10年，汽车车身的使用寿命达20年或行程30万km以上不产生结构损坏的锈蚀。

三、任务实施

教师在实训前应为每组准备好如下工具与设备：

1）试验轿车一台、车身板件。

2）各种型号的打磨砂纸、磨垫。

3）压缩空气、气管、气枪。

4）直尺、擦拭纸。

5）个人防护用品。

1. 评估前的准备

1）清洁车身。在进行车身损伤评估前，首先要将车身清洗干净。脏污的车身不便于准确评估损伤，如图1-32所示。会造成评估不准确，甚至遗漏。

2）记录车身损伤。仔细查看车身，将损伤部位准确记录下来，如图1-33所示。

图1-32　脏污的车身不便于准确评估损伤

图 1-33　记录车身损伤

2. 涂层类型的鉴别

为了更好的恢复涂层损伤前的状态，在维修前要能分辨旧涂层是哪一类型的。

（1）观察法

单工序面漆中一般没有金属颗粒，只有颜料，比如红、白、黑、偏黄白等，如图1-34所示。涂膜外观看上去没有金属闪烁感，同时，由于面漆之上没有罩光层，立体感不强。

多工序面漆底色漆里含有金属及金属氧化物颗粒，比如铜、铝、氧化铜等等金属颗粒，阳光反射后，色彩斑斓。加上透明的罩光层对光线的折射作用，使漆面富有立体感，如图 1-35 所示。如果角度合适还会发生光线干涉现象，使漆膜表现更加耀眼夺目。

图 1-34　单工序面漆

图 1-35　多工序面漆

（2）打磨法

在车身涂层上选一块不显眼的位置，比如车门、油箱盖、行李箱盖等处的内侧。用 1500 目抛光砂纸轻轻打磨。打磨时一定要加水湿磨，因为干磨下来的罩光漆也呈现灰白颜色，不容易分辨。加些水湿磨后，磨掉的罩光漆就不会显示颜色了。打磨后砂纸上附着的涂料是白色的，说明面漆是单工序的，如图 1-36 所示。打磨后砂纸上没有颜色，说明面漆是双工序的，打磨下来的是罩光层，如图 1-37 所示。

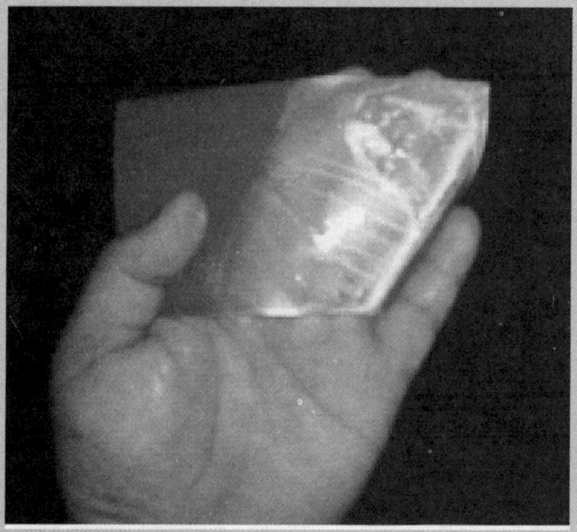

图 1-36　打磨后有颜色

图 1-37　打磨后没有颜色

3. 涂层损伤的评估

（1）观察法评估

观察板件是否有锈蚀损伤、凹坑和凸起变形等缺陷，如图 1-38 所示。

还要通过车身涂膜颜色以及其他细小的缺陷，来判定某个车身区域是否被修补过。修补过的区域颜色要与其他部位会有差异，尤其是浅色的金属面漆。还有，修补过的漆面上不可避免地会有灰尘颗粒、砂纸痕、桔皮纹等小缺陷，有时在修补的过渡部位还会有过渡的痕迹。通过仔细观察涂膜的缺陷基本上可以判断出车身哪块板件曾经被修补过。

注意：

观察时目光与板件的角度要调整合适，一般都采用逆光、侧向观察，尽可能避免垂直观看，如图 1-39 所示。

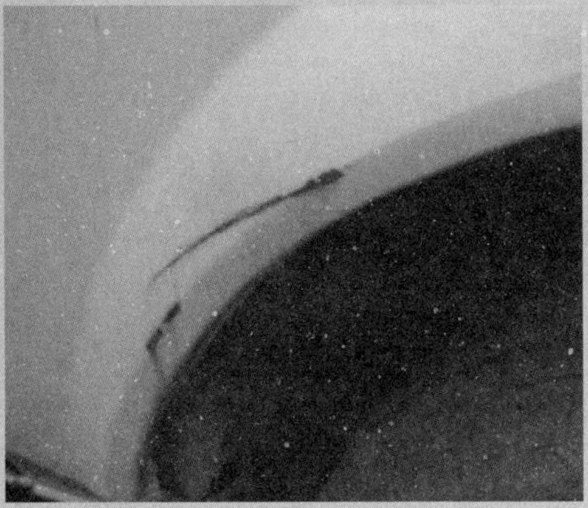
图 1-38　车身板件上的锈蚀损伤

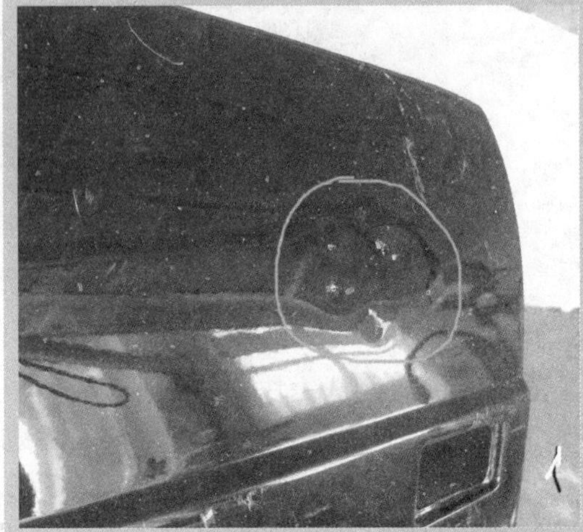
图 1-39　侧向观察

（2）触摸法评估

为了更准确地判断损伤部位，可以采用触摸法进行评估。操作时，手掌要平放在板件上，微微用力下压，按手指的方向移动，移动范围要覆盖整个板件，如图 1-40 所示。做的时候要将注意力集中在手掌上的感觉。

如果手感不好，可以在手掌下垫块毛巾或者戴上线手套，再进行触摸评估，板件凹凸变形感会明显加强，如图 1-41 所示。

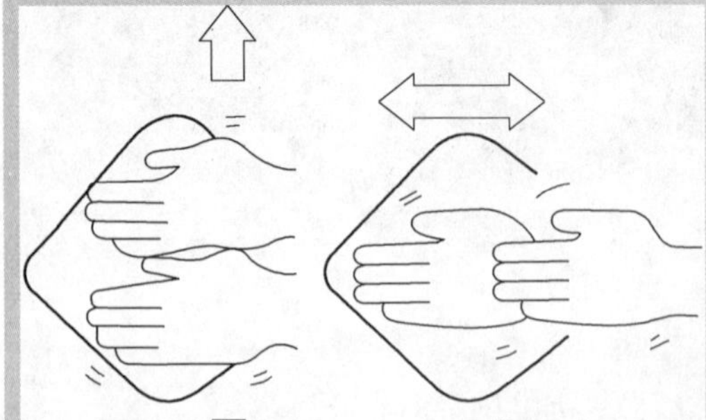
图 1-40　触摸法评估

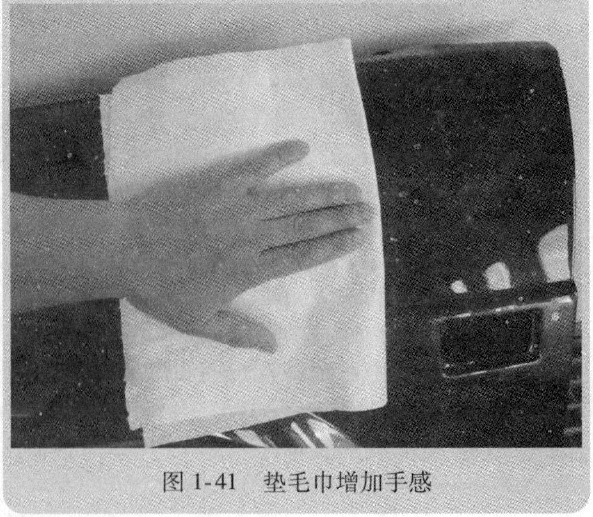
图 1-41　垫毛巾增加手感

（3）工具法评估

将一把直尺放在车身没有被损坏的区域上，检查车身和直尺间的间隙；然后将直尺放在被损坏的车身钣金件上，评估被损坏的和未被损坏的车身板之间的间隙相差多少，来判断损伤的情况，如图 1-42 所示。

通过观察直尺与车身板件之间的间隙大小，还可以判断板件损伤程度和范围的大小，为后续修复工作做准备，如图 1-43 所示。

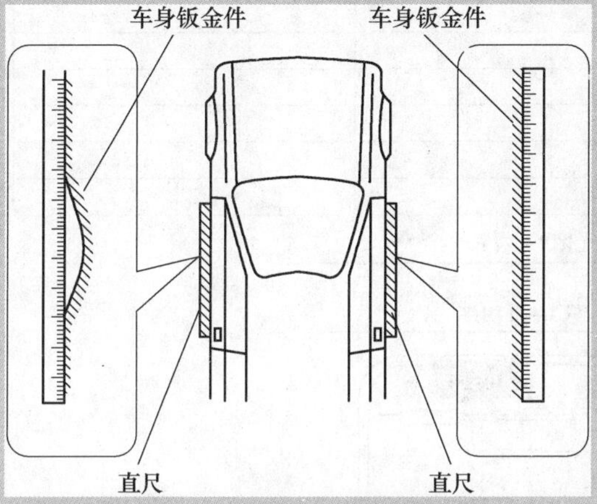

图 1-42　直尺法评估损伤

图 1-43　用直尺判断损伤范围

有条件的话可以使用膜厚仪来判断涂层是否被修补过，因为原厂涂膜厚度一般不超过 150μm，修补后涂膜厚度要超过 150μm，如果再涂过腻子涂膜厚度会大大增加。

注意：

实际评估时，通常是多种方法综合运用，以获得准确的评估结果。评估过程中，一定要随时做好记录，以便为后续的维修方案制订提供依据。

4. 制定维修工艺

（1）板件无变形

此种情况板件本身没有变形，但是表面上有划痕、污染物、重新喷涂的流挂、桔皮等缺陷，需要先将缺陷打磨掉，然后喷涂中涂底漆，再喷涂面漆，最后进行美容处理。

（2）板件有变形

若板件变形深度在 2mm 内，则先将缺陷部位涂层处理掉，刮涂腻子，然后喷涂中涂底漆，再喷涂面漆，最后进行美容处理。

若板件变形深度超过 2mm，则先进行钣金处理，然后将缺陷部位涂层处理掉，刮涂腻子，喷涂中涂底漆，喷涂面漆，最后进行美容处理。

实训记录单

日　期		姓名/学号	

1. 清洗完毕后，将车辆置于光线良好处，仔细检查整个车身表面，请将车身表面损伤部位及面积大小记录于下表。

序号	部位	损伤种类	面积大小	形成的原因	提出的处理方法
1					
2					
3					
4					
5					
6					
7					
8					
9					
10					

车身和油漆检查(图1-44)

用相应的符号记录检查结果

× 石击　○ 凸凹　△ 划伤　■ 车身损坏

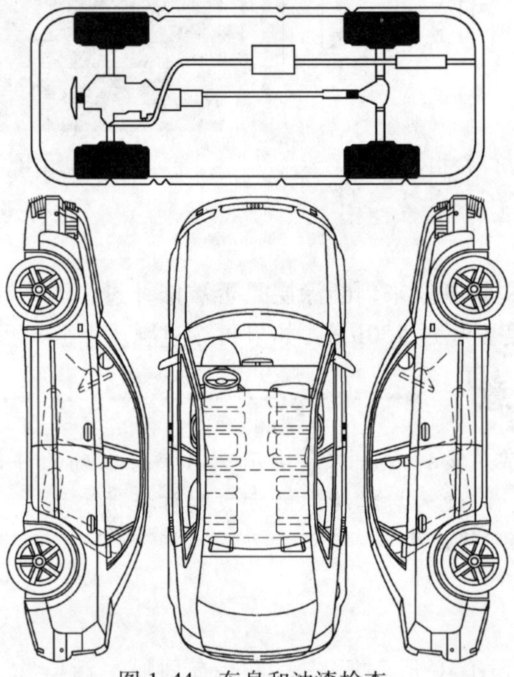

图1-44　车身和油漆检查

2. 请将涂层结构的鉴别情况记录在下面：

____

____

3. 请将对漆膜是否经过修补的鉴别情况记录在下面：

____

____

4. 你认为个人技能掌握程度：非常熟练□　比较熟练□　一般熟练□　不熟练□

教师评语：

实训记录成绩____分

____年____月____日

任务三　旧涂膜的处理

学习目标

1. 了解打磨工艺有哪些。
2. 熟悉干磨和湿磨砂纸型号和用途。
3. 掌握干磨机和无尘干磨系统的使用。
4. 掌握旧涂膜的处理工艺。

一、任务分析

对于车身涂膜需要重新喷涂的部位，评估完成后要进行打磨处理。打磨工艺是汽车涂层修补中必不可少的工序，在整个汽车修补涂装过程中，绝大部分时间都是用来打磨的（图 1-45），并且打磨质量的好坏直接影响着后续工作。

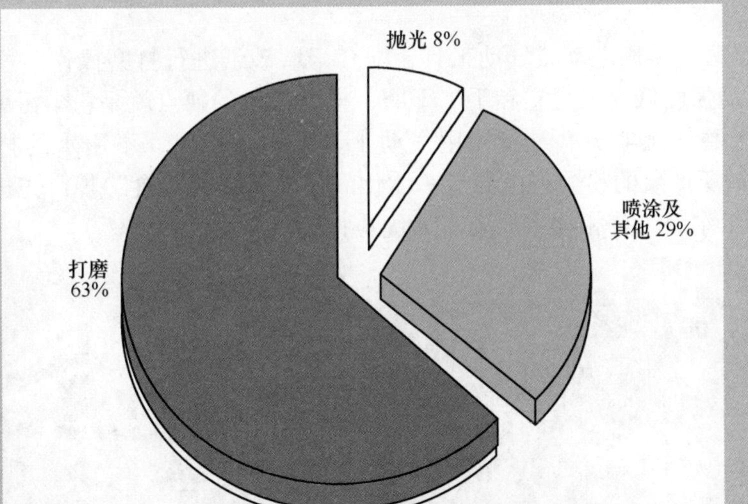

图 1-45　典型维修站喷漆车间时间消耗比例图

二、相关知识

（一）打磨工艺

车身涂装修补工艺通常包括以下几个步骤：除旧涂层研磨→裸露金属的防锈处理→上

原子灰及研磨→喷中涂底漆及研磨→喷面漆及干燥→漆面抛光处理。综合上述六个步骤，若前三个步骤是以人工用水和水砂纸为主进行的打磨，那么这就是传统的“手工水磨”；如果前三个步骤是以干磨砂纸或砂布进行的打磨，就是干磨。干磨分为手工干磨、机器干磨和无尘干磨等。

（1）水磨

水磨全部是由手工来操作的，是最原始的车身损伤维修工艺之一，在我们国家的汽车维修行业里，还有大部分的维修厂和4S店在采用这种工艺，如图1-46所示。它要求的设备简单，只需要一只水桶、一块海绵、一张砂纸、一块打磨垫块就够了。这种方法的优点是灵活性强，车身的任何部位都可以方便的处理到，尤其是车身拐角、弧面和棱线部位可以很容易的复原，所以水磨工艺依然被广泛采用着。但是它工作效率低且工人劳动强度非常大。而且这种打磨方式还存在着其他一些隐患，例如：原子灰填充能力强，但渗水能力也很强，水磨挥发时间无法控制，质量也不易控制，因此，经常出现质量问题；喷涂车间内遍地是污水，既影响喷漆质量，又不安全，还污染环境；新的双组分原子灰和中涂底漆越来越硬，非常难磨，费工费时，漆工工作强度高。

（2）干磨

1）手工干磨。严格地来讲应称之为“部分手工干磨”，它与手工水磨的不同之处就在于它在涂装修补工艺的前三个步骤使用了简单的干磨工艺，即用干磨砂纸或砂布黏附在手工磨块上打磨。这种方法在粗磨阶段使用，适当降低了工人的劳动强度同时也加快了打磨速度，但在后三个步骤又恢复到手工水磨，所以工作效率还是不能快速提高。同时我们还应该意识到这样一个问题，即无论是传统的手工水磨还是部分手工干磨，其研磨质量在很大程度上取决于工人的操作经验，因此也就决定了质量的不稳定性，这是非常关键的。

2）机器干磨。采用电动或气动工具，配套干磨砂纸进行打磨操作。这种方法打磨速度快，工人劳动强度低。但是它和手工干磨一样，最大的缺点就是粉尘污染问题。

3）无尘干磨。无尘干磨是指使用气动工具或电动工具，不用水的打磨方法，如图1-47所示。打磨所产生的粉尘将由同步一体化的吸尘系统“吞食”掉。先进的自动干磨工艺和传统的手工水磨工艺相比主要有三大优势：

图1-46　手工水磨

图1-47　无尘干磨

第一、省时省力，采用水磨的修理厂工位的产出率远低于采用干磨的修理厂。因为人工水磨的切削力远逊于机器干磨，所以用水磨打磨同样的工件必须花干磨的三倍的时间。而且水磨必须等每道水磨工序的工作区域干透，才能进行下一道工序。这样无论是工序所费时间还是工序间的等待时间，干磨比水磨都大大缩短了，采用自动干磨能在同一个工位完成更多的车。

第二、干磨工艺不需要用水，并采用了无尘技术，特别是再配以主动集尘式干磨系统。一个干净环保的喷漆车间是完全可以实现的。随着我国的劳动和环保法规的日趋完善，加之工人的自我保护意识的加强，环保已成为我们不可回避的问题。

第三、无尘干磨工艺减少了由于水引起的针孔、气泡的涂装缺陷。减少返工成本，保证正常利润，按时交车，提高客户忠诚度，提升企业的专业形象和社会形象，保持长期可持续发展。

但是无尘干磨系统对场地要求较严格，需要排风要好，同时灰尘管路和集尘器要及时清理和保养，并且整个系统的造价较高。

（二）打磨砂纸

砂纸是汽车维修中经常使用的打磨材料，用于除锈、砂磨旧涂层、腻子及漆面。图1-48所示是典型干磨砂纸的结构，是将各种不同细度的磨料5通过粘结层4粘于基材2上，制成各种规格的砂纸。磨料粘结牢固程度是砂纸质量的一个重要标志。操作人员选择合适的砂纸规格并正确使用才能产生最佳效果。

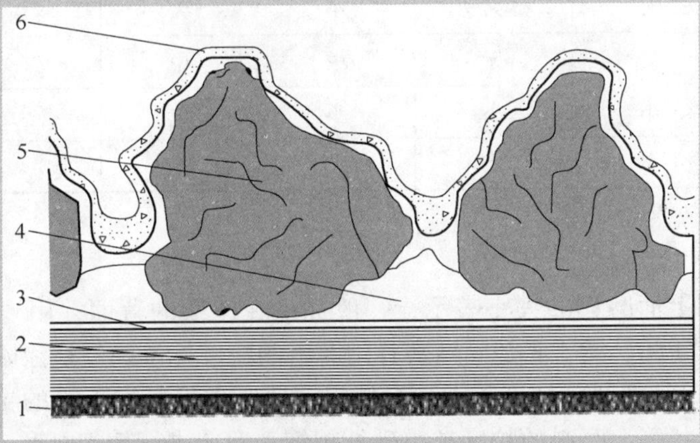

图1-48 干磨砂纸结构

1—丝网连接层 2—基材 3—乳胶涂层 4—粘结层

5—特殊烧结的高韧性氧化铝颗粒 6—特制抗灰涂层

1. 磨料

制造砂纸的磨料根据原料可分为氧化铝（刚玉）、碳化硅（金刚砂）和锆铝三种。根据磨料在底板上的疏密分布情况可分为密砂纸和疏砂纸两种，密砂纸上的磨料几乎完全粘满磨料面，疏砂纸的磨料只占磨料面积的50%~70%。

（1）氧化铝磨料（刚玉）

氧化铝磨料是一种非常坚韧的磨料，能很好地防止破裂和钝化。根据粗细不同的选择可制成用于除锈、清除旧涂层、打磨腻子层、打磨新旧涂层的砂纸。氧化铝磨料硬度高、耐久性好、使用寿命长且不易在底层材料上产生较深的划痕，目前使用较广泛。刚玉不适于磨削玻璃、陶瓷等硅酸盐材料。

（2）碳化硅(金刚砂)

金刚砂是一种非常锐利、穿透力极高的磨料，呈黑色，通常用于汽车旧漆面的砂磨，以及抛光前对涂面的砂磨。碳化硅不能磨削钢材，但是可以加工磨削铸铁。

（3）锆铝磨料

锆铝磨料是已开发的第三种磨料，锆铝具有独特的自磨刃性，在打磨操作过程中其自身断地提供新的刀刃以提高工作效率和降低劳动力。一般磨料在较硬的原厂清漆层上打磨会使涂层产生热量，被打磨的材料也会迅速变软并堆积在砂纸面的磨料上而降低打磨效率，而锆铝的自磨刃特性和工作时产生热量少的特性大大减少了打磨阻力，减少了材料消耗，提高了工效率和涂层质量。

由于磨削工作区温度高、压力大、所以要求磨料要有以下性能：高温条件下的高硬度、高强度；高温下不发生反应和分解；不与工件发生化学反应。对不同的加工材料，应选择合适的磨料，避免两者之间较大的化学亲和力，避免形成化学反应使磨料磨具的磨削性能下降。表 1-6 列出了普通磨料与被加工材料之间的反应情况：

表 1-6　磨料与被加工材料之间化学反应情况

磨料材料	刚玉系列			碳化硅系列		
	反应	粘着	磨耗	反应	粘着	磨耗
低合金钢	无	无	小	大	有	小
镍	无	无	小	大	有	特大
不锈钢	无	无	中	中	有	特大
铸铁	小	小	小	中	无	小
钛	大	大	大	大	大	中

2. 砂纸的规格与用途

砂纸的规格用上面磨粒的大小表示，一般标注在砂纸的背面，用“F-”和“P-”表示，比如“P60”“P80”等。F 是固结磨具用磨料的粒度标准，P 是涂附磨具的标准，是“popular”的首字母。磨料的粒度越大砂纸越粗，适合进行要求不高的粗打磨，主要用来处理缺陷、打磨形状等。磨料的粒度越小砂纸越细，适合进行精细打磨，主要用来作喷涂前修整和喷涂后涂层缺陷的处理。不同规格的砂纸与用途见表 1-7。

表 1-7　砂纸的规格与用途

粗细度	氧化铝		金刚砂		锆铝		车身修理的用途
	规格代号	粒度/目	规格代号	粒度/目	规格代号	粒度/目	
细 粗		2000 1500 1200					用于打磨抛光前的清漆层
	1000 900 800	800 700 600	1000 900 800	800 700 600			喷银底漆、珍珠漆前的中涂底漆打磨或旧涂层打磨

（续）

粗细度	氧化铝		金刚砂		锆铝		车身修理的用途
	规格代号	粒度/目	规格代号	粒度/目	规格代号	粒度/目	
细 粗	700 600 500 400	500 400 320 260	700 600 500 400	500 400 320 260	600 400	400 260	喷纯色涂层前的中涂底漆或旧涂层打磨
	360 320 300 280 260	240 220 200 180 170	360 320 300 280 260	240 220 200 180 170	280	180	喷中涂底漆前的腻子或旧涂层打磨
	240 220 200	160 150 140	240 220 200	160 150 140	240	180	腻子中等细度打磨
	180 150	120 100	180 150	120 100	180 150	120 100	腻子一般打磨
	120 100		120 100		100		平整旧涂层和腻子打磨
	80 60		80 60		80		用打磨机粗磨腻子
	60 40		60 40		60 40		用打磨机清除旧涂层和锈蚀

3. 砂纸的分类

（1）水砂纸

水砂纸是汽车修理厂最常用的砂纸之一，其大小规格约 23cm×28cm，水砂纸属于密砂纸，打磨时必须边打磨边用水将打磨下来的物质用水冲掉。

（2）干磨砂纸

干磨砂纸属于疏砂纸，根据制作工艺不同分为干磨砂纸、干磨砂网和三维打磨材料等，如图 1-49 所示；根据作用分为干磨砂纸和漆面干研磨砂纸；形状有圆形和方形，圆

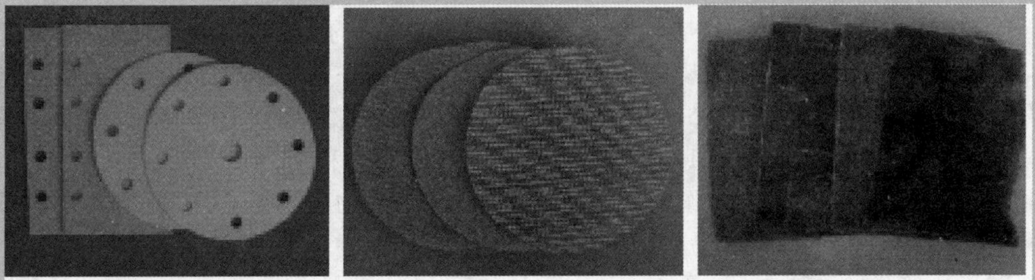

干磨砂纸　　干磨砂网　　菜瓜布

图 1-49　干磨砂纸

形直径尺寸以 12.7cm(5in)和 15.24cm(6in)使用较多。

(3) 干磨砂纸与水磨砂纸区别

一般来说在进行打磨操作时，采用干磨砂纸打磨对砂纸的号数要求较严格，不同号数砂纸间的过渡要合理，号数变化不要超过 100。跟水磨砂纸对比来说，相同号数的干磨砂纸用机器法打磨后的痕迹要比水磨砂纸小得多。打磨效果相同采用干磨砂纸与水磨砂纸的对比见表 1-8。

表 1-8 干磨砂纸与水磨砂纸的对比

砂纸种类	粗细对比									
干磨砂纸	P60	P80	P120	P150	P180	P240	P280	P320	P360	P400
水磨砂纸	P150-P180	P180-P220	P240-P280	P280-P320	P320-P360	P400-P500	P500-P600	P600-P800	P800-P1000	P1000-P1200

(三) 打磨垫

无论是使用水砂纸还是干磨砂纸进行打磨操作时，尽量不要直接用手握砂纸直接打磨，否则打磨的质量无法保证。与砂纸配套的打磨垫是用砂纸打磨工件操作中必不可少的工具，有手工打磨垫和研磨机专用托盘。

手工打磨垫又分水磨垫和干磨垫(手刨)。水磨垫有硬橡胶垫、中等弹性橡胶垫及海绵垫几种，如图 1-50 所示。目前由于汽车维修业迅速发展，打磨垫由过去操作人员自己制作，发展到市场上开发出了各种需要的专用打磨垫。

a) 硬打磨垫 b) 中等硬度打磨垫 c) 海绵打磨垫

图 1-50 手工打磨垫

(1) 硬橡胶打磨垫

硬橡胶打磨垫使用时要外垫水砂纸，一般用于湿磨腻子层，把高凸的腻子部分打磨掉，使物面达到平整的要求。其长短大小对磨平腻子层有一定的影响，自制的打磨垫一般取厚 2~3cm 橡胶块裁剪成 11.5cm×5.5cm 的长方形，此打磨块适用于一张水砂纸竖横裁剪成 4 份，即尺寸为 11.5cm×14cm，既有利于水砂的充分利用，又灵活方便，是汽车维修业施工人员较普遍使用的操作工具。对于大面积波浪形物面的腻子层可适当使用加长的打磨垫(也可用平整的水浸不易变形的木板代替)。

(2) 中等弹性橡胶垫

中等弹性橡胶垫是一种辅助打磨工具，利用它的柔软性，外包水砂纸打磨棱角和形状多变部位。市场上大部分中等弹性橡胶垫结构会分为两部分，一面是中等弹性橡胶，另一面是硬质塑料，兼具硬打磨块和中等弹性磨块的功能，如图 1-50b 所示。

（3）海绵垫

海绵垫适用于漆面处理，如抛光漆面前垫细水砂纸磨平颗粒、桔皮等，不易对漆面造成大的伤害。还有将抛光砂纸与 3mm 厚海绵粘接成一体，制成打磨块，进行抛光等精细研磨操作，如图 1-50c 所示。

（4）干磨手刨

干磨手刨是用来干磨的手工打磨垫，可以与粘扣式砂纸或纱网配合使用，形状为方形，根据实际工作需要有大、中、小各种不同的选择，如图 1-51 所示。干磨手刨握持舒适，操作方便。它最大的优点是能够与吸尘器连接，将打磨掉的粉尘收集，安全环保。它可以在一定程度上弥补机器打磨不能灵活机动的缺点，操作方法更接近手工水磨。

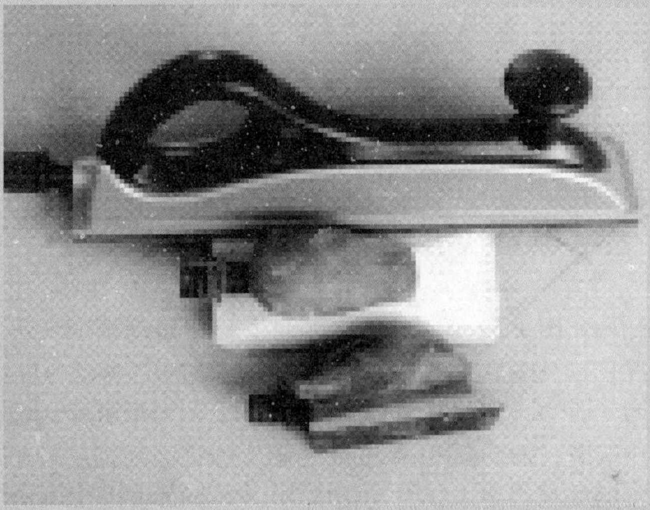

图 1-51　干磨手刨

（四）打磨机

利用电或压缩空气作为动力源，带动砂纸等研磨工具，对工件需要修整部位进行研磨操作的工具。使用打磨机明显减少了人的劳动量，提高了工作效率。为了适应汽车车身维修发展的需要，打磨机生产企业不断设计出各种形式和型号的产品，使车身维修工作变得越来越轻松自如。

1. 磨机种类

按动力源分为电动式和气动式；按磨头的运动轨迹可以分为旋转式、轨道式和偏心振动式；按磨头形状来分有方头磨机和圆头磨机等。气动磨机安全性好，使用寿命长，易维修，但对气源的要求较高；电动磨机动力源容易满足，动力源也相对稳定。但总是存在一些安全隐患，维修要求高，使用寿命也比气动工具短。汽车修补涂装中打磨使用的大部分是气动磨机，在抛光处理漆面的时候会用到电动抛光机。表 1-9 列出了各种不同运行轨迹的磨机。

表 1-9 打磨机运行轨迹、功能和实物

磨机类型	功能	运行轨迹	实物
旋转式	单纯的旋转运动，多为电动设备，切削力强，用于粗磨，磨焊缝、除旧漆、抛光	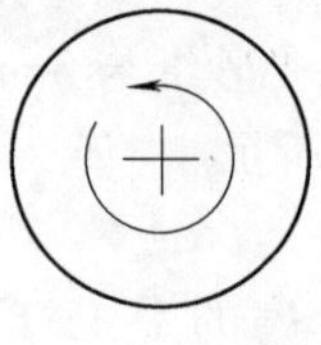	
振动式	轨道式振动磨机，单振动，气动设备 用于原子灰粗、中级研磨，不适合中涂底漆的精细研磨	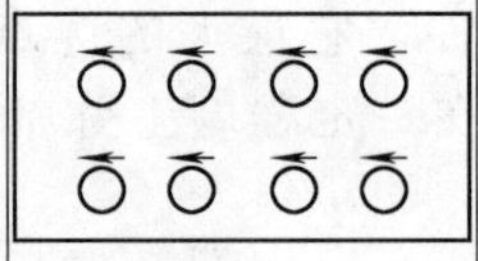	
	偏心振动磨机，双振动，气动设备 用于原子灰粗、中及中涂底漆的超细研磨	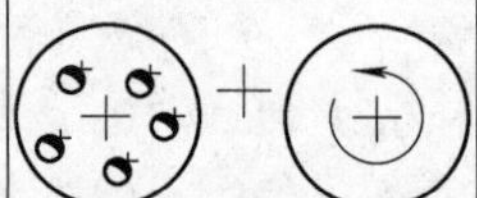	

2. 振动式打磨机

气动研磨机的结构如图 1-52 所示。振动式打磨机有振动幅度大小之分，不同型号的磨头与砂纸配套情况，以及适应的不同打磨要求，见表 1-9。振动幅度为 7mm 的圆形气动磨机以及振动幅度为 5mm 的圆形电动磨机振动幅度大、力量更强，随机旋转的力量也更大，适合于粗磨、中级磨；振动幅度为 3mm 的圆形磨机振动幅度较小，随机旋转的力量也较小，更适合于细磨的精细要求；振动幅度为 1～2. 5mm 的圆形电动磨机，特别适合小面积超精细研磨处理。

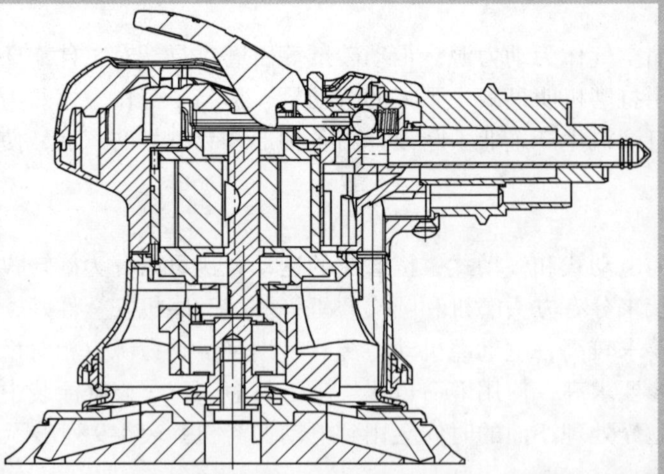

图 1-52 气动打磨机

3. 高质量气动研磨机的优点

容易操作，研磨质量出众，磨机抖动程度极小，磨机性能保持持久，具有平滑起动快速停止功能，低噪声，控制在 75dB 以内。

具有平滑起动快速停止功能的好处。起动时有一个速度上升缓冲时间，避免在磨垫与漆膜表面没有完全平行接触的情况下，将漆膜磨穿或损伤漆膜或伤及操作人员；停止工作时磨机迅速停止，避免因磨机仍在高速惯性旋转而损伤漆膜或伤及操作人员。平滑起动快速停止磨机速度变化曲线如图 1-53 所示。

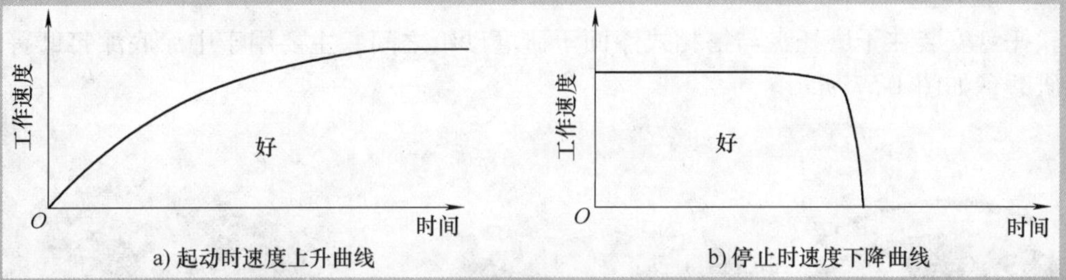

图 1-53　平滑起动、快速停止速度与时间曲线

不具有平滑起动快速停止功能磨机速度变化曲线如图 1-54 所示。

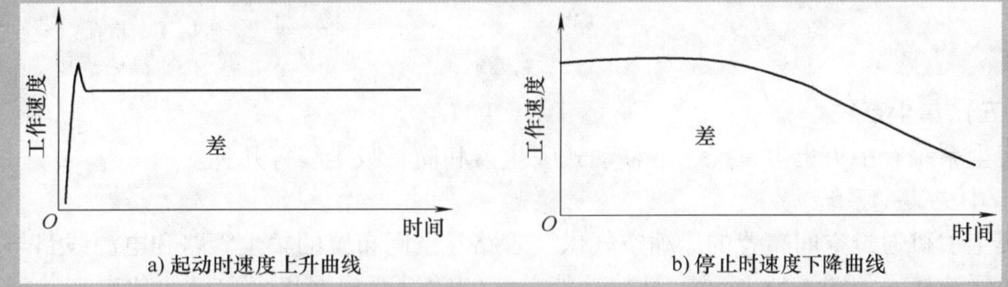

图 1-54　不具备平滑起动、快速停止功能打磨机速度与时间曲线

4. 空气管路

空气管路的两端通过可以 360°旋转的快速接头，如图 1-55a 所示，连接吸尘设备和打磨机，提供压缩空气驱动打磨头，排放的废气通过消声器排出，如图 1-55b 所示。吸尘管将打磨下的灰尘回收到集尘器，所以空气管路又叫三合一套管，如图 1-55c 所示。并且能自动周期性(10min 1 次)供应润滑油润滑磨机，控制气动马达噪声，带有润滑油的废气经消声器过滤后排出，避免油污直接排放到喷漆环境中。

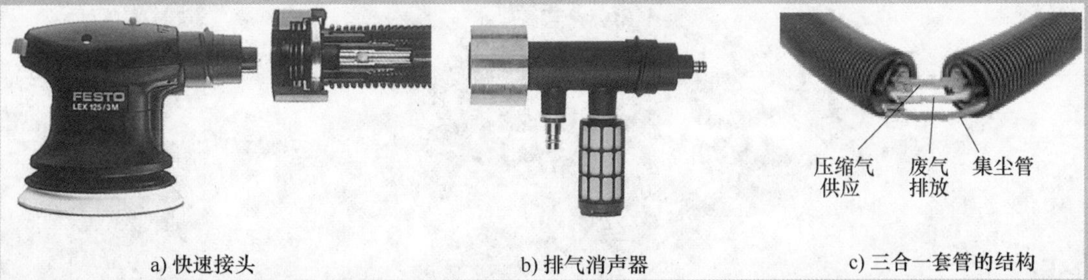

图 1-55　空气管路

5. 研磨机专用托盘

用于电动、气动研磨机的打磨垫称为托盘。根据功能的不同有以下两种托盘：

（1）快速搭扣式干磨托盘

此托盘由高密度海绵材料制成，硬度适中，通过内六角螺栓与打磨头连接，配合干磨砂纸，特殊蘑菇头设计能紧扣砂纸，装卸快速、方便、牢固，打磨时省时省力。由 FESTOOL 公司喷射流专利技术设计的九孔磨垫(图 1-56)，对流通道显著增强吸尘效果，延长砂纸使用寿命，大大降低砂纸消耗达 30%。

（2）软托盘

软托盘安装在干磨托盘与搭扣式漆面干研磨砂纸之间，主要用于中涂底漆打磨等后续较细研磨，如图 1-57 所示。

图 1-56　干磨托盘

图 1-57　软托盘

（五）集尘系统

集尘系统有中央集尘系统、可移动式吸尘器和简易吸尘袋等几种。

1. 中央集尘系统

集尘主机通过空间布置的压缩空气供气管路、空间布置的集尘管路和电源线路与悬挂功能单元连接，如图 1-58 所示。悬挂功能单元的数量要根据集尘主机的功率来选择，才能保证良好的集尘效果，适合大型的汽车车身维修企业。

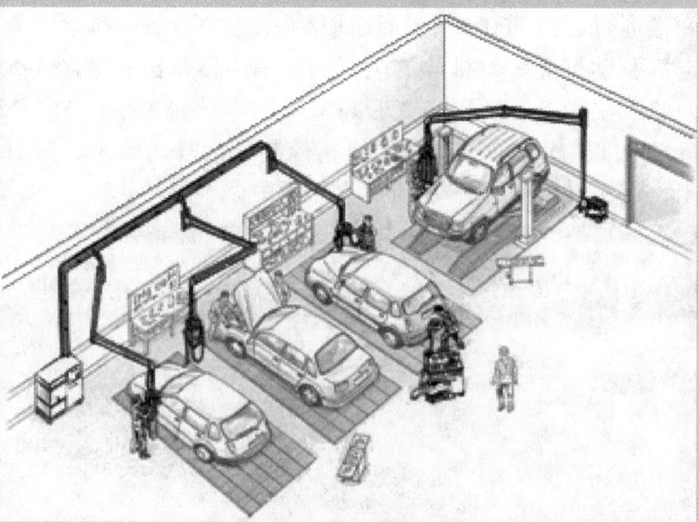

图 1-58　中央集尘系统

2. 可移动式吸尘器

可移动式吸尘器可以方便移动，灵活性强，吸尘效果好。一台吸尘器最多可以同时保证两台打磨机同时工作，是一般汽车维修站车身维修打磨工位的理想配置，如图 1-59 所示。

3. 简易吸尘袋

与专用打磨头配套使用，方便灵活，不受的场地限制，但是吸尘效果稍差，如图1-60所示。

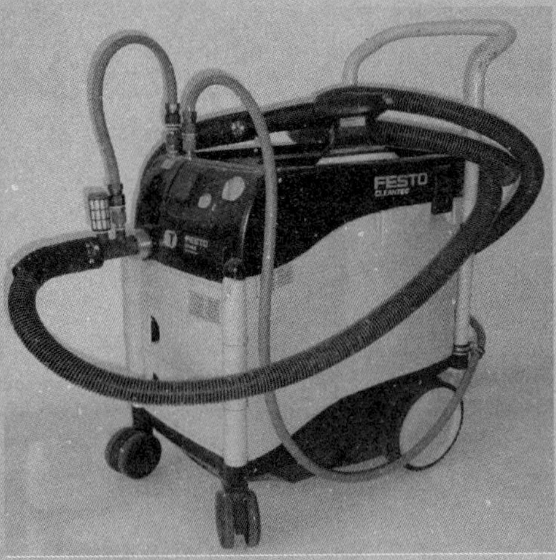

图 1-59　可移动式吸尘器

图 1-60　带吸尘袋打磨头

三、任务实施

教师在实训前应为每组准备好如下工具与设备：

1）试验轿车一台或车身板件（车门蒙皮、前翼子板等）每人一块。

2）各种型号打磨头、各种型号的砂纸、铲刀、磨块、压缩空气、气管、气枪。

3）除油剂、擦拭纸。

4）防护眼镜、防尘口罩、手套。

1. 清洁除油

在进行旧涂膜处理前，首先要对整个板件进行除油、脱脂处理，并清洁板件表面。除油的方法有两种：第一种方法为将除油剂均匀的喷涂在板件表面，稍等片刻用干净的擦拭纸将整个板件擦拭一遍，如图 1-61 所示；第二种方法为将除油剂喷在干净的擦拭纸上，再去擦拭整个板件，如图 1-62 所示。

⚠ 注意：

无论用哪种方法，在擦拭的时候擦拭纸要及时更换，防止擦拭下来的油污再次污染板件其他部位。

图 1-61　先喷后擦脱脂除油

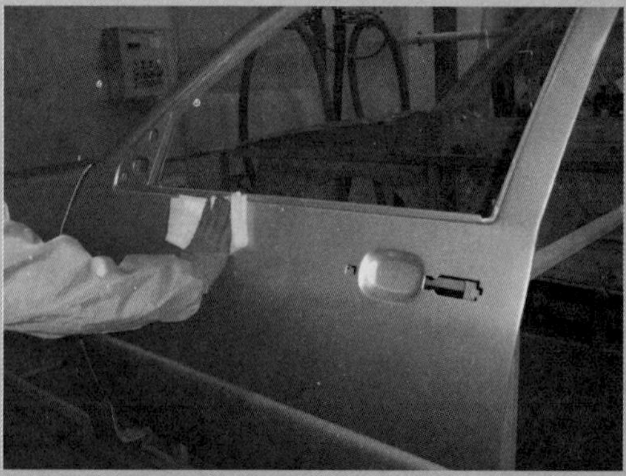

图 1-62　擦拭脱脂除油

2. 水磨砂纸的使用

水磨砂纸为密砂纸，打磨时需要随时加水，将砂纸上磨粒之间的打磨残留物冲掉。

(1) 砂纸的剪裁

打磨前根据需要，将砂纸裁成适合打磨的大小。通常采用以下几种方式(图 1-63)：

a) 小面积打磨　b) 标准打磨　c) 大面积打磨

图 1-63　砂纸的剪裁

1) 小面积打磨：将砂纸裁成原来的 1/8，适合边角位置的小范围打磨。

2) 标准打磨：将砂纸裁成原来的 1/4，打磨时可以在砂纸背面垫上小型号的打磨块，这种形状操作方便。

3) 大面积打磨：将砂纸裁成适合磨块的尺寸，长度与磨块长度相当，宽度为磨块宽度加上两倍磨块厚度。

(2) 打磨方法

1) 将砂纸平贴于磨块下面，两边多出的部分向上折，贴靠到磨块边缘以便用手握住，如图 1-64 所示。将磨块平放于打磨表面，前后及左右移动。

2) 打磨时，磨块须保持平移，用力要适当。手工打磨的姿势应该以舒服、顺手为原则。对于较大表面，最好是采用拇指和小指夹住磨块，中间三指配合手掌用力的握法。

3) 无论是打磨大的还是小的面积，用粗砂纸打磨 50%~75%，用细砂纸进行精加工。粗砂纸打磨的目的是尽快砂掉旧漆膜、腻子、锈斑、大块的底漆等。

4）打磨时不要进行圆周运动，否则会产生在表面涂层下可见的磨痕。为了获得最好的打磨效果，应该始终与车身轮廓相同的方向进行打磨，如图1-65所示，也可采用45°方向交叉打磨。此时如果进行的是大面积的打磨，则应该分成块，一块一块地进行打磨。每一块面积最好不大于0.1m^2。

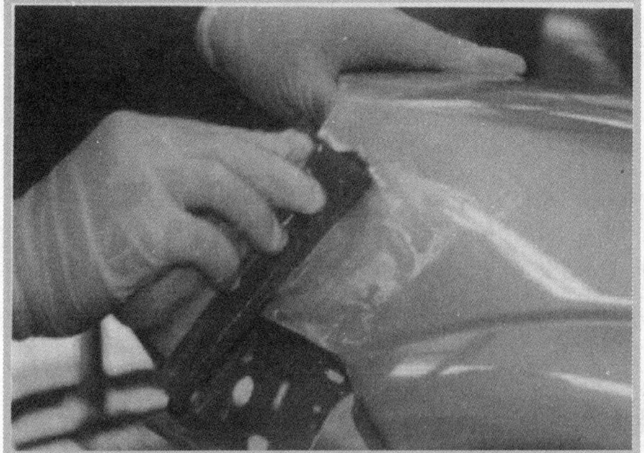

图1-64　打磨块的握法

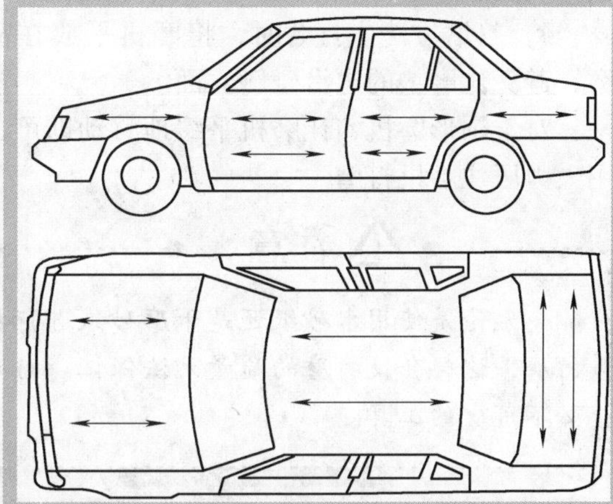

图1-65　沿车身轮廓线的方向进行打磨

（3）旧砂纸的处理

水磨砂纸打磨到一定程度后，磨粒被磨平打磨效果变差，需要更换新的砂纸。对于废弃的旧砂纸不要随手乱扔，要统一放置于规定处，便于回收处理。同时，水磨后会产生大量污水，也要及时清理。

3. 干磨设备和工具的使用与保养

（1）干磨砂纸的使用

1）干磨砂纸与水磨砂纸的不同。干磨砂纸为疏砂纸，打磨下来的磨削物不需通过水等介质清理。但是，打磨时会产生大量的灰尘，要有灰尘回收装置，同时，要做好个人的安全防护。

2）干磨砂纸与磨机的配套。干磨砂纸适合机器打磨，多与打磨机配套使用。振动式打磨机有振动幅度大小之分，不同型号的磨头与砂纸配套情况，以及适应的不同打磨要求见表1-10。

表1-10　打磨机与砂纸配套适合不同的打磨作业

打磨要求	预磨	粗磨	中级磨	细磨	精细打磨	超精细打磨
打磨过程	打磨损毁部位、打磨钢板、打磨焊缝	打磨损毁部位、打磨钢板、粗磨原子灰	中级磨原子灰、打磨底涂层	细磨中涂层	喷面漆前精细打磨中涂层、打磨原有漆膜	打磨细小缺陷、驳口处理等
砂纸型号	P24~P60	P80~P180	P120~P240	P240~P360	P320~P500 S500~S1000	P1200~P3000 S1000~S4000
磨头型号	7mm （气动）	7mm、5mm （气动）	5mm （气动）	3mm （气动）	3mm （气动）	2~2.5mm的圆形电动磨机

3）砂纸的安装。粘扣式干磨砂纸一面有丝网连接层，即快速搭扣，可以跟打磨头快速粘结和分离。一般圆形砂纸圆周均匀分布多个小孔，中心有一个大孔；方形砂纸在长边边缘均匀分布多个孔，在将砂纸粘胶到打磨头上时，一定要保证砂纸上的圆孔与打磨头上的孔相吻合，确保吸尘效果良好。砂纸应完全覆盖磨垫。绝对避免不装砂纸打磨或装上砂纸后磨垫搭扣层没有被完全覆盖的情况，如图 1-66 所示。

4）打磨方法。打磨时，将磨机平放在需要打磨的表面部位打磨，尽量避免倾斜打磨，避免让磨垫的边沿碰触立面。

对于圆形磨机，让磨机平缓地移动即可，不必要频繁地快速移动磨机；一般不需要使用大力压住磨机打磨。

注意：

无论是使用水砂纸还是干磨砂纸进行打磨操作时，尽量不要直接用手握砂纸直接打磨，这样会使打磨的质量无法保证。与砂纸配套的打磨垫是用砂纸打磨工件操作中必不可少的工具。

（2）无尘干磨系统的使用与保养

1）使用前，先将三合一套管分别与吸尘器和磨机连接，确保连接可靠，如图 1-67 所示。

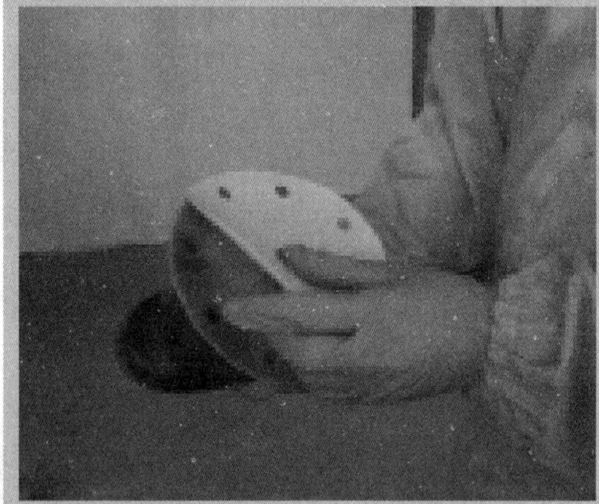

图 1-66　安装砂纸

图 1-67　连接管路

2）检查吸尘器选择旋钮是否旋至“AUTO”档，如图 1-68 所示。电源、气源是否接通。装上砂纸，起动磨机开关试运行一下。

3）调节系统的工作压力。向上拔起压力调节旋钮，顺时针旋转为提高压力，逆时针旋转为降低压力。让磨机处于工作状态下，旋转调节旋钮，将压力调节到“6”的刻度，按下旋钮锁定，如图 1-69 所示。

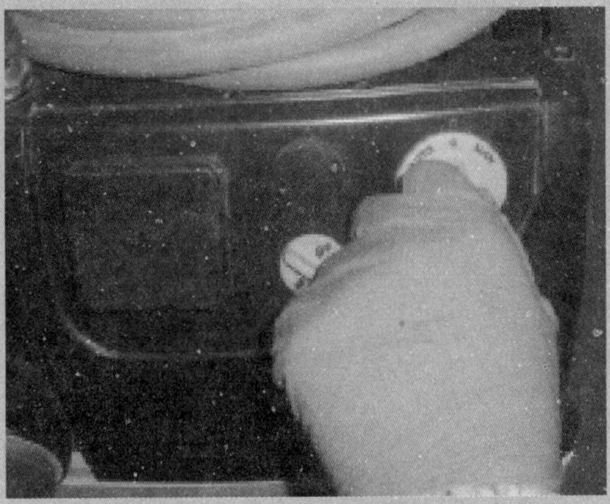
图 1-68　旋到 AUTO 档

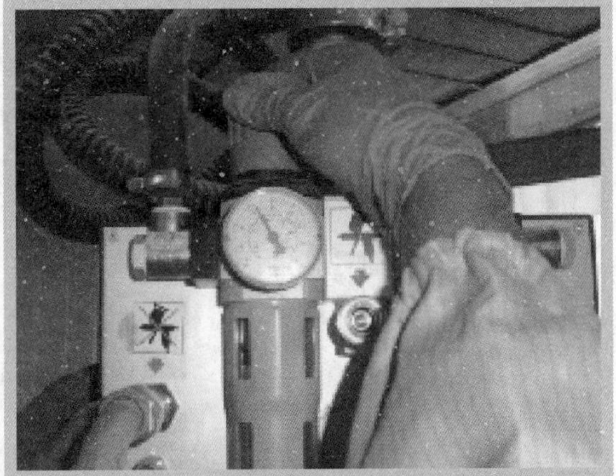
图 1-69　调节气压

注意：

通过压力表调节压力只能在既定的上游压力范围内调节，不可能通过调节压力表将压力调高到上游既定压力以上；在没有向上拔起调节旋钮的情况下旋动调节旋钮，首先是旋不动，如果强行旋转可能会损坏调节旋钮。

4）异常情况的处理。如果吸尘效果变坏，首先检查吸尘器是否工作(有可能电源未连通)、控制选择开关是否置于“AUTO”档，接着打开吸尘器上盖检查集尘袋是否破裂，或有其他地方出现破裂情况，检查吸尘通道是否有堵塞情况。

如果磨机工作无力，或者不工作，应首先检查气压是否太低、导气铜管是否断裂、导气铜管上是否有密封垫圈；气路各个连接处是否有漏气情况。

长时间没使用过的磨机，在重新使用前从导气铜管开口滴入几滴润滑油。

5）日常保养。每天工作结束，断开电源、气源。取下磨机吹干净，如图 1-70 所示。放入工具箱，锁住。

用压缩空气吹干净吸尘器外部。取下工具箱，取下适配器，打开吸尘器上盖。

检查空气滤清器上的灰尘量，如果灰尘很多，应及时检查吸尘袋是否破裂。如已破裂，要更换，并清洁空气滤清器和吸尘器内部。清洁空气滤清器的方法是将其取下，用低气压压缩空气吹干净，如图 1-71 所示。

如果工作量大，需要及时清空吸尘袋：小心取下吸尘袋，将灰尘清空后重新装上吸尘袋。取下和安装吸尘袋时要小心操作，以免将吸尘纸袋弄破，如图 1-72 所示。如果工作量不大，建议在粉尘装到 1/3 时清空吸尘袋。

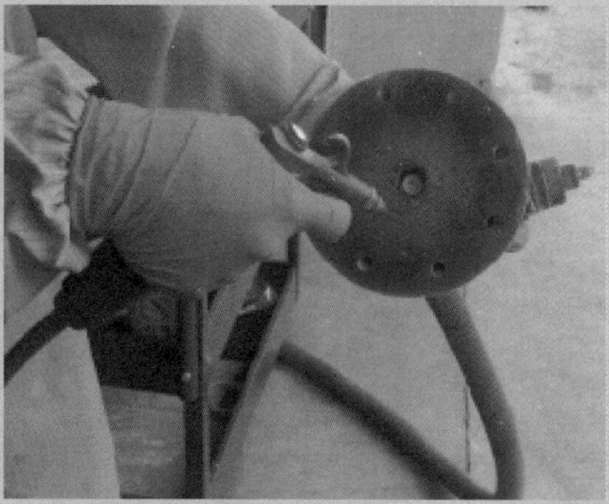

图 1-70　清洁磨机

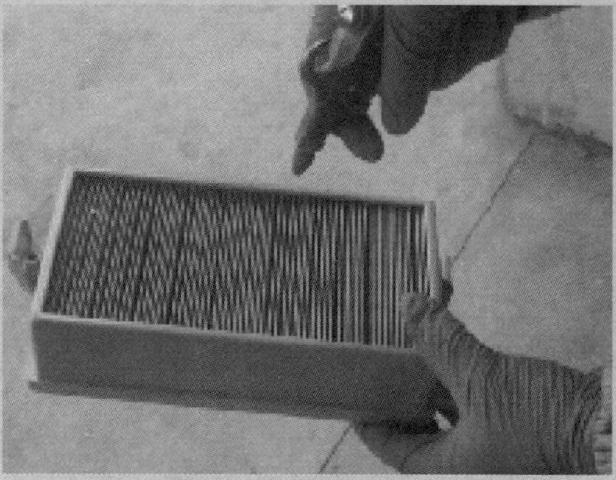

图 1-71　清洁空气滤清器

盖上吸尘器盖子，锁住。装上工具箱，锁住。装上适配器。将电源线缠绕好，将吸尘管缠绕好，放置。

6）每周保养。每周工作结束，断开电源、气源。将吸尘器外部清洁干净；取下磨机，吹干净；用内六角螺钉旋具旋下磨垫，将里面吹干净，如图 1-73 所示。如果里面有集尘，应清洁干净。

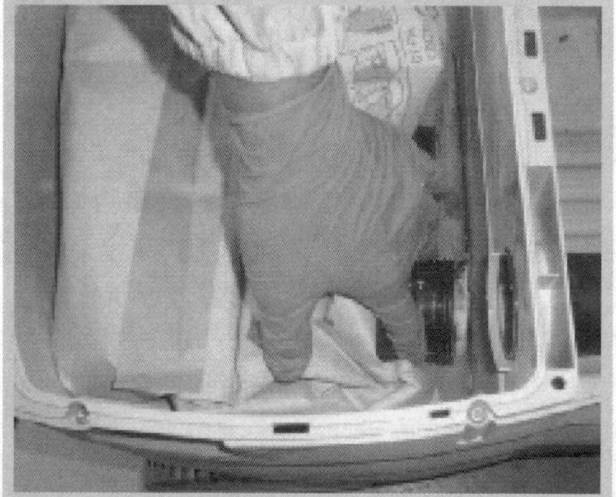

图 1-72　取吸尘袋

图 1-73　清洁磨机内部

检查磨机手柄处管内，如有集尘，清洁干净。装上磨垫，放入工具箱，锁住。将工具箱取下，放于一旁。

取下三合一套管，检查套管旋转是否灵活。检查三合一套管与磨机连接端管口是否有集尘。

取下适配器，打开吸尘器上盖。检查空气滤清器上的灰尘量，如果灰尘很多，应及时检查吸尘袋是否破裂；如已破裂，要更换，并清洁空气滤清器和吸尘器内部。

检查伺服系统油杯内的润滑油量，如不到 1/4 量，要及时加注润滑油，如图 1-74 所示。

装上适配器。装上工具箱，锁住；将电源线缠绕好，将吸尘管缠绕好，放置。

7）操作人员注意事项

① 绝对避免用三合一套管来吸尘。

② 绝对避免在没有装吸尘袋或吸尘袋破裂的情况下继续打磨操作。如果空气滤清器破损，要立即更换，这些情况可能导致吸尘器电动机损坏或磨机损坏。

③ 不要让重物轧过三合一套管，以免导致三合一套管损伤。在移动设备时，将三合一套管缠绕好后再移动，以免三合一套管在移动的过程中磨穿或被尖锐物体划伤而导致吸尘效果不好。

④ 不要让三合一套管两端沾水。如果三合一套管两端沾水将可能导致里面的轴承锈死而引起旋钮旋转不灵活，最后导致三合一套管破裂。

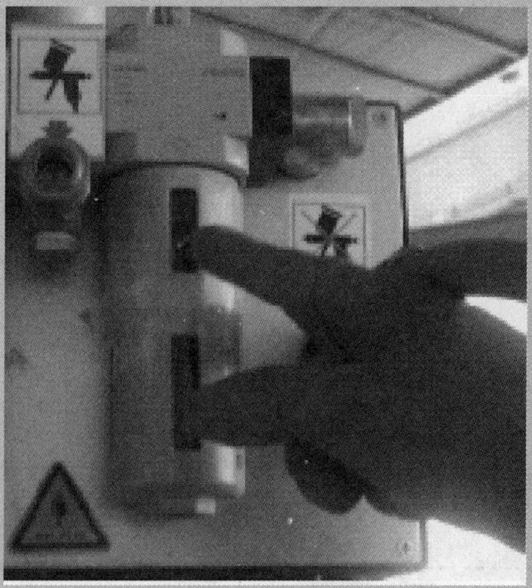

图 1-74　检查润滑油

4. 旧涂膜的处理

（1）板件表面无变形时旧涂膜的处理

此种情况板件表面虽无变形，但是涂膜表面会有划痕、面漆的流挂、桔皮、颗粒等缺陷，影响涂膜的外观。同时，为了增加涂膜的附着力，在重新喷涂面漆前，需要对旧涂膜进行打磨处理。

1）划痕的处理。如果划痕严重，已经露出金属底材。旧涂膜表面的划痕如果不处理掉，重新喷涂后，划痕会在表面反映出来，影响涂膜的外观。更严重的是划痕会造成涂膜开裂，如果处理不好，还会影响涂膜的附着力，如图 1-75 所示。

在处理时，首先要选用 P60～120 号砂纸将划痕打磨平整；再用 P180～240 号砂纸打磨，消除前一次打磨的砂纸痕；最好再用 P320 号砂纸打磨修整一遍，为喷涂底漆做准备，如图 1-76 所示。

图 1-75　涂膜表面的划痕

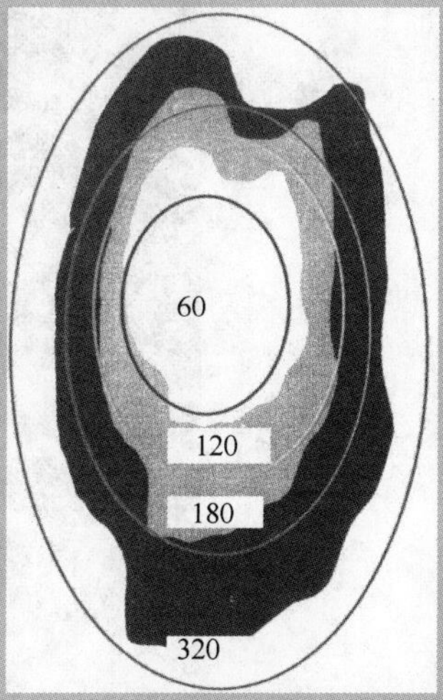

图 1-76　用不同号数的砂纸进行打磨处理

打磨完成效果：划痕全部磨平；打磨部位光滑平整，无明显的砂纸痕迹；打磨的断层部位过渡平滑，做好羽状边，如图 1-77 所示。

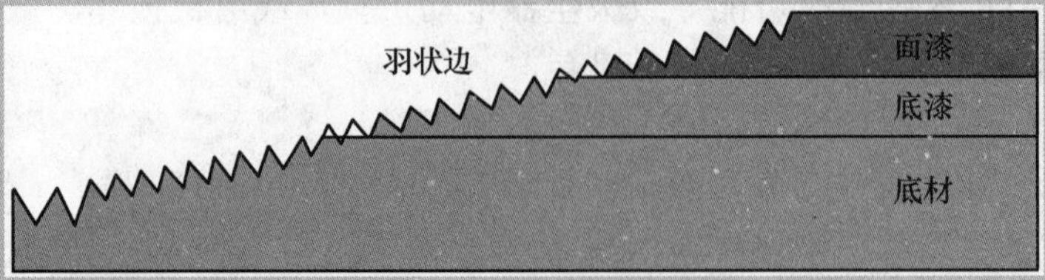

图 1-77 打磨完成的羽状边

2）流挂、桔皮、颗粒等的处理。对流挂、桔皮、颗粒等缺陷也采用打磨法处理，打磨砂纸的选择与处理划痕基本一致。即先用号数小粗一些的砂纸将缺陷处理掉，再用号数大细一些的砂纸消除粗砂纸的打磨痕迹。

打磨完成效果：将缺陷全部磨平；打磨部位光滑平整，外表呈现无光泽状态；表面无明显的砂纸痕迹。旧涂膜无损伤的打磨效果如图 1-78 所示。

⚠ 注意：

在打磨处理流挂、桔皮、颗粒等缺陷时，尽可能不要将面漆层磨穿，只要将缺陷部位处理平滑即可，这样可以省去喷涂防锈底漆和中涂底漆工艺，省时省力。

图 1-78 旧涂膜无损伤的打磨效果

（2）板件表面有变形时旧涂膜的处理

1）如果板件变形严重(变形量超过 2mm)，先要钣金将板件修复到规定要求，然后再进行旧涂膜的处理。

2）板件有变形，在修复时就需要刮腻子来填平，此时的旧涂膜处理是为刮腻子做准备(板件无变形,旧涂膜的处理是为底漆或面漆做准备)。处理旧漆膜的方法仍然以打磨法为主。首先要选用 P60~120 号砂纸将划痕打磨平整；再用 P180~240 号砂纸打磨，消除前一次打磨的砂纸痕。

3）打磨完成效果：涂膜有损伤的部位处理到底材；打磨部位光滑平整，无明显的砂纸痕迹；打磨的断层部位过渡平滑，做好羽状边。打磨完成效果如图 1-79 所示。

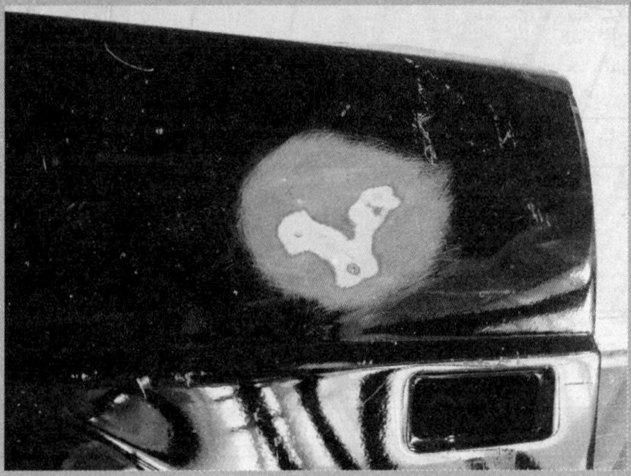

图 1-79　打磨完成效果

对于旧漆膜有剥离或裂纹处，以铲刀刀尖部插入剥离层间或缝隙处可以一块块铲掉旧漆膜。

4）用压缩空气吹净打磨粉尘。

实训记录单

日　　期		姓名/学号	

1. 请将水磨砂纸的操作要点记录：

2. 请将干磨系统的使用要点记录：

3. 不同缺陷板件旧涂膜的处理方法：

4. 旧涂膜处理的效果描述：

5. 实训中出现的问题、原因及解决办法：

6. 个人技能掌握程度：非常熟练□　比较熟练□　一般熟练□　　不熟练□

教师评语：

实训记录成绩______分

_____年___月___日

项 目 考 核

一、理论考核

（一）判断题（每题1分，共20分）

1. 有机溶剂蒸气只能通过呼吸进入人体，施工时必须佩戴防毒面具。 （ ）
2. 通风良好的施工环境，不仅有利涂层干燥，还能及时排出有毒挥发物。 （ ）
3. 涂料仓库照明开关应安装在库内，防止外人随便开启。 （ ）
4. 使用手提电钻时，必须戴上棉纱手套。 （ ）
5. 使用化学泡沫灭火器扑灭液体类火灾，要对准液面上喷射。 （ ）
6. 汽修厂对生产环境污染最严重的是 VOC 排放。 （ ）
7. 干磨可分为手工打磨和机械打磨。 （ ）
8. 如果已知车身已经喷涂过，就必须判断所使用的涂料类型。 （ ）
9. 打磨机要平放在打磨面上，不可以倾斜。 （ ）
10. 在面漆的涂饰中，纯色漆只能做单工序施工。 （ ）
11. 机械打磨工具都是采用电动的。 （ ）
12. 单向旋转式研磨机适用于平面打磨。 （ ）
13. 打磨机研磨后表面粗糙度与砂纸粗细有关，与振动幅度大小无关。 （ ）
14. 打磨机振动幅度大，磨腻子速度快。 （ ）
15. 打磨机振动幅度小，不易产生划痕。 （ ）
16. 研磨不同材料，应用不同打磨机。 （ ）
17. 根据磨料在底板上疏密分布不同，疏砂纸适合湿磨。 （ ）
18. 研磨不同形状的底材，要选用不同的打磨机。 （ ）
19. 一般干磨砂纸的磨料采用氧化铝。 （ ）
20. 锆铝磨料有独特的研磨刃性，研磨时产生热量少。 （ ）

（二）单项选择题（每题1分，共20分）

1. 手工除锈，应选用（ ）。

A. 供气面罩　B. 活性炭口罩　C. 防尘口罩

2. 夏季气温较高时，应避开（ ）去库房取料。

A. 早晨　B. 中午　C. 傍晚

3. 在触电事故中，通过人体电流达（ ）mA 就有致命的危险。

A. 1　B. 50　C. 100　D. 200

4. 表示手提式灭火器的是（ ）。

A. MP　B. MPT　C. MFB　D. MTT

5. 进入涂料仓库，（ ）等物品可以带入。

A. 打火机　B. 香烟　C. 手机　D. 火柴

6. 要保持精细打磨无划痕，应采用振幅为（ ）mm 的打磨机。

A. 3　B. 5　C. 7　D. 10

7. 打磨工具配有不同软硬的打磨垫，磨腻子一般采用（ ）。

A. 硬磨垫　B. 软磨垫　C. 超软磨垫　D. 耐高温磨垫

8. 打磨工具配有不同的打磨垫，研磨中涂底漆一般采用(　　)。

A. 硬磨垫　　B. 软磨垫　　C. 超软磨垫　　D. 耐高温磨垫

9. 打磨工具配有不同打磨垫，研磨带有弧形的工件选用(　　)。

A. 硬磨垫　　B. 软磨垫　　C. 超软磨垫　　D. 耐高温磨垫

10. 下列三种不同形式的打磨工具，用于除锈、脱漆等粗磨工作的是(　　)。

A. 单向旋转式　　B. 轨道式单振动式　　C. 双轨道偏心振动

11. 下列三种不同形式的打磨工具，适用于平面打磨的是(　　)。

A. 单向旋转式　　B. 轨道式单振动式　　C. 双轨道偏心振动

12. 干磨吸尘方法中，适合大型维修站使用的吸尘方法是(　　)。

A. 中央式多工位吸尘系统　　B. 分离式单工位吸尘系统

C. 简易袋式吸尘系统

13. 机械打磨羽状边，选用(　　)干磨砂纸为宜。

A. P60　　B. P80　　C. P120　　D. P180

14. 用除油剂脱脂除油处理时，建议每次清除(　　)m^2的面积且一块一块进行。

A. 0.2~0.3　　B. 0.5~0.6　　C. 0.8~0.9　　D. 1~1.2

15. 在下列常见的汽车塑料制品中，属于难黏、难涂的材料是(　　)。

A. PU　　B. PP　　C. ABS　　D. PVC

16. 近年来，在汽车制造业中塑料零件使用越来越广，平均已经达(　　)kg/辆。

A. 80　　B. 100　　C. 150　　D. 200

17. 国家标准规定，汽车车身涂层的防腐至少要保持(　　)年。

A. 5　　B. 10　　C. 20　　D. 30

18. 在汽车涂装维修中，(　　)车身材料品种最复杂。

A. 货车　　B. 大客车　　C. 小轿车　　D. 越野车

19. 汽车修补中的表面预处理，应根据(　　)来采用相应的方法。

A. 涂层的表面状况　　B. 设备情况

C. 经济状况　　D. 天气状况

20. 羽状边打磨距凹陷部位至少要(　　)cm。

A. 1~2　　B. 2~3　　C. 3~5　　D. 7~8

(三) 多项选择题(每题4分,共40分)

1. 车身钣金修复质量会直接影响涂层质量，故钣金件修复后必须做到(　　)。

A. 圆顺平整　　B. 线条分明　　C. 过渡自然

D. 凹坑深度不超过2mm　E. 无裂纹开口现象　　F. 平滑光亮

2. 涂装工艺中，打磨工序的主要作用是(　　)。

A. 清除老化破损旧漆膜　　B. 整形修饰

C. 提高光泽　　D. 粗化提高附着力

3. 无尘干磨系统包括(　　)等设备。

A. 打磨头　　B. 供气及吸尘管道　　C. 吸尘设备

D. 磨垫及砂纸　　E. 辅助系统

4. 涂装表面进行预处理时，应根据被涂物的(　　)来选择不同处理方法。

A. 用途　　B. 材质　　C. 形状

D. 表面状况　　E. 颜色

5. 气动打磨工具的优点是(　　)。

A. 寿命长　　B. 使用轻便

C. 维修简单　　D. 安全性好

6. 下列会影响打磨速度与光洁度的因素有(　　)。

A. 运动方式　B. 砂纸粗细

C. 振幅大小　D. 施工环境温度

7. 氧化铝磨料的特点是(　　)。

A. 硬度高　B. 耐久性好

C. 使用寿命长　D. 易产生较深划痕

8. 汽车维修中，砂纸上使用的磨料有(　　)。

A. 氧化铝　B. 石英砂　C. 碳化硅　D. 锆铝

9. 三维打磨材料适合于(　　)情况下研磨。

A. 外形复杂工件　B. 特殊材料表面　C. 干磨

D. 蘸水磨　E. 粗磨

10. 底材经表面预处理，要求达到(　　)。

A. 无油　B. 无锈　C. 无水

D. 无尘　E. 有一定的粗糙度　F. 没有污物

(四) 简答(每题 10 分,共 20 分)

1. 如何正确使用和保养半面式防毒面具?

2. 打磨砂纸的类型有哪些？干磨砂纸如何与打磨机配套使用?

二、实操考核

指导教师为每人准备1块车身板件，板件上有各种涂膜缺陷。教师在板件上设置1块10cm×10cm大小的凹陷，凹陷深度控制在2mm之内。由学生对整个板件进行涂装前的表面处理，教师对学生操作全程记录、打分，并把学生实训记录单的成绩计入本次考核的成绩中。

实操考核记录单

实训项目一　车身涂膜修复前板件的表面处理					
序号	考核内容	配分	考核记录	扣分	得分
1	安全与卫生习惯	10	1. 未着工装及防护 2. 工具摆放不整齐 3. 结束操作未整理现场 4. 有自伤事故 5. 野蛮操作或损坏设备		
2	工具的正确选用、使用	10			
3	操作流程	40	1. 损伤评估 2. 板件的表面处理		
4	效果评价	30	1. 缺陷评估是否全面、准确 2. 表面处理是否满足要求		
5	学生实训记录单	10			
6	得分合计				

考核教师：__________　　______年______月______日

项目二

车身板件的防腐蚀处理

材料由于受到介质的作用引起的破坏或变质称为腐蚀。介质腐蚀破坏的作用，称腐蚀作用。金属和合金的腐蚀主要由于化学或电化学作用引起的破坏，有时还伴随机械、物理或生物作用。金属腐蚀的危害非常大，据统计工业发达国家每年由于金属腐蚀的直接损失约占国民经济总产值的2%~4%。机动车的零件用金属制作占60%~70%。金属腐蚀造成了极大的损坏，因此人们在研究车身材料的同时还要注重研究车身材料的防腐，如镀锌钢板、不锈钢以及在铁材上涂装防腐涂料等均为常用的防腐手段。

任务一　喷涂手法的掌握

学习目标

1. 了解喷涂方法有哪些。
2. 了解汽车涂装维修车间压缩空气供给系统的布局。
3. 学会正确使用和保养喷烤漆房。
4. 了解喷枪的种类和结构。
5. 学会喷枪的使用、清洗和保养。
6. 掌握车身板件的喷涂方法。

一、任务分析

涂装方法是指将涂料(液态或粉末状)薄而且均匀的涂布在被涂物表面上的工艺。在汽车工业的100多年的涂装史中，开始常用的涂装方法是刷涂、刮涂、喷涂、浸涂、淋涂、揩涂等，随着工业技术的进步，新型涂料的出现和汽车涂层质量要求的提高，汽车涂装方法也有了大的变革。现今汽车涂装常用的涂装方法除喷涂法外，还有电泳涂装法、自动静电涂装法、粉末涂装法等。

喷涂法是靠压缩空气或高压扩散使涂料雾化，高速喷射涂到被涂物上的一种涂装方法。按其喷涂原理及改进方法，喷涂方法的分类见表2-1。

表2-1　喷涂方法分类

喷涂法	空气喷涂法	冷喷涂：手工、自动涂装机(机械手或往复机)
		热喷涂：手工
		静电喷涂：手工、自动涂装机(机械手或往复机)
	高压无气喷涂法	热喷涂：手工、机械手
		静电喷涂：手工
		空气辅助喷涂：手工

在汽车修补涂装作业中采用的主要是空气喷涂法，由操作技师手工喷涂，所以良好的喷涂设备是保证高质量涂膜的前提条件。

二、相关知识

(一) 压缩空气

压缩空气是汽车维修喷涂车间的主要动力源，绝大部分的工具和设备都是使用压缩空气来驱动的，比如干磨工具、喷枪等。没有充足的、高质量的压缩空气喷涂质量就无法保证，甚至根本无法进行喷漆操作。要保证压缩空气质量高，就需要我们在设备的选择、管路的布局等方面，进行科学合理的搭配和规划。同时，也要根据维修车间的功能和实际需要，来合理地选用设备，既能满足工作需要，也不要增加成本，造成资源浪费。

1. 涂装车间对压缩空气的要求

涂装车间对压缩空气要求有压缩空气的量和压缩空气的质量两个方面。

（1）压缩空气的量(注意不是单纯的气压高低)

压缩空气的量是指每秒钟供给用气设备的气量是否足够，以保证设备在使用过程中气压的稳定。

（2）压缩空气的质量

压缩空气的质量就是压缩空气中含有的油水和灰尘要符合工作的需要，对于要求较高的涂装作业来说，不洁净的压缩空气对施工效果影响很大。

为了满足以上两个要求，需要我们在涉及的压缩空气系统的各个方面来严格要求，通过合理地选用设备和科学管路布置，来达到车间用气的要求。

2. 压缩空气系统的组成

汽车涂装维修车间压缩空气系统由压缩空气供给设备、压缩空气净化设备、空气管路、开关和调节阀等组成。

（1）压缩空气供给设备

压缩空气的供给设备就是空气压缩机，它以电动机为动力，将空气压力从普通大气压升到更高的压力，是当代汽车修理厂必不可少的设备。目前使用的空气压缩机根据机械运动的方式基本分为三种，即隔膜式、活塞式、螺杆式。

1）隔膜式空气压缩机。隔膜式空气压缩机适用于为小型喷枪或设备供气，但不适合消耗较大气量和较高气压的设备供气，所以使用较少，如图 2-1 所示。隔膜式空气压缩机每一个工作循环只能压缩极少量的空气，压力范围在 0.2~0.3 MPa，但上下运动速度极快，每分钟超过 500 个冲程。

2）往复活塞式空气压缩机。活塞式空气压缩机是利用活塞的往复运动来压缩空气，并不断提高压力，如图 2-2 所示。活塞式空气压缩机比隔膜式空气压缩机更耐用，而且能提供足够的压缩空气。适合消耗空气量较多和压力较高的喷涂设备、气动设备，可铺设气管供全厂同时使用。为了使空气压缩机有效、安全、节能、降低机械损耗，空气压缩机上安装有自动调节系统，控制气压、供气时间及切断电源等。它包括调压阀、安全阀、压力开关等。

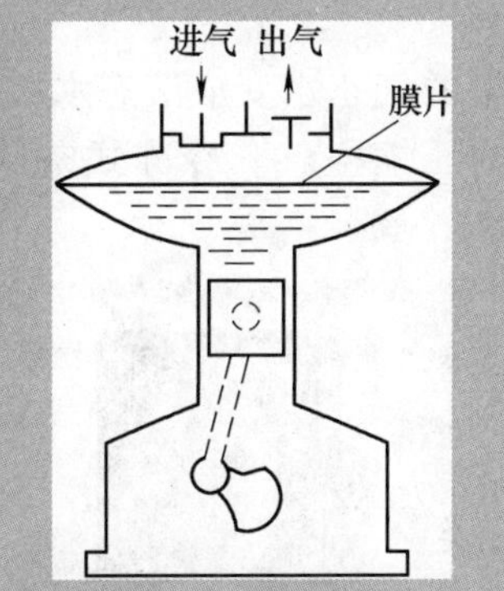

图 2-1　隔膜式空气压缩机

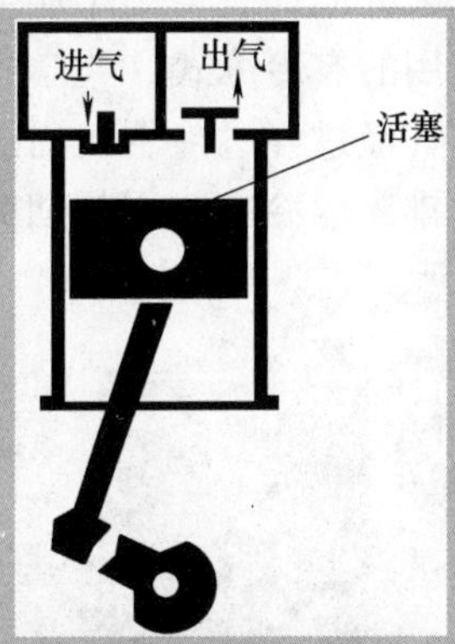

图 2-2　活塞式空气压缩机

3）螺杆式空气压缩机。如图 2-3 所示。螺杆式空气压缩机通过两个凹凸不平转子的高速运动产生压力。此型的空压机风压风量恒定，且噪声较小，气量大。它是新一代空气压缩机，具有美观、高效、低速、低噪声、节能、自动化高等优点。螺杆式空气压缩机的工作效率和可靠性很高，已在工业领域成为标准配置，在汽车修理行业将有逐步取代活塞式空气压缩机的趋势。

图 2-3　螺杆式空气压缩机原理图及实物

4）三种空气压缩机性能比较，见表 2-2。

表 2-2　隔膜式、活塞式、螺杆式空气压缩机性能比较

空压机类型	隔膜式	活塞式	螺杆式
供气量	少	一般效能随使用期下降	多
供气质量	无油	有油及油蒸气	有油及油蒸气
用途	耗气量低的工具、设备单独使用	对压缩空气需求量一般的车间多个设备错开使用	对压缩空气量高的车间多个设备同时使用

（2）压缩空气净化设备

1）油水分离器。空气中含有水分，经压缩机压缩后的气体中会带有水分和油气，为了保证压缩空气无尘、干燥，必须在空气压缩机的输送管道上安装油水分离器，起过滤空气作用，如图 2-4 所示。

2）空气干燥器。虽然油水分离器能过滤掉大部分的水、油气及微粒，但是仍然有少量的无法滤去，而加装空气干燥器能有效阻止水、油气、微尘的通过。空气干燥器有多种类型，最常用的有冷冻式、化学式和除湿剂式。

压缩空气经过经过冷干机后被冷冻降温和干燥，大量的气态水变成液态水，经冷冻式干燥机自动排出。冷冻式干燥机每分钟能处理 $3\sim5\mathrm{m}^3$ 的压缩空气。冷冻式空气干燥机，如图 2-5 所示。

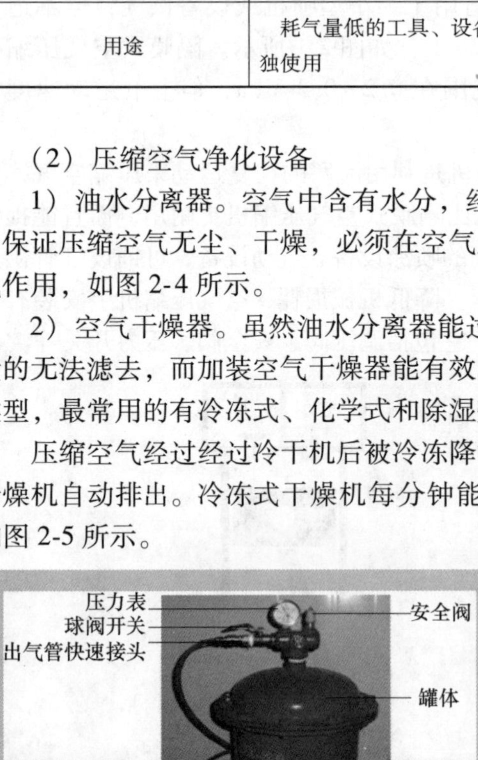

图 2-4　油水分离器

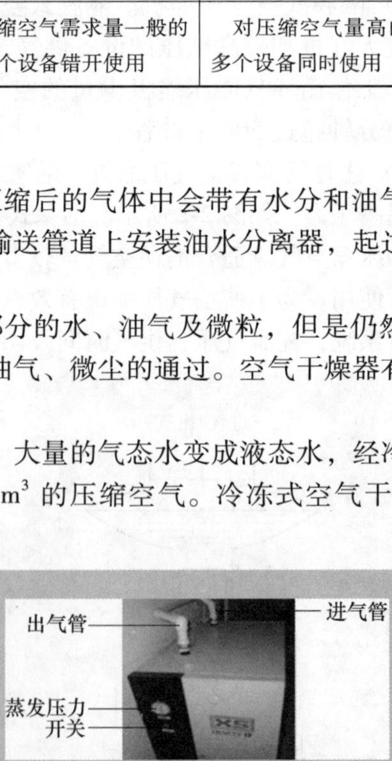

图 2-5　冷冻式干燥机

3）精密过滤器。压缩空气经过油水分离器和冷冻干燥机后，还有部分尘埃、油污、硅化物等杂质，精密油水过滤器能有效清除上述成分，过滤精度能达到0.01μm，如图2-6所示。

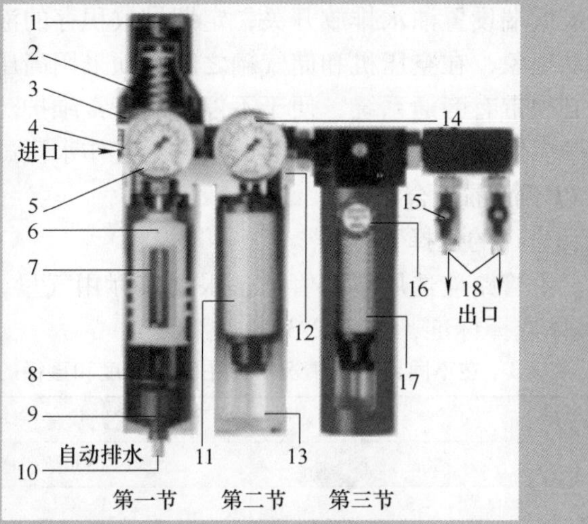

图2-6　精密过滤器

1—压力调节旋钮　2—固定螺套　3—隔膜和调压阀（内部）　4—空气进口（1/2in内螺纹）　5—气压表（第二节滤芯进口压力）　6—旋风分离器　7—黄铜粉末烧结滤芯（过滤精度为5μm）　8—第一节过滤器外壳（经防腐处理）　9—自动排水阀　10—冷凝水排泄软管　11—纤维棉滤芯，建议更换周期为6个月　12—连接螺钉（侧面）　13—第二节过滤器外壳（经防腐处理）　14—气压表（第二节过滤器出口压力）　15—球阀　16—标签：活性炭饱和显示指示卡标签　17—活性炭滤芯，建议更换周期为3个月　18—两个空气出口（1/4in外螺纹）

精密过滤器的第一节过滤器内置螺旋离心式油水分离装置，能有效分离油分和水分，黄铜粉末烧结滤芯能过滤5μm以上颗粒物；第二节过滤器内的精细纤维纸滤芯，能过滤0.01μm以上的颗粒并去除悬浮物质；第三节过滤器内的活性炭滤芯能有效吸附压缩机油蒸气，并去除有机异味。两块气压表方便提示滤芯的清洁及更换，当两表的压力差达到0.8bar时，或者每半年需要检查或更换第二节滤芯。自动排水阀只有在过滤器位置垂直时才能正常运行。在过滤器处于正常稳定的工作气压时，用手捏住第一节过滤器下部的排水阀，进行向左或向右旋转，逆时针旋转至极点为自动排水状态，相反为手动排水状态，最后接上软管，将排泄出的冷凝油和水导入容器内，以免污染环境。

压缩空气经过一系列净化的流程后，能消除0.01μm大小的颗粒，水滴净化率可达100%，油污净化率可达99.99%，压缩空气的洁净度达到了99.998%。可以说这样的空气比我们呼吸的新鲜空气都要洁净得多了。

（3）空气管路

空气管路也是影响压缩空气的主要因素，因为管路的布置形式、管路的长度和直径选择以及管路上阀门的数量等，都会对压缩空气产生直接的影响。

1）管路的布置形式

① 主管路设计成全封闭的环形回路，这样可以保证各个工作岗位气压恒定，不会因为增加用气设备而使气压突然下降。

② 整个环形回路与水平面倾斜0.5°~1°，并在管路的最低处设置自动排水器，便于冷凝水的排出。

③ 支线管路必须从主管路的顶端接出，同时支路采用弯管设计，避免管路中的冷凝水和油下流至支路中。

④ 各个支管的最低端设置油水排放开关，定期排放积存的液态油水。

⑤ 为了防止振动现象，在空压机和储气罐之间必须采用高压供气软管连接。

⑥ 个设备之间必须带有旁通系统，便于不停产的正常维护。

⑦ 系统安装完毕应做气压强度、气密性试验，不宜作水压试验。以相同气体的1.2~1.5倍的压力进行，以不泄漏为合格。

2）管路的长度和直径的选择

① 主管路要求。主管路应选用塑钢管材，根据实际用气量，来选择主管的长度、规格和适当的管径。具体选择标准，见表2-3。

表2-3 在不同用气量情况下，主管路长度和直径的选择

管路最小内直径/in 压缩空气量/(L/min)	输送管路长度		
	50m以下	50~150m	150m以上
500	3/4	1	相应加大
1000	1	5/4	
1500	1	3/2	
2000	5/4	2	
3000	3/2	2	

表中数值计算基准：操作气压6bar，管道耐压15bar。

② 支线管路要求。使用防爆、防静电、耐压、内径9mm、长度不超过10m的空气软管。

3）喷涂车间空气管路整体布置，如图2-7所示。

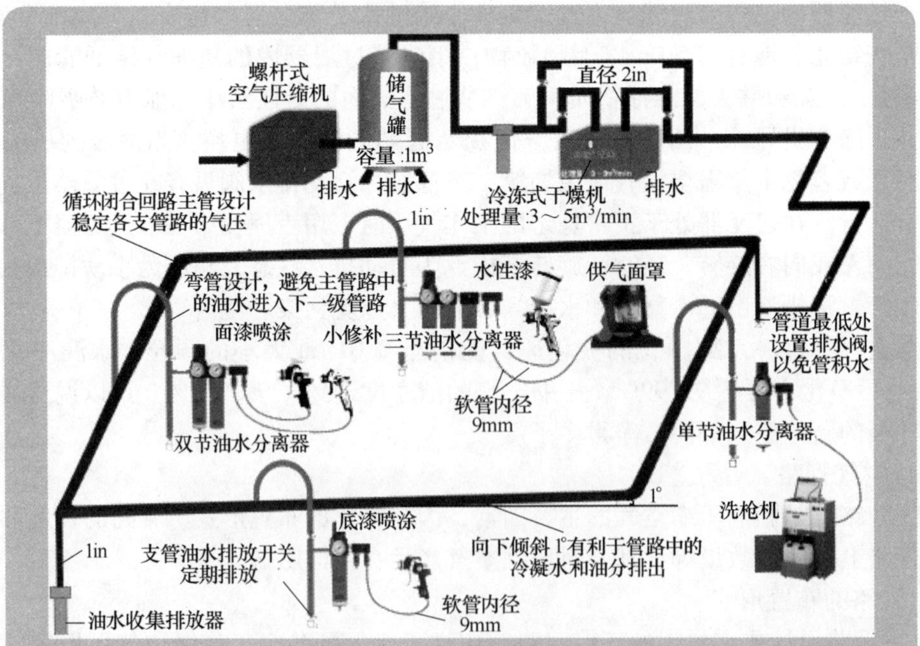

图2-7 压缩空气管路设计

(二) 喷烤漆房

喷烤漆房就是用人工的方法，制造出一个小环境，来满足涂装作业中对温度、湿度、洁净度、气流方向等的特殊要求，保护工人的安全卫生，治理涂装作业的废物排放。

在实际生产实践中，通常从维修企业的实用性和经济性出发，将喷漆间和烤漆房合二为一，即喷漆烤漆两用房，如图 2-8 所示。它兼有喷漆间和烤漆房的技术性能和功用，通常在修补涂装中直接叫它烤漆房。其特点是空气净化好，待涂装车辆一经涂装后可不进行移动，便于施工操作和日常维护。

图 2-8　喷烤漆房

1. 喷烤漆房的一般要求

1）有足够的施工场地，保证工人操作时有良好的视野，有足够的新鲜空气供给。

2）有良好的照明，光照度必须根据不同涂膜的质量要求保证工人操作、观察、检验的照明要求。

3）有足够的防火、防爆措施和灭火器具，保证人员安全。

4）要能有效地防止涂装施工时漆雾和溶剂蒸气飞散到车间其他区域，造成更大面积的环境污染和危害他人的安全卫生。

2. 喷烤漆房的种类

(1) 按对污染物(漆雾)的处理方式

喷烤漆房可分为干式和湿式两大类。干式为直接捕集，直接用过滤材料或设备将漆雾收集再处理。湿式为间接捕集，通过液体去捕捉漆雾，再对含漆雾的废水进行处理。干式喷烤漆房没有二次污染，风压低，风量小，运行费用低，但漆雾捕集效率不高，设备自身污染严重，易发生火灾。湿式喷烤漆房捕集漆雾效率高、安全、干净，但运行费用高，含漆雾的水需设置专用废水处理装置。湿式喷烤漆房广泛使用在各种喷漆作业中。一般生产线上的喷烤漆房基本采用这种方式。

(2) 按内部气流方向和抽风方式

喷烤漆房又可分为横向抽风、纵向抽风、底部抽风和上送下抽四种。室内气流方向在水平面内与工件移动方向垂直，称横向抽风，与工件移动方向平行，称纵向抽风。室内气流方向在铅垂面内与工件移动方向垂直，称底部抽风和上送下抽风。横向抽风的喷烤漆房在汽车涂装中主要用于发动机、油箱、车桥、散热器等中小部件和在实验室里使用。而对于汽车车身等大的部件和装饰性要求高的部件，多用上送下抽的气流方式。

(3) 按喷漆间的内压

喷烤漆房分正压和负压两种。所谓正压是指车间内空气压力大于车间外压力，负压是车间内压力小于车间外压力。为了防止灰尘、油污颗粒、潮气等被带入喷漆间，建议选用正压喷烤漆房。正负压对空气清洁度的影响是非常明显的，调整正负压的手段是调节送风量和排风量的比例。

（4）按对漆膜的干燥方法

烤漆房可分为烘干式和照射固化式两种。

1）烘干式烤漆房又可分自然对流式、循环风机对流式和远红外辐射式三种。目前国内维修企业中广泛应用远红外辐射式烤漆房，远红外辐射式烤漆房加热温度范围一般在38~83℃，汽车维修企业可根据烘烤作业范围大小，灵活选择设备红外灯管的数量和位置。远红外加热的能量转换形式主要是热辐射，它与热空气循环加热方式相比，尘埃附着漆面的可能性大大减小。通过远红外辐射方式对漆面的烘干，不但缩短了漆膜干燥时间(由一天缩短到30~50min)，提高了作业效率，而且有助于提高涂装施工质量。

2）照射固化式烤漆房。这种烤漆房有光固化和电子束固化两种，在一般修补涂装行业中很少应用。

3. 喷烤漆房的组成

喷烤两用房由室体、控制系统、送排风系统、空气净化系统和加热系统等几部分组成，如图2-9所示。

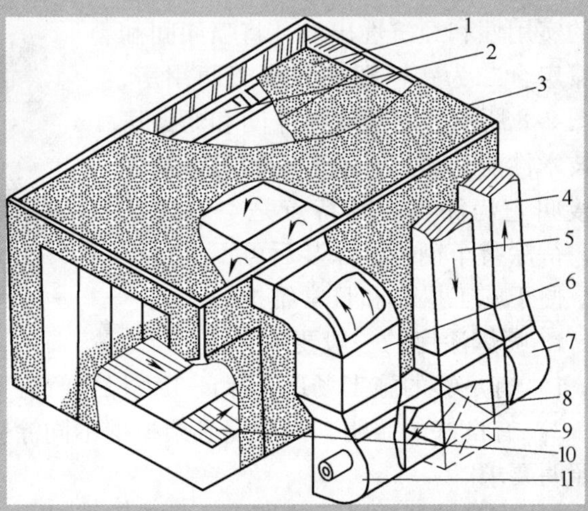

图2-9　喷烤漆房结构

1—顶部过滤网　2—照明灯管　3—房体　4—排气管　5—进气管　6—加热器　7—排风机　8—工作状态选择活门　9—二次过滤网　10—底部过滤棉　11—进风机

室体有房体和底座组成，房体保温板的内外板为彩色喷塑的薄钢板、中间填充聚苯乙烯保温材料、PU发泡连续成型，内外板与保温板材料整体压制而成一体。烤房一端设有折叠式推拉大门，可自由手动开启，同时在室体一侧设置一个安全小门，所用的门上均安装有合适尺寸的玻璃。底座可以放入地面以下，上面与地面平齐。也可以放在地面上，需要进出车辆时加楔形踏板。室体的顶部安装有顶棉，底部安装有地棉。在室体侧壁的顶部安装照明灯具，采用无影灯式日光照明光管，色温与太阳光线极为接近，令颜色校对更准确。

烤漆房的控制柜多放置在房体外侧墙壁，靠近安全门的位置。可以进行烤漆房的开关、喷漆、烤漆、加热、时间设定、烘烤温度设定等操作。送排风系统由离心风机和管路组成，保证烤漆房的空气循环流通。空气净化系统采用高能钢组件式、无接缝式无机过滤棉，配合进风过滤系统及正风压，确保进入房内的空气100%净化。

4. 喷烤漆房的工作过程

喷漆时，外部空气经过初级过滤网过滤后由风机送到房顶，再经过顶部过滤网二次过滤净化后进入房内。房内空气采用全降式，空气流速为16~40m/min，顺重力方向至底部并被抽出，经排风系统分离出漆雾和空气后排出室外。这样不断地循环转换，使喷漆时房内空气清洁度达98%以上，且送入的空气具有一定的压力，可在车的四周形成一恒定的气流以去除过量的油漆，从而最大限度地保证喷漆的质量。同时，室内温度可控制在20~22℃左右，受外部环境温度的影响较小，有利于保证喷涂的质量。

烤漆时，喷漆完毕后的工件静置10min左右后，将风门调至烤漆位置，热风循环，烤房内温度迅速升高到预定干燥温度（55~60℃）。风机将外部新鲜空气进行初过滤后，与热能转换器发生热交换后送至烤漆房顶部的气室，再经过第二次过滤净化，热风经过风门的内循环作用，除吸进少量新鲜空气外，绝大部分热空气又被继续加热利用，使得烤漆房内温度逐步升高。空气流速为 3m/min 左右（流速太高，会引起漆膜出现小凸泡），此时气流为封闭式循环系统。当温度达到设定的温度时，燃烧器自动停止；当温度下降到设置温度时，风机和燃烧器又自动开启，使烤漆房内温度保持相对恒定。最后当烤漆时间达到设定的时间时，烤漆房自动关机，烤漆结束。

5. 烤漆房的使用和保养

（1）烤漆房的使用

某型号汽车修补喷烤漆房的控制面板，如图 2-10 所示。

图 2-10　喷烤漆房控制柜面板

1—电压表　2—温控仪　3—烘烤时间设定　4—电源指示灯　5—喷漆指示　6—烤漆指示　7—升温指示　8—照明指示　9—电源开关　10—急停开关　11—喷漆开关　12—烘烤开关　13—照明开关

1）使用烤漆房时首先要打开电源开关 9，电源指示灯 4 点亮，电压表显示 380V。

2）打开照明开关 13，照明指示灯 8 点亮，烤房内的光线达到施工要求。

3）根据环境温度，确定是用升温喷漆还是常温喷漆。当环境温度高于 20℃时，常温就可喷漆，房内不需升温只进行通风，顺时针旋转喷漆开关 11；当环境温度低于 10℃时，先将温控仪 2 的温度设定到 20℃，逆时针转动开关 11。喷漆完毕后风机再工作 5min，使烤漆房内的漆雾彻底排净。

4）喷涂完成后需要加温烘烤时，首先设定温控仪 2~60℃，设定烘烤时间 30min。关闭照明开关，打开烘烤开关 12，进行加温烘烤。烘烤完毕，风机再工作 10min。

5）关闭各个操作开关，使用结束。

（2）烤漆房的日常维护

1）为使烤漆房可靠工作和延长使用寿命，必须按其使用说明书要求使用和维护。

2）严禁在房内吸烟和使用明火。

3）房周围的环境及房内应保持清洁。

4）进气过滤网一般在使用 100h 左右，应进行吸尘清理或更换。

5）房体内地网过滤棉使用 100h 左右，应进行吸尘清理或更换。

6）房顶的过滤网一般使用两 年或 400h 左右，需要进行汲尘清理。如发现喷漆时漆雾排不出时，顶部过滤棉即需要更换。

7）初级柴油滤清器一般工作 100h 拆下清洁，200h 更换滤芯；二次滤网一般使用 200h 将其拆下清洁。

8）喷油嘴在正常情况下不会损坏，使用 300h 左右，如发现火焰很小而且冒烟，将其拆下清洁后即可使用，正常情况下不要经常拆洗。

9）房内应清洁，正常情况下每 20 天清扫一次地网，以保证烤漆房内清洁。

（3）常见故障及排除

喷烤漆房常见故障和排除方法见表2-4。

表2-4　喷烤漆房常见故障和排除方法

故障现象	故障原因	排除方法
燃烧器点不着火	因该设备油管中无油再加柴油时，一次无法着火	当正常点不着火时，燃烧器上控制盒的红灯会亮，此时等待5s后再按一下红灯亮着的开关，即可再次点火，有时需重复3~4次。若5次还点不着火就不要再点火了，须将燃烧器从热交换器上拆下，用毛巾擦净热交换器内的柴油，否则将引起热交换器损坏
油管接头漏气	接头松动	拧紧接头即可
着火后15s自动熄火	（1）光感开关被黑灰污染 （2）油压过低以及风门调整不当	（1）擦净光感开关 （2）检查油路是否堵塞，检查调整螺钉，清洗喷油嘴 （3）检查并调整风门
点火后火焰不良	（1）燃油太冷，雾化力太低或太高 （2）风门开得太大，油中有水 （3）柴油滤清器堵塞	（1）天冷时用标号高的柴油 （2）清洁滤清器，检查调整螺钉并调整使雾化压力正常 （3）更换柴油滤清器
排气口冒黑烟	（1）风门开启太小 （2）喷油压力过低	（1）按刻度线调风门 （2）调整雾化压力使其正常

（三）喷枪

1. 油漆传递效率

油漆经喷涂后，附着在被喷涂物件上的油漆与喷枪喷出的全部油漆的比值。油漆传递效率=附着油漆质量／喷出全部油漆质量，如图2-11所示。

图2-11　油漆传递效率

2. 喷枪的分类

喷枪的种类和型号很多，各家涂装设备制造企业的命名方法虽有所不同，但大体上有以下几种分类方法。

（1）按喷嘴类型

喷枪分为对嘴式和扁嘴式两种。

（2）根据供应涂料的方式

喷枪主要有重力式、吸上式（也叫虹吸式）和压送式三种，如图2-12所示。目前，汽车修补涂装使用较普遍的是吸上式和重力式喷枪。

1）重力式喷枪如图 2-12a 所示。优点：涂料的黏度变化极少影响喷出量的变化。杯的位置可以自由调整，作业容易。缺点：喷涂时稳定性不良，一般储存涂料罐在 500mL 内，如大面积涂装时装料次数增加。

2）吸上式喷枪如图 2-12b 所示。优点：喷涂时稳定性良好，调换涂料容易。缺点：涂料的黏度变化对涂料的喷出量影响较大，储存涂料罐限定在 1200mL 内。

3）压送式喷枪如图 2-12c 所示。压送式喷枪适用于大面积的喷涂，多用于汽车制造厂的生产线涂装。

a)　　b)　　c)

图 2-12　喷枪的类型

（3）按雾化技术

喷枪分为气压雾化（传统高压喷枪）、气压/气流雾化（RP 中压喷枪）、气流雾化（HVLP 低压喷枪）。几种喷枪的对比见表 2-5。

1）RP 喷枪：RP 是 Reduced Pressure 的英文缩写，意为降低了气压，即跟传统喷枪相比喷涂气压降低了。RP 喷枪也叫低流量中气压喷枪，耗气量低，雾化好，油漆传递效率能达到 65%以上。

2）HVLP 喷枪：HVLP 是 High Volume Low Pressure 的英文缩写，意为高流量、低压力。只有在喷枪风帽处的气压不高于 0.7bar，油漆传递效率高于 65%的喷枪才是 HVLP 喷枪，也叫省漆环保喷枪。

表 2-5　几种喷枪数据比较

技术参数	传统高压喷枪	RP 中压喷枪	HVLP 低压喷枪
喷嘴区别			
进气压力/bar	3~4	2.5	2
雾化压力/bar	2~3	1.3	0.7
耗气量/(L/min)	380	295	430
喷涂距离/mm	18~23	15~23	13~17

（4）按作用不同

喷枪按作用的不同可以分为面漆喷枪、底漆喷枪、工艺喷枪(图2-13)和喷笔(图2-14)等。

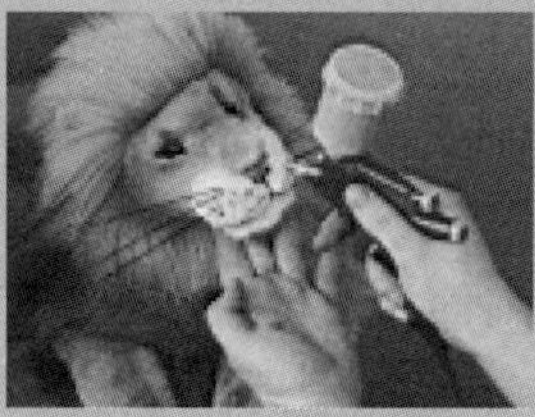

图 2-13　工艺喷枪

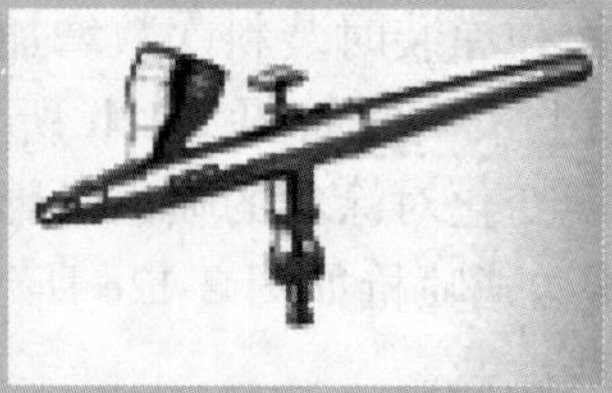

图 2-14　喷笔

3. 面漆喷枪与底漆喷枪

（1）喷枪喷幅

喷枪喷幅也叫喷枪雾化扇面，当喷枪进行单点喷涂时，涂料从喷枪喷出后在工件上形成涂膜的形状。一般修补涂装喷枪在标准喷涂距离和喷涂压力的情况下，最大喷幅在25~30cm之间。喷幅由中心湿润区、雾化区和过渡雾化区三部分组成。通过喷雾图形调节装置可将喷雾图形从圆形调节到椭圆形。椭圆形喷涂应用广泛，主要用于大面积喷涂；圆形喷涂一般应用于较小的被涂物与内表面。椭圆形喷雾图形长轴的两端较薄，喷涂时一定要使前后喷雾图形有一定的搭接，确保涂膜厚度均匀一致。

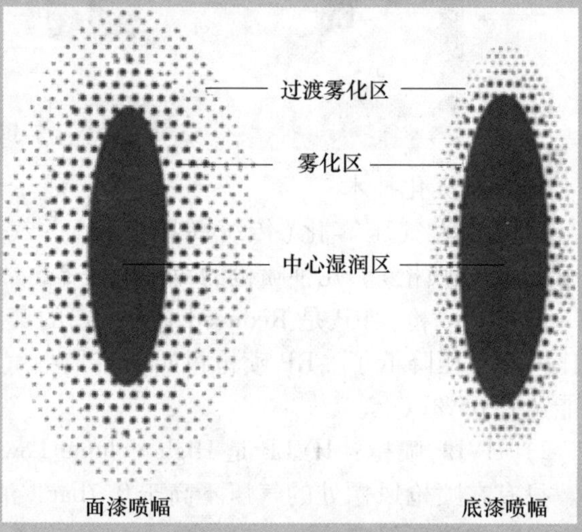

图 2-15　面漆喷枪与底漆喷枪喷幅对比

（2）面漆喷枪与底漆喷枪喷幅

面漆主要是给被涂物件表面着色和装饰作用；而底漆则是填充被涂物件表面的砂痕和砂眼，也就是给面漆打基础，以免面漆漆膜上产生瑕疵。面漆喷枪与底漆喷枪喷幅对比，如图2-15所示。

（3）面漆喷枪与底漆喷枪的区别

面漆喷枪、底漆喷枪的各项性能比较见表2-6。

表 2-6　面漆喷枪与底漆喷枪的对比

比较项目	面漆喷枪	底漆喷枪
涂料黏度	14~20s(DIN-4)	22~30s(DIN-4)
喷嘴口径	1.3~1.4mm	1.6~1.9mm
雾化要求	雾化精细	雾化均匀
喷幅	雾化区宽大、喷幅分散	中心区宽大、喷幅集中
涂装要求	着色、装饰	填充、遮盖
涂装效果	颜色均匀、饱满	平整、易磨

4. 空气喷枪的构造

了解喷枪的构造及每一部件的作用，有助于喷枪的选择、使用、维护及故障的排除。空气喷枪由涂料壶、枪身和喷枪控制装置等几部分组成。无论哪种喷枪，其结构和原理基本相同。现主要介绍重力式喷枪的工作原理和构造，如图 2-16 所示。喷枪配有 0. 6L 容量的涂料壶 1，可以通过快速更换接口 2 拆卸并加装涂料罐，壶上面有防漏塞 11。涂料通过图中红色通道 3，在压力气体的作用下，经喷枪涂料喷嘴 4 雾化喷出。喷枪有涂料流量调节旋钮 10 可以控制涂料喷出流量；喷枪可以通过喷枪气压调节旋钮 8 调节进入喷枪的空气压力，图中蓝色为空气通道 5。喷枪还可以加装数字压力表 9，从压力表可直接了解工作时的喷涂压力。喷涂的幅面可以通过喷幅调节旋钮 6 进行调节。为方便与空气压缩气管的装卸，喷枪装有旋转接头可供快速装卸。可以通过颜色识别系统 7 分辨不同种类的喷枪。

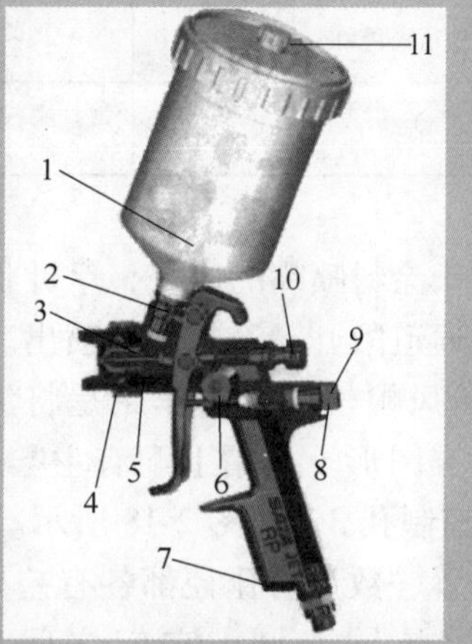

图 2-16　喷枪结构

1—0. 6L PVC 涂料壶　2—快速更换接口　3—涂料通道(红色)　4—快速更换喷嘴　5—空气通道(蓝色)　6—喷幅调节旋钮　7—颜色识别系统　8—喷枪气压调整旋钮　9—数字压力表(可加装)　10—涂料流量调节旋钮　11—防漏塞

（1） 喷枪喷嘴与风帽

喷涂的质量同雾化的关系非常密切，而喷嘴和气帽是雾化的关键。涂料从喷嘴喷出时，立即被从环形气孔喷出的高速气流围在中间，气流的旋转使涂料分散。涂料的液流与气流相遇，液流附随气流方向，并进一步分散成细雾。涂料的雾流受到气帽两侧犄角上气孔喷出的气流夹击，两股气流从相反方向交叉冲击涂料细雾。使其由圆形喷雾流成为扇形喷雾流。

1） 喷枪喷嘴。喷枪喷嘴部分有涂料通道 1 和空气通道 3，枪针 5 与喷嘴 4 及风帽 2 之间精密配合，控制空气和涂料的喷出与关闭，如图 2-17 所示。

通常使用的涂料喷嘴有涂料通道和空气通道，这两个通道在枪体上完全隔开，涂料喷嘴易被涂料磨损，一般都采用合金制作，并需进行热处理。为适应各种不同喷涂的要求，喷嘴的口径多种多样，并形成系列。喷嘴的尺寸和合适顶针的选用取决于被喷涂涂料的类型（表 2-7）。为了获得良好的喷涂结果，一般不能超出规定的最大流出量。合适的空气帽由设备制造商推荐。

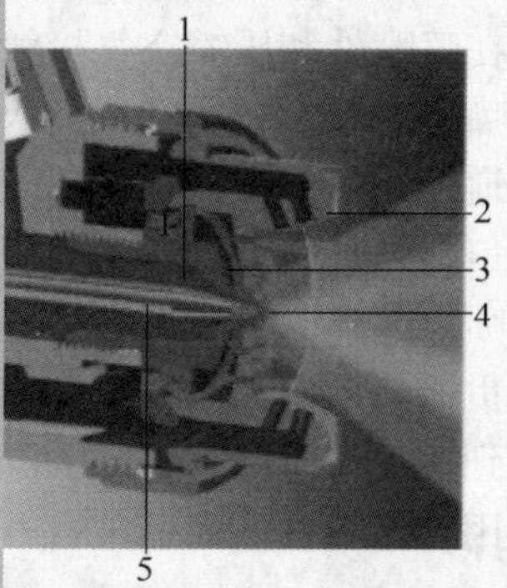

图 2-17　喷枪喷嘴

1—涂料通道(红色)　2—风帽　3—空气通道(蓝色)　4—涂料喷嘴　5—喷枪枪针

表 2-7 喷嘴的尺寸及其适合的涂料类型

涂料	喷嘴尺寸/mm	最大出漆量/mL·min^{-1}
中涂	(1.2)1.4	700
实色面漆	(1.2)1.4	500
实色底色漆	(1.2)1.4	500
闪光底色漆	1.0	400
	1.2	450
清漆	1.2	400
	1.4	500

阀针位于涂料喷嘴的内壁，呈针状，它与针阀杆组成针阀。当扳动扳机使阀针后移，喷嘴的涂料通道敞开，涂料迅即喷出。喷嘴与阀针闭合时，应配合严密，以防泄漏。

2）喷枪风帽。风帽的作用是将涂料雾化，并形成所要求的喷雾图形。风帽上配有主雾化孔 2、辅助雾化孔 1、扇幅控制孔 3，如图 2-18 所示。根据其作用不同，这些孔的位置、数量与孔径都各有差异。主雾化孔与涂料喷嘴应该是同心圆，它们之间的间隙为 0.15～0.30mm，经此间隙喷出的压缩空气，在涂料喷嘴的前端形成负压区，因负压的作用使涂料喷出，并形成圆形的喷雾图形。侧面空气孔喷出压缩空气的作用是将从中心孔喷出的圆形喷雾图形挤压成椭圆形或橄榄形，辅助空气孔喷出的压缩空气是使空气帽喷出的空气量与压力均衡，协助调节喷雾图形大小并保持恒定，还可促进漆雾细化，促使漆雾微粒分布均匀，并使涂料喷嘴周围不粘附涂料。高性能的压送式喷枪的空气帽辅助气孔有 10 个左右。

图 2-18 喷枪风帽孔
1—辅助雾化孔 2—主雾化孔
3—扇面控制孔

在压缩空气雾化过程中，涂料以自由细流的形式通过喷嘴流入雾化区域。空气帽和喷漆嘴形成环状狭缝，雾化空气以非常高的速度从环状狭缝中释放出来。汹涌的空气冲击漆流，并将其分散成小滴。空气流又将这些涂料小滴雾变形为宽或扁形的喷雾。

（2）空气喷枪的工作过程

涂料在喷嘴处和压缩空气接触，在负压的作用下，被雾化然后喷出。工作原理如下：针塞和喷嘴可控制涂料和气流进入枪内，当扣压部分扳机打开气阀门时，气流进入喷枪内的空气通道，到达气帽的各个出气孔喷出，其中从中心气孔（呈环行）喷出的气流，在涂料喷嘴出口处形成局部真空（负压）。此时针塞尚未打开只喷出高速气流。扣动扳机时，气流进入喷枪并将涂料喷出。当进一步压扣扳机，针塞后移打开涂料出口，此时高速气流才与涂料贯通。由于在涂料喷嘴出口处已形成真空（负压），而涂料罐内被涂料隔开的涂料面，受到大气压力（大气压力由涂料罐防漏塞上小孔进入），两端形成压力差。由于大气压的作用，涂料被推向已被打开的喷料嘴口喷出。

三、任务实施

教师在实训前应为每组准备好如下工具与设备：

1）喷枪及其配套的维修工具一套。

2）车身板件一块/人。

3）足量的旧报纸和胶带。

4）喷漆用工作服和防护面具、胶手套等。

5）调制好的实训用涂料。

（一）喷枪的使用和保养

1. 喷枪的使用

（1）使用前的准备

1）喷枪装入涂料后，通过枪尾的快速接头连接压缩空气。

2）喷枪扳机分两档，如图 2-19 所示。手握喷枪柄，以食指与中指压扣扳机到 1 档位，压缩空气阀门首先打开，压缩空气沿管道到达喷气嘴，喷出气流，这时由于针塞套筒未打开，气流可用于吹去涂装面的灰尘。再向后压扣扳机到 2 档位，针塞后移打开喷料嘴，流经喷嘴的涂料被预喷空气同时雾化，进入正常喷涂阶段。

3）喷涂时可以根据工作需要调节风帽的位置，需要水平方向喷涂时，将喷嘴调成水平，此时喷幅为竖线；需要上下喷涂时，将喷嘴调成竖直，此时喷幅为横线。如图 2-20 所示。

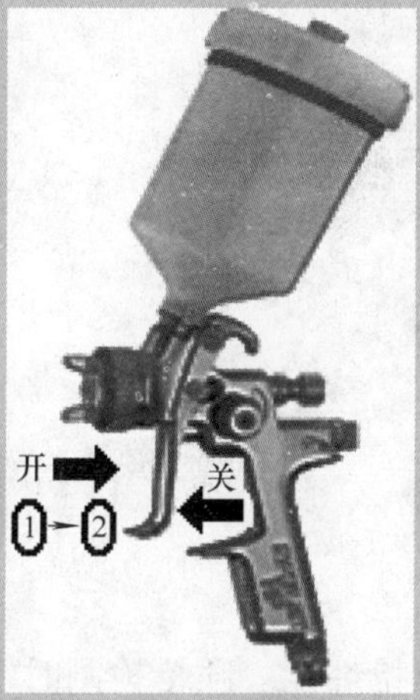

图 2-19　喷枪扳机档位

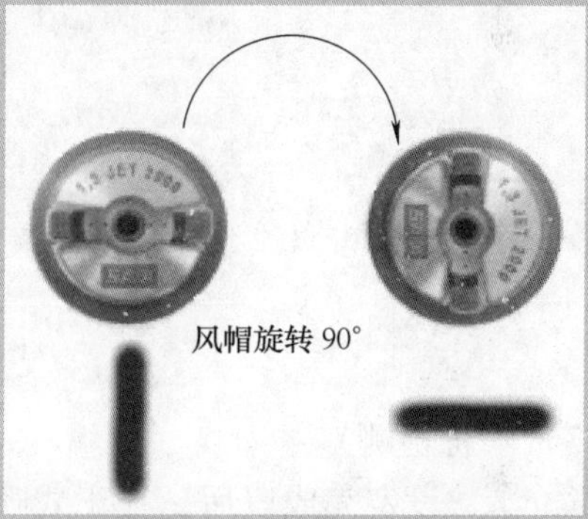

图 2-20　风帽位置与扇形

（2）喷枪基本参数调整

1）气压调整。气压调整时必须将喷枪扳机打开到预喷空气档，然后旋转气压调整旋钮来进行气压调整，调整后的气压可以通过枪尾或枪身上的气压表读出，如图 2-21 所示。SATA 系列环保喷枪的枪尾压力要求调整到 2. 0bar。

2）喷幅调整。增大喷幅，需要逆时针旋转喷幅调节旋钮；减小喷幅，需要顺时针旋转喷幅调节旋钮，如图 2-22 所示。

3）流量调整增大涂料流量，需要逆时针旋转涂料流量调节旋钮，增大枪针行程，从而增大涂料流量；减小涂料流量，需要顺时针旋转涂料流量调节旋钮，减小枪针行程，从而降低涂料流量。如图 2-23 所示。

⚠ 注意：

在正常喷涂情况下，把涂料流量、喷幅都调到最大，然后调节喷涂气压到规定值，并一直保持稳定的喷涂气压状态连续喷涂作业。

图 2-21　调整气压

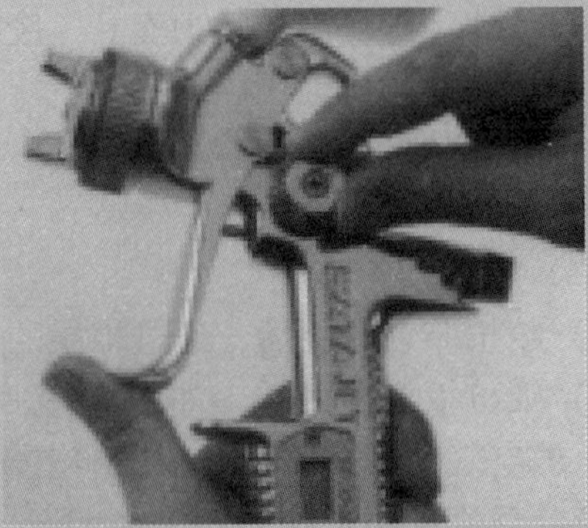

图 2-22　调整喷幅

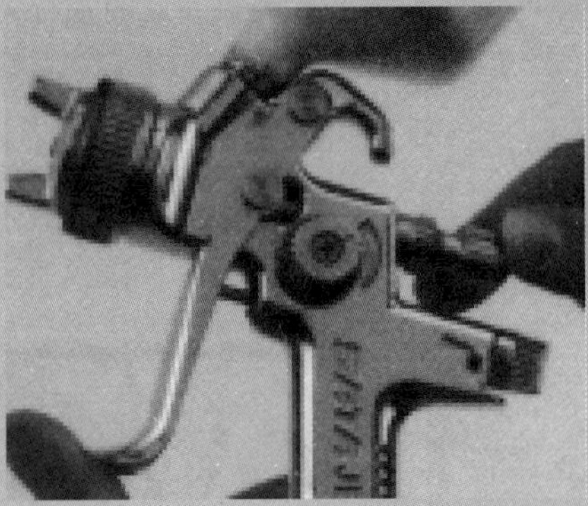

图 2-23　调整流量

（3）喷枪检测

喷枪参数设定完成以后，在正式喷涂前要检测一下喷枪性能。喷枪检测时常见的故障和原因见表 2-8。

表 2-8　喷枪故障与原因

测试条件	测试图例	原因	测试图例	原因
		良好		出漆量及气压问题
垂直及单喷测试喷幅（喷枪风帽成水平状态，先点喷，再匀速喷涂，观察喷涂状态判断喷枪可能的故障部位）		出漆量及气压问题		风帽及喷嘴问题
		漏漆、堵塞、跳枪		风帽及喷嘴问题

（续）

测试条件	测试图例	原因	测试图例	原因
水平测试喷幅（喷枪风帽转成垂直以平行喷涂，喷涂至有垂流现象立即停止）		良好		出漆量太少或气压太高
		风帽或喷嘴堵塞		

（4）喷枪控制

1）喷涂距离。传统高压喷枪为 18～23cm，HVLP 高流量低气压喷枪为 13～17 cm，如图 2-24 所示。在实际操作中还需要根据施工环境温度、喷枪移动速度、涂料黏度、涂料干燥速度等灵活掌握。

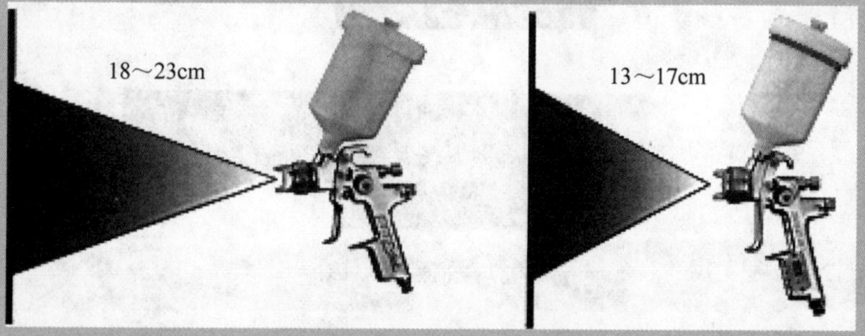

图 2-24　喷涂距离

2）轨道式喷涂。喷枪与被喷工件永远保持距离均衡，如图 2-25 所示。

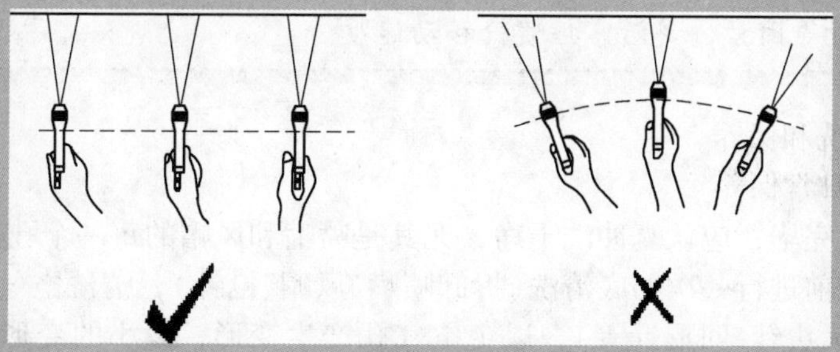

图 2-25　喷涂距离恒定

3）角度。喷枪与被喷工件永远保持垂直，如图 2-26 所示。无论被涂面是平面、垂直面、斜面还是侧面，喷枪应始终与被涂面保持垂直。在实际操作中，汽车表面形状多变、复杂，较难避免产生涂膜不匀，但要力求正确。

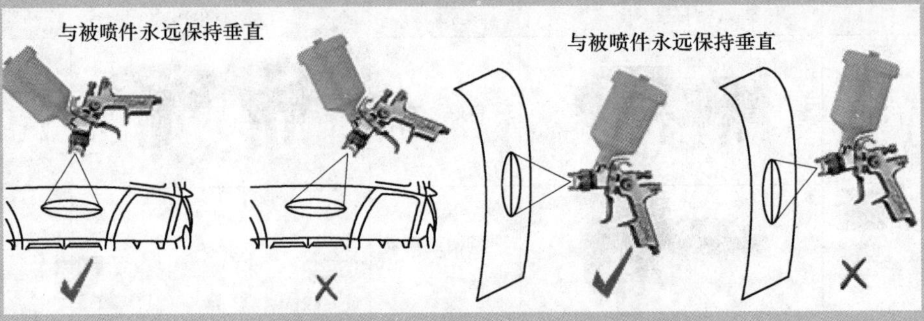

图 2-26　喷枪与被喷工件永远保持垂直

4）压枪幅度。一般喷枪要求喷幅重叠 50%~60%，而环保喷枪（HVLP）则要求 70%~80%，如图 2-27 所示。

图 2-27　50%压枪幅度

5）行枪速度。喷枪移动保持平稳、匀速，喷涂速度为 30~50cm/s。

注意：

在实际喷涂操作中，还应考虑喷涂环境温度、涂料的黏度、稀释剂挥发的快慢、喷枪喷出涂料量等因素，灵活掌握喷枪移动速度。

2. 喷枪的清洗和保养

（1）喷枪的日常保养

1）每次工作完毕，应认真冲洗干净，尤其是喷嘴和风帽的每一个孔。

2）每天下班前进行一次彻底清洗（拆卸喷嘴、风帽、枪针），清洗空气孔时，严禁使用硬质钢丝捅（如：大头针、回形针等），以免空气孔产生变形，微小的变形都会影响到雾化效果，建议使用喷枪的专用清洗套装组件来清洗喷枪。如图 2-28 所示。

3）喷枪清洗完毕后，应用喷枪专用的润滑油轻轻润滑所有可拆卸的摩擦部件，按图 2-29 所示位置润滑各点。注意不要涂在枪针的前端。

注意：

严禁整枪浸入清洗溶剂中，以免溶剂进入喷枪的空气管道，引起喷枪损坏。

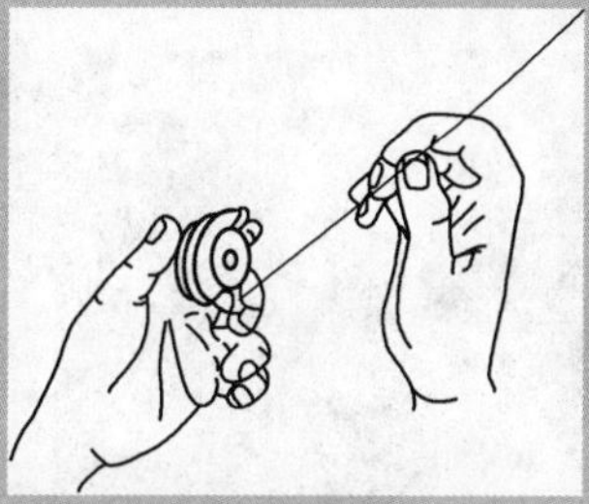

图 2-28　通气帽的孔

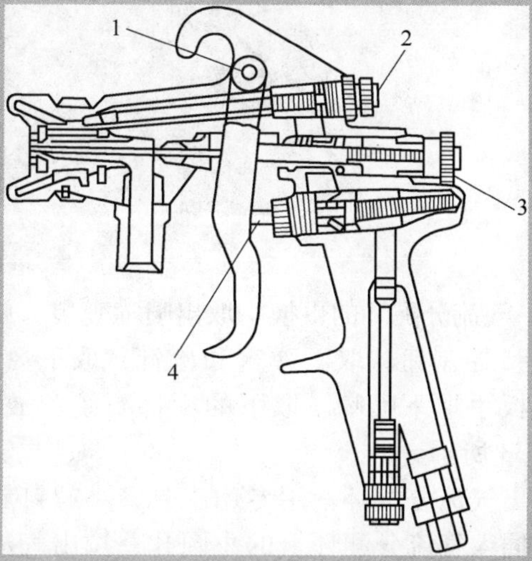

图 2-29　喷枪的润滑点

1—扳机转轴　2—喷雾扇形控制钮　3—涂料控制旋钮　4—空气阀

（2）喷枪零件的拆卸与更换

1）喷嘴套装的更换。喷嘴套装是喷枪最关键部件，包括风帽、喷嘴和枪针，如图 2-30所示。实际工作中需要更换喷嘴口径时，必须更换整个喷嘴套装。喷嘴套装的拆卸顺序是：枪针→风帽→喷嘴，安装时按相反顺序进行。喷枪风帽有位置标记，字母或者标记点不得倒置。

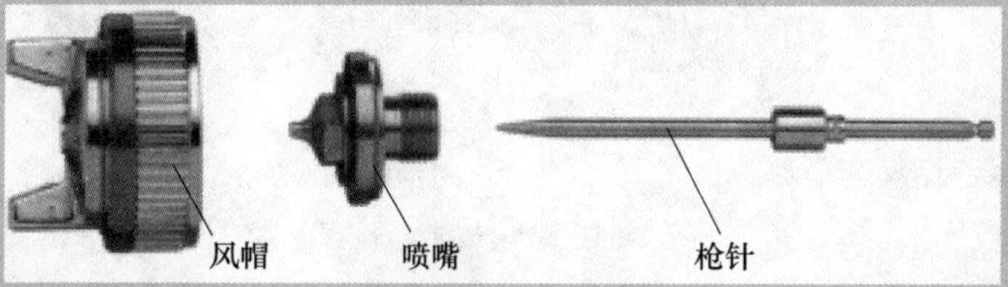

图 2-30　喷嘴套装

2）喷枪密封件的更换：更换空气阀门顶杆护圈，如图 2-31 所示；更换枪针密封件，如图 2-32 所示。

图 2-31　更换护圈

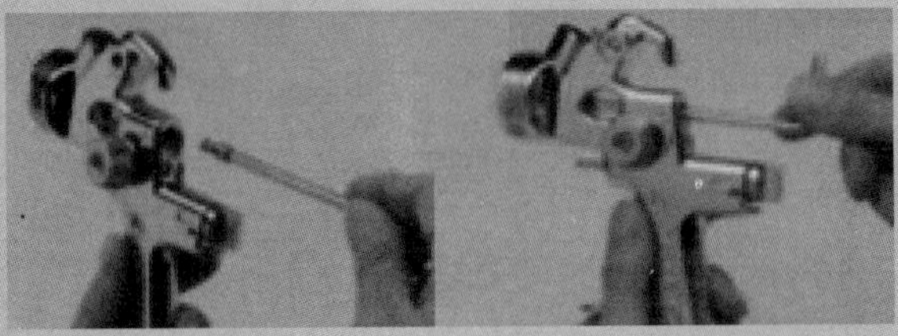

图 2-32　更换密封件

3）气流分配环的更换。取出喷嘴套装。旋开涂料流量控制钮，取下弹簧和枪针，取下风帽，用组合扳手取下喷嘴。取下的零件要统一放好。如图 2-33 所示。

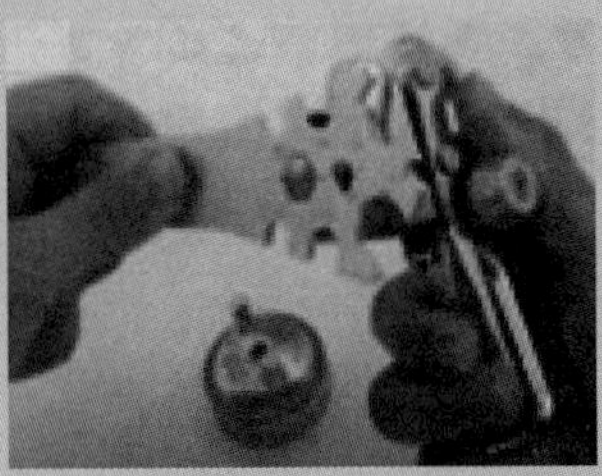

图 2-33　取出喷嘴套装

取出气流分配环。用专用工具、小螺钉旋具等工具插入气流分配环上的小圆孔，拉出气流分配环，如图 2-34 所示。把枪体气流室内的污垢清洁干净。保持气流室密封表面清洁无污垢、无刮痕，以达到最佳密封效果。

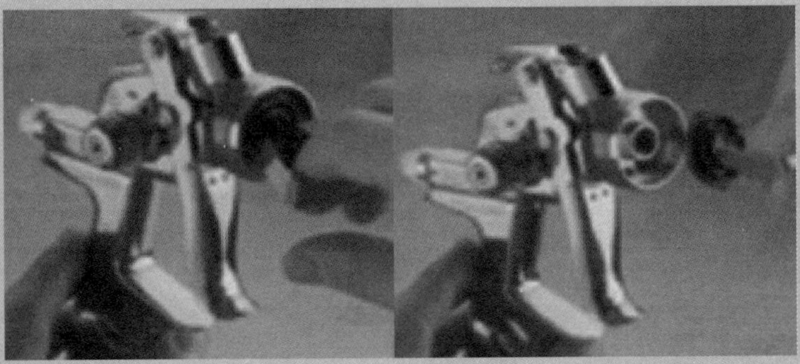

图 2-34　取出气流分配环

安装新的气流分配环。安装时箭头所示的塑料定位脚必须完全对准枪体上的定位孔，如图 2-35 所示。然后推进气流分配环，装上喷嘴并轻轻拧紧，再把喷嘴旋出，检查气流分配环是否已经贴紧枪体各部位。最后安装喷嘴套装。

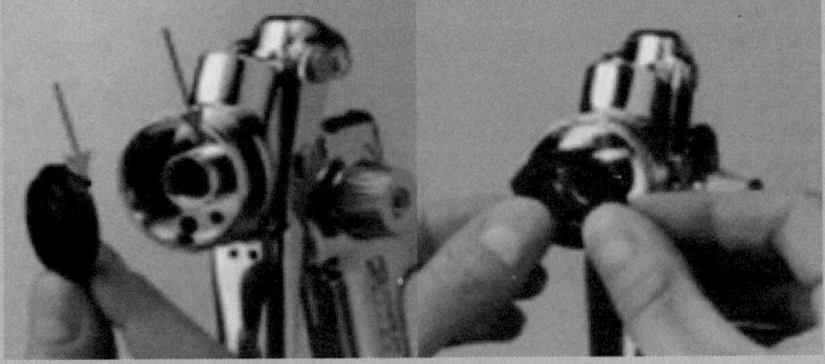

图 2-35　安装气流分配环

（二）喷涂手法练习

1. 喷涂前的准备

1）将旧报纸用胶带固定于板件上，边缘的多余报纸向内折，并用胶带固定，以呈现板件的外廓形状。将板件安装在专用的支架上。

2）穿戴好工作服、防护眼镜、防尘罩。

3）将已调制好的涂料，过滤后装入喷枪漆料罐。

4）将喷枪通过快速接头接入压缩空气系统。

5）调整喷枪到规定状态。

2. 喷涂时喷枪扳机的控制

扣扳机的正确操作一般分四步，如图 2-36 所示。

1）先从遮蔽纸上开始走，扣下扳机一半，仅放出空气。

2）当走到喷涂表面的边缘时，完全扣下扳机，喷出涂料。

3）当走到另一头时，松开扳机一半，涂料停止流出。

4）反向喷涂前再往前移动几厘米，然后重复上述操作步骤。

3. 喷涂方法、路线的掌握

1）在板件边缘喷涂时，一般采用由右至左而喷涂，并采用纵喷（喷出涂料呈垂直方向），如图 2-37 所示。

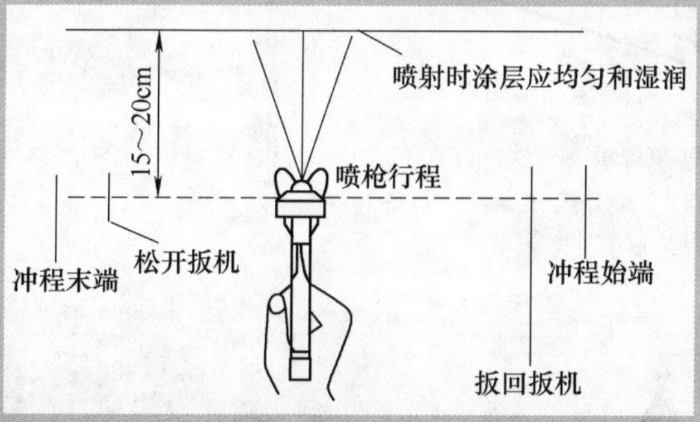

图 2-36　扳机的控制

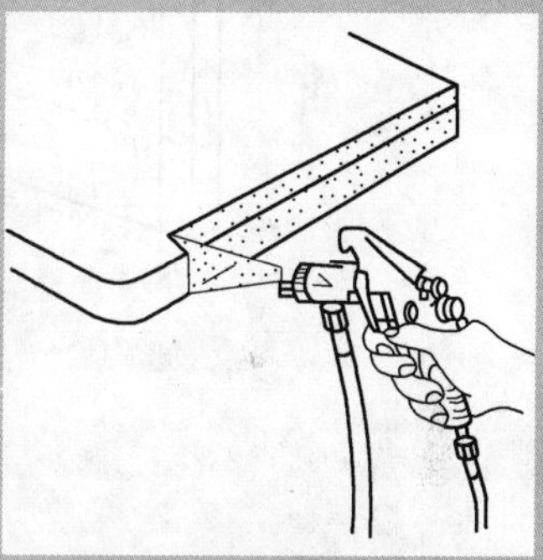

图 2-37　板件边缘喷涂

2）在板件内角喷涂时，一般采用由下而上，再由上而下喷涂，并采用横喷（喷出涂料成水平方向），如图 2-38 所示。

3）横向喷涂平面板件的方法。喷涂小的板件时，是由上而下的行程进行（1-2），然后由左至右（2-3），再由下而上进行（3-4），依次完成（4-5-6-7-8-9），如图 2-39 所示。

喷涂长板件平面时，也是由上而下行程进行，再由左而右，依次沿横向行程，每行程 45~90 cm，即按板长方向分段进行，每段之间交接处，有 10cm 左右的行程重叠，如图 2-40 所示。

4）圆柱形板件的喷涂。喷涂小圆柱板件时，由圆柱顶自上往下再自下往上，分 3~6 道垂直行程喷完，如图 2-41 所示。

喷涂大圆柱体时，则由左至右再由右至左，水平行程，依次喷完，如图 2-42 所示。

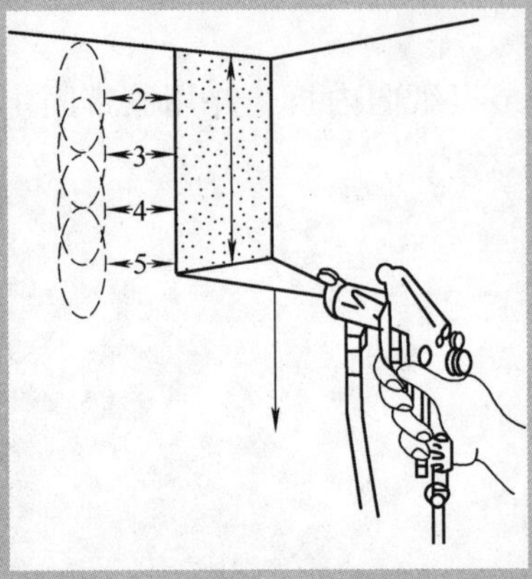

图 2-38 板件内角的喷涂

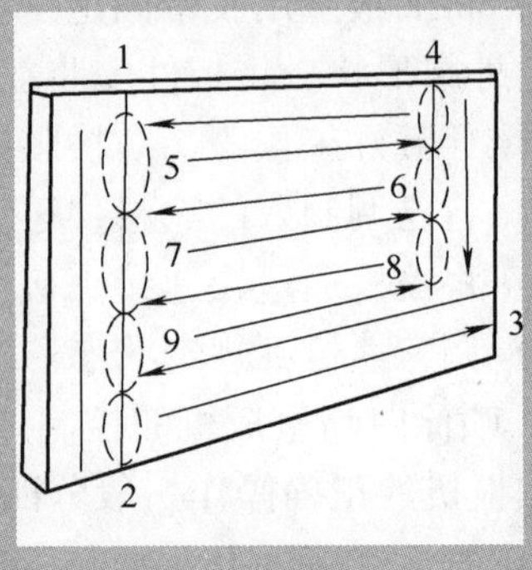

图 2-39 小而直立平面的喷涂

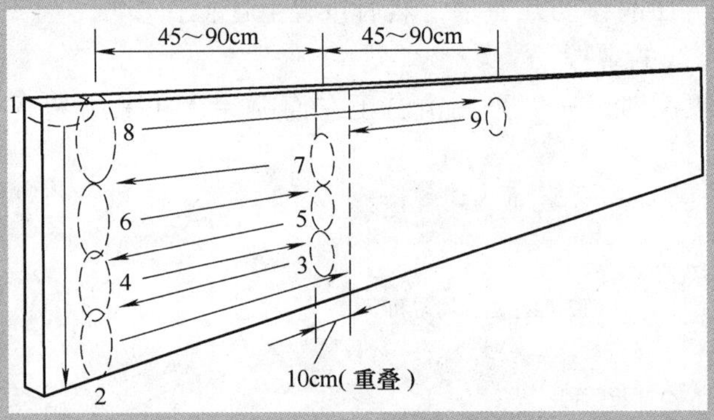

图 2-40 长而直立平面的喷涂

图 2-41 小圆柱体、中圆柱体的喷涂

图 2-42 大型圆柱体的喷涂

4. 不同车身板件的走枪顺序

1）喷涂车门时，如图 2-43 所示，首先喷涂车门框的顶部，然后下移直到车门的底部。如果只喷涂一个车门，首先应喷涂车门边缘；喷涂门把手时应该特别小心，因为某点的涂料太多将会导致流挂。

2）喷涂前翼子板时，如图 2-44 所示。发动机舱盖的边缘和前翼子板的翻边应该首先喷涂，然后是前照灯周围部分、面板的穹起部分，最后是面板的底部。

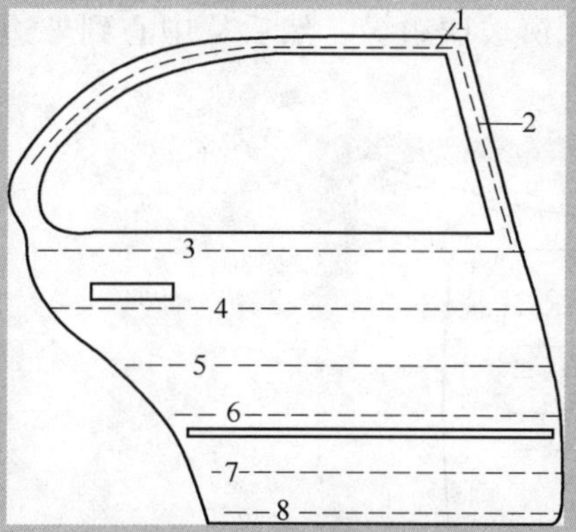

图 2-43　车门的喷涂顺序

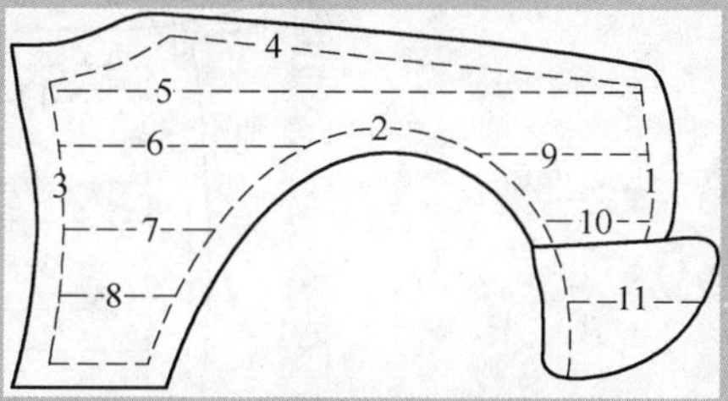

图 2-44　前翼子板的喷涂顺序

3）喷涂后翼子板时，如图 2-45 所示。首先喷涂边缘，然后喷漆工站在面板的中间，以一个长的连续的行程喷涂面板。如果无法一次完成，就把这个区域分成两个部分。使用这种方法时，一定要特别注意中间的重叠。如果重叠的涂料太多，将会发生流挂。

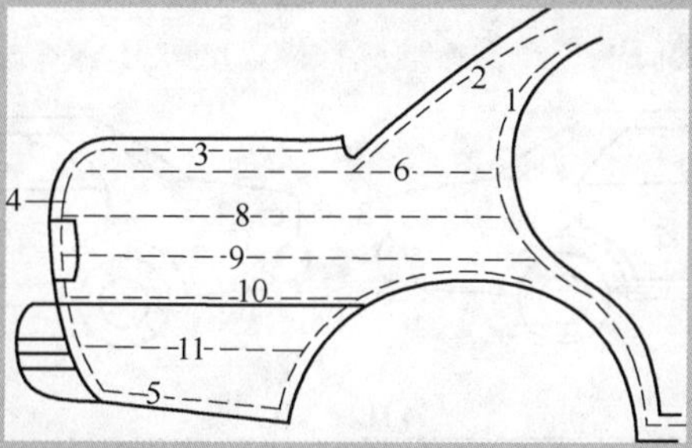

图 2-45　后翼子板的喷涂顺序

4）喷涂发动机舱盖时，如图 2-46 所示。首先喷涂发动机舱盖的边缘，然后是发动机舱盖的前部，下一步是在前翼子板的侧面，从中心开始向边缘进行喷涂；另一侧也使用相同的方法喷涂。

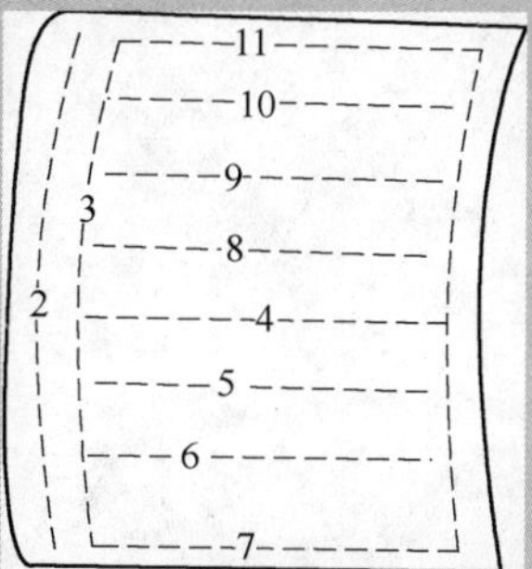

图 2-46　发动机舱盖的喷涂顺序

5）喷涂车顶盖时，为了方便对车顶盖进行喷涂，喷漆工应站在长凳上，以便能够喷到车顶的中心。如图 2-47 所示，首先喷涂一侧的风窗玻璃边缘，然后从中心到外边；一侧完成后，再用相同的方法完成后部和侧面。

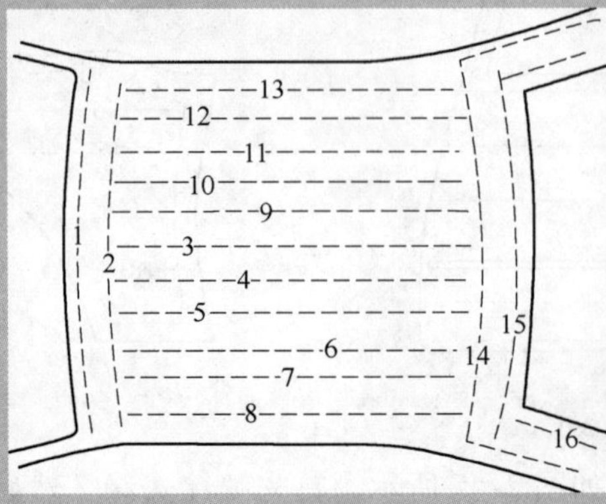

图 2-47　车顶盖的喷涂顺序

6）当进行整车喷涂时。通常，首先对车顶盖喷涂，然后是行李箱盖和后围板（后保险杠蒙皮），接着是左侧的后翼子板、车门、前翼子板、发动机舱盖、前裙板（前保险杠蒙皮）。然后喷涂汽车另一侧的前翼子板、车门、后翼子板。如图 2-48 所示。

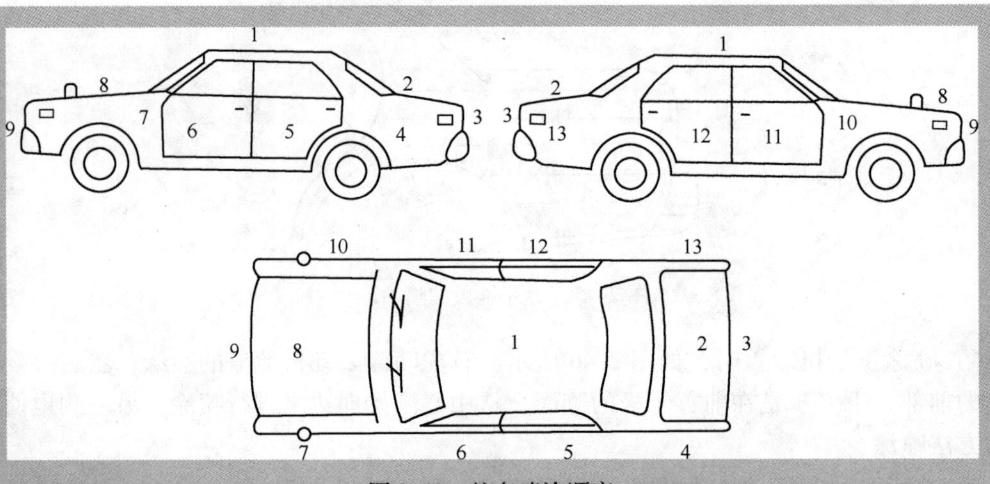

图 2-48　整车喷涂顺序

实训记录单

日　期		姓名/学号	

1. 将你观察的涂装车间空气管路布置情况记录：

2. 将烤漆房使用和保养要点记录：

3. 你使用的喷枪类型为________，喷枪口径为________，结构组成为________

4. 调整喷涂气压：

5. 调整扇幅：

6. 调整流量：

7. 板件喷涂方法：

8. 实训中出现的问题、原因及解决办法：

9. 个人技能掌握程度：非常熟练□　比较熟练□　一般熟练□　不熟练□

教师评语：

实训记录成绩____分

____年___月___日

任务二　遮护工艺

学习目标

1. 了解遮护在汽车涂装中的作用。
2. 掌握各种不同的遮护技术。
3. 车身不同部位的遮护方法。

一、任务分析

一般情况下，如果给后门涂面漆，它的漆雾可以扩展至车门以外1~2m。因此在做局部喷涂时一定要对不需喷涂位置进行遮护。

二、相关知识

遮护是在进行汽车修补涂装时必不可少的一道工序，顾名思义这种工艺的作用就是用来遮蔽和保护，保护的对象是跟损伤部位相邻的、不需要或者是不能损伤的良好表面。因为在进行打磨、喷涂或抛光有缺陷的车身部位时，相邻的良好表面是不需要处理的，或者说是不能人为受到损伤的。这时就需要使用适当的遮护用品，比如各种专业遮蔽纸、各种纸胶带、遮蔽膜、车身保护罩、轮胎保护罩等将需要保护的表面遮护好。

传统的遮护方法主要用报纸加上美纹纸对遮护面进行遮蔽保护，但报纸无论新旧，主要缺点为多尘，会渗油脱色。因为多尘，从而会使车体表面造成二次污染，轻则影响喷涂后油漆的光度和寿命，重则导致喷漆后油漆表面留有颗粒，以至需要刮掉重喷。因为报纸的渗透性极强，从而需要重复粘贴以防止油漆渗透，导致浪费时间，影响工作效率。专业遮蔽纸与报纸的各项性能比较见表2-9。

表2-9　遮蔽纸与报纸的遮蔽性能比较

遮蔽纸	报纸
抗溶剂	涂料、底漆会渗过
不会掉毛(无纤维)	会有灰尘粘在表面
湿强度	纸会破损
快速高效	效率低
不会留下印痕	会留下纸张的印痕
均匀一致	纸张、胶带会掀起

1. 纸胶带

由于遮蔽胶带的多用途和使用环境变化较大，因此对车用遮蔽胶带的要求较为苛刻。选用遮蔽胶带必须满足气候环境的变化和防止车间中脏物和灰尘对漆面的影响的要求。

（1）车身涂装用胶带的质量要求

1）好的胶带应具有较高的质量，例如合适的黏度，既不能太强使拆除困难，又不能太弱使粘贴不牢固。

2）胶带应能很容易地粘贴到装饰条、铭牌、车窗密封条等处，并且应具有较好的伸展性，不影响所贴板件的强度和柔韧性。

3）胶带应具有良好的强度，在使用中不易断裂，以及足够的伸缩性。

4）胶带还应具有良好的粘附性，在涂层出现收缩、温度变冷或变热时，胶带不脱落；并且在拆除胶带后，不应有胶带上的粘结剂留在板件表面上。

5）高质量的胶带应具有防水功能，并且在湿打磨时不脱落。

6）车身涂装用胶带还要具有一定的耐溶剂性，稀释剂、除油剂等溶剂不能影响其粘附性。

（2）胶带纸的种类

市场上出售的遮蔽胶带有3mm、6mm、12mm、18mm、24mm、36mm、48mm和72mm等多种尺寸(宽度)。最常用的胶带为6mm和18mm两种。

另外，还有一种细胶带，这种胶带常用在两种颜色交界处或非专业喷漆时用，因为这种胶带柔性好、较薄，并且专门的聚丙烯胶带底层允许胶带粘贴在新喷的瓷漆或罩光漆面上，不会留下痕迹。这种胶带具有防止溶剂浸透功能。常用的有1.5mm、3mm、5mm、6mm、10mm、12mm和18mm宽的胶带卷。

2. 遮蔽纸

汽车涂装遮护要使用的专门用纸。一般制成100cm、80cm、50cm、45cm等不同宽度系列的纸卷。操作规范化不渗透漆雾、不掉纸屑、纸质薄、体积小，符合喷漆专业使用。

（1）卷筒遮蔽纸

通过中间通孔可将其装于专用的遮蔽纸机上，图2-49所示，是一种常用的遮蔽纸与胶带机，该机器上装有不同宽度的遮蔽纸和不同规格的遮蔽胶带。该机器可以很方便地把胶带按需要粘贴到遮蔽纸的边缘。同时，机器上还装有一个切刀，可以根据需要切断一定长度的遮蔽纸，从而有效地提高了工作效率。

但是有些维修厂没有这种设备，这时在进行遮护时，就需要有一个干净的大的平面，例如桌子等。然后把所需长度的遮蔽纸平铺在平面上。接下来把胶带贴到遮蔽纸的边缘上。胶带的一半贴到遮蔽纸上，另一半待用。然后把贴有胶带的遮蔽纸放到所需遮护的表面上，用胶带把遮蔽纸固定。

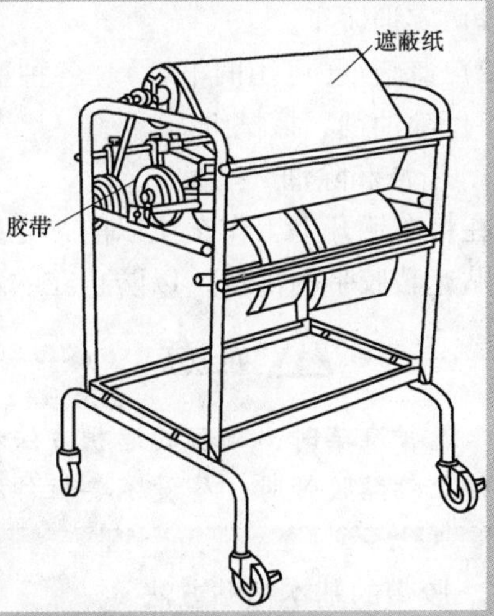

图2-49　遮蔽纸与胶带机

（2）自带胶带型遮蔽纸

可快速遮护车身需遮护部位，具备耐溶性，不渗透和耐高温，方便适用于汽车风窗玻璃、车窗、保险杠等所需遮护不同部位。快速有效完成遮护工作，提高工作效率。

（3）经特殊处理的遮蔽纸

宽度有8cm、15cm、23cm、30cm、38cm、46cm、69cm和91cm几种。这种纸的一侧采用特殊材料处理，比另一侧亮。通常应把光滑明亮的一侧朝外。也有的遮蔽纸两侧均用树脂进行浸渍处理，具有较好的防渗透功能和防脏物功能，常用在基层和透明涂层喷涂过程中。

（4）遮蔽膜

遮蔽膜（图2-50）在施工过程用于遮护车体的表面，绝不沾污，损伤汽车的表面，是一种很好的环保材料。采用先进的折叠技术，产品外形体积小巧，380m^2的保护膜直径只有10~100cm的外形，携带方便，使用方便快捷。

遮蔽膜更经过高科技处理后，防油漆、稀释剂等腐蚀，也不会像报纸那样渗油、脱色等污染，耐温可达100℃，是防水、遮光、遮护等绝佳的喷涂环保产品。

图2-50　遮蔽膜

3. 车身和轮胎护罩

车身和轮胎通常采用专门的罩遮护，护罩通常由厚的布或尼龙材料制成，周边边缘中有弹性圈或拉线，可以固定在车身或轮胎上。这种护罩使用方便，但是用过一段时间以后要进行清洗，否则表面上会附着大量的漆雾等杂物，造成涂层缺陷。

三、任务实施

教师在实训前应为每组准备好如下工具与设备：

1）实训轿车。

2）遮蔽纸（可用旧报纸）、各种型号纸胶带。

3）除油剂、擦拭纸。

1. 清洁和除油

在将车辆开上工作车位以前，先要清洗车辆。特别脏的部位要彻底清洗。用除油剂清洁要贴遮蔽胶带的部位，以防止在吹风或涂装时遮蔽胶带剥落。

⚠ 注意：

遮护汽车时，正确的遮护方法和细心程度是高质量工作的基础。在装饰条或其他部件上粘贴胶带时，尽量不要拉伸胶带。

2. 胶带的基本粘贴方法

粘贴胶带的基本贴法如图2-51所示。首先，在遮蔽纸上的粘贴一条胶带，再贴上一层胶带纸，将其周围完全盖住。若使用的胶带纸较宽，可以用一条胶带即可。

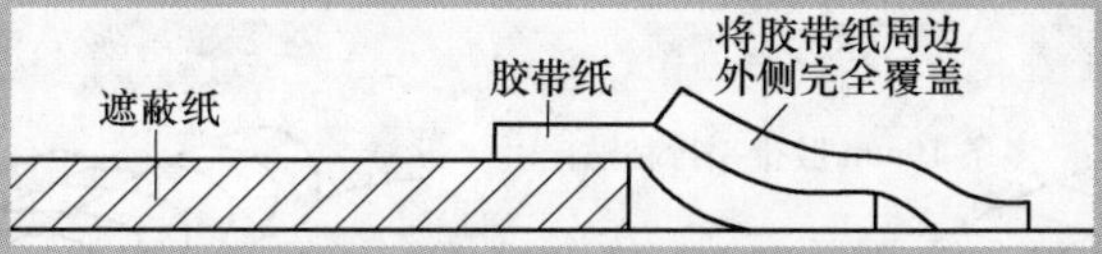

图 2-51　粘贴带的基本贴法

3. 遮护的基本方法

（1）正向遮护法

1）遮敝纸通过胶带纸直接固定，保护好良好的表面，将需要重新喷漆的部位露出来，另一边缘用胶带固定。采用正向遮护时，遮蔽纸、胶带纸与需要重新喷漆处三者在同一个平面上，胶带纸正对着需要喷漆的表面。如图 2-52 所示。

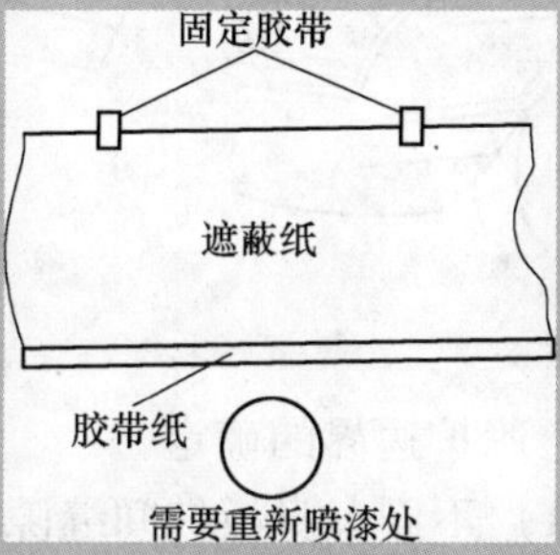

图 2-52　正向遮护

2）正向遮护法操作简单，贴护速度快，适用于整板喷涂的情况，比如整个车门、整个叶子板、整个发动机舱盖等。

（2）反向遮护法

1）遮蔽纸先通过胶带纸固定，遮护住需要重新喷漆的表面，然后将遮蔽纸向另一侧翻起，将需要喷漆的表面露出，遮蔽纸的另一边用固定胶带固定住。遮蔽纸要高于胶带纸与需要重新喷漆处，胶带纸藏在遮蔽纸的下面，遮蔽纸的卷起部位对着需要喷漆的表面，如图 2-53所示。这样可以对喷漆产生足够的扰动，从而当胶条揭除后，不会留下明显的痕迹。

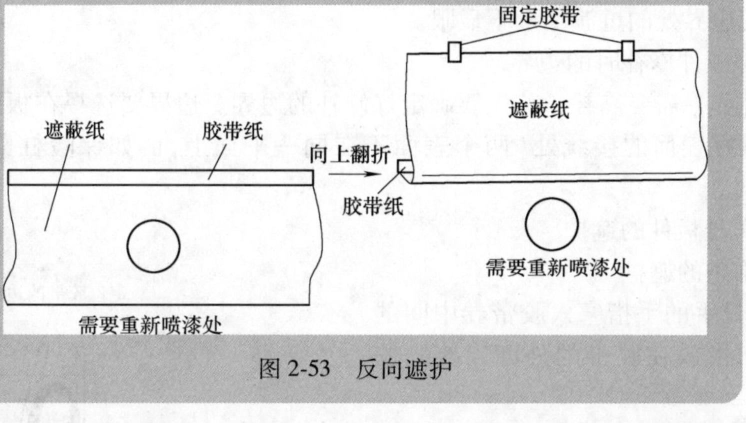

图 2-53　反向遮护

2）反向遮护法能保证喷涂的边缘部位过渡平滑，无明显的凸台，如图 2-54 所示。适用于同一板件局部修补喷涂的情况，中涂底漆喷涂时经常会用到反向遮护。

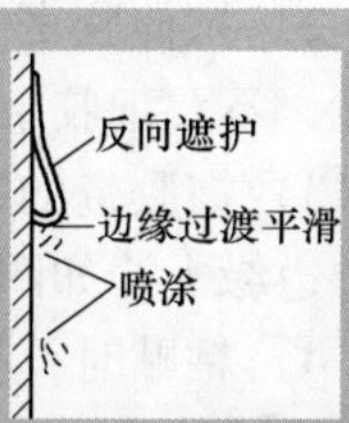

图 2-54　反向遮护平滑过渡

3）曲面流线形边缘的反向遮护，如图 2-55 所示。首先把 19mm 宽的胶带以正确的角度分别粘贴到流线形边缘上。每条胶带应有 10~13mm 长，胶带与胶带之间应有足够的重叠量，整个胶带的粘贴边缘应形成一个与流线形边缘相平行的曲线，然后把胶带条反折，应从最后一条胶带开始，并保证有一个正确的弧度，最后用一条胶带把所有反折过来的胶带端粘贴固定。

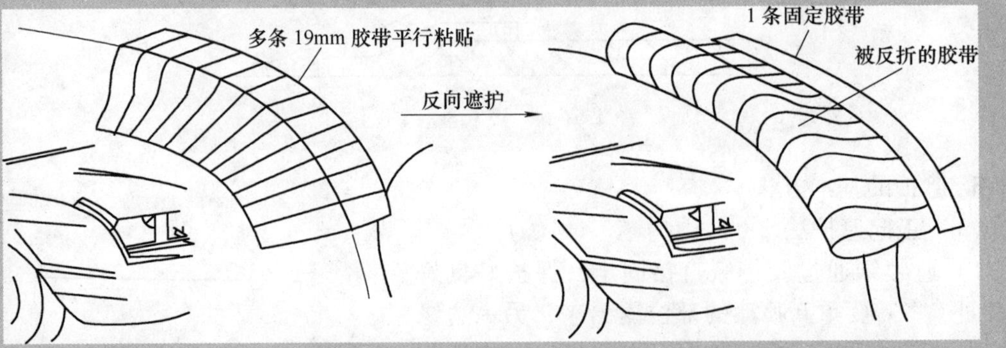

图 2-55 曲面流线的反向遮护

4. 遮护边界的确定

(1) 不同车身板件间缝隙上的边界

由于车身不同板件间是相互独立的，它们之间的缝隙就是最好的边界，比如车门与叶子板、前门与后门等。为了重喷一块用螺栓安装的车身外板件，必须在板间的缝隙上贴边界，进行遮护。

(2) 车身饰条上的边界

一般的轿车车身中部都有塑料装饰条，这些饰条也是很好的边界。比如车门上部损坏时，可以通过中间的饰条做边界，这样可以省掉一半的喷涂面积，省时省力，节约成本。

(3) 在特征线凸出部位上的边界

车身上的特征棱线也是不错的边界选择，当选择车身棱线作为边界时，通常选择反向遮护法，它使边界处的过渡尽量不显眼。

(4) 同一板件修补时的边界

一块板件如果需要修补，首先要确定好修补的边界。边界要选择在板件较窄处，或者是损伤面与良好表面的接线处(两个表面不在同一平面上,例如保险杠蒙皮的侧面与正面)。

5. 不同车身板件的遮护

(1) 装饰条的遮护

1) 用一只手的手指塞入胶带卷中间的孔中，把大拇指放在胶带的外面，控制胶带的方向。

2) 拉伸胶带时，胶带的粘贴面背向操作者，不要把胶带拉得过紧。

3) 把胶带的起始端粘到装饰条或车轮罩的边缘上，如图 2-56 所示。

4) 粘贴时，拉伸的胶带面与漆面的间距至少应有 0.7mm，这样可以方便粘贴并可以很好地控制胶带的方向。

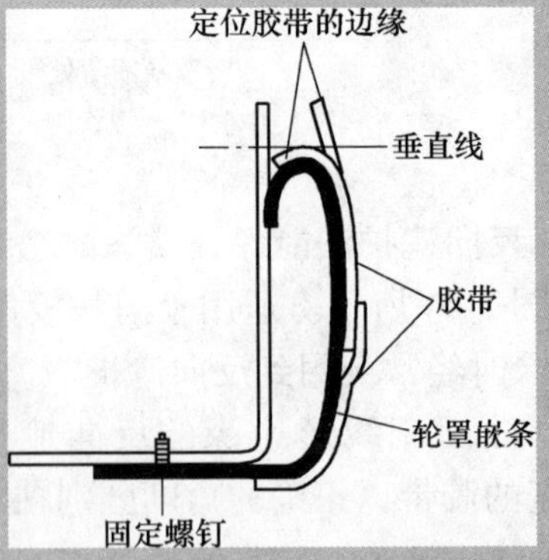

图 2-56 轮罩嵌条的遮护

5）用足够的压力把胶带压牢。但是在曲面上粘贴胶带时，还必须拉伸胶带，以适应曲面的要求。

注意：

一定要在所需喷漆的表面与嵌条间应留有一个小间隙，涂料特别是罩光漆会填补这个间隙。

（2）铭牌和标牌的遮护

1）首先把胶带粘贴到标牌的顶部，并与板面留有一定间隙。

2）然后把两边粘到标牌上，应用力把胶带粘牢，如图 2-57 所示。

（3）侧窗玻璃的遮护

1）先用胶带遮护该区域的周边。

2）然后选用合适尺寸的遮蔽纸，遮蔽纸的底边粘贴到底部的胶带上。

3）把遮蔽纸周边折叠，折叠边用短的胶带粘好，然后全部粘到周边预先贴好的胶带上。

（4）前后风窗的遮护

1）先用胶带遮护该区域的周边。

2）使用 50cm 宽的遮蔽纸，不够的部分再用 10～20cm 宽的遮蔽纸粘贴上，如图 2-58 所示。四周用 12～15mm 的宽的胶带粘住。

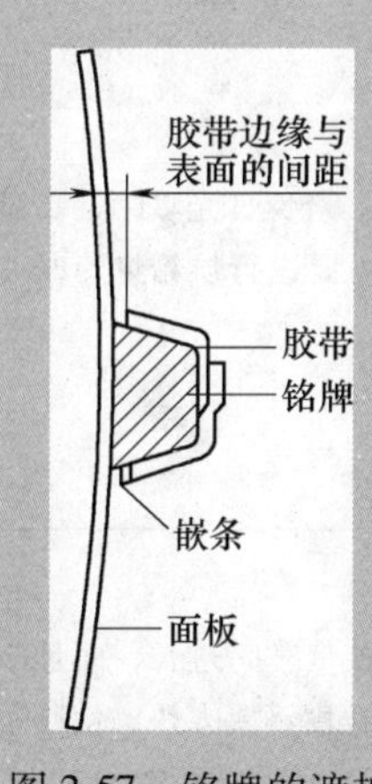

图 2-57 铭牌的遮护

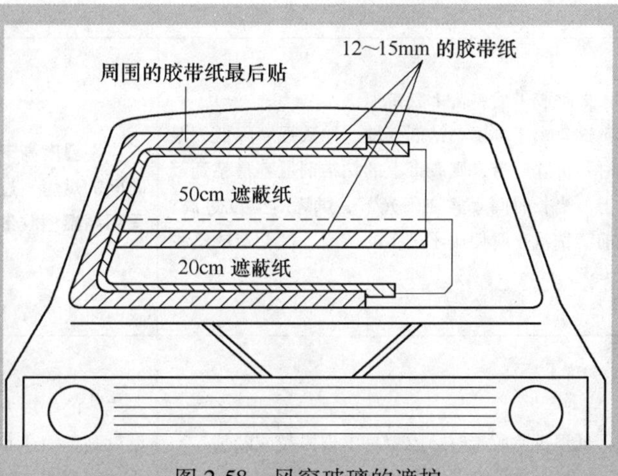

图 2-58 风窗玻璃的遮护

（5）车门的遮护

1）首先，要按门口宽度准备好覆蔽纸。一般是取 50cm 宽的纸两张，搭接成 1m 米宽。

2）对准门口，先贴住上部。

3）在贴下边之前，要先将纸放松弛。办法是从中间折一下，这样车门才能关住。如果宽度还不够，再加一张 30cm 宽的纸。纸与纸相重合的部分，要用胶带粘住，不能留缝隙，如图 2-59 所示。

6. 遮护常见问题和解决办法

表 2-10 给出了常见的遮护时遇到的问题、原因和解决办法，所列出的原因和排除方

法都是从实践中得出的。

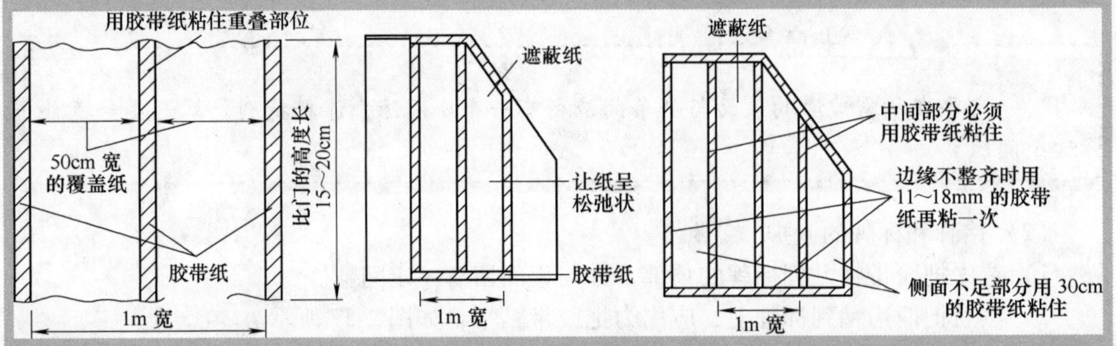

图 2-59　车门口的遮护

表 2-10　常见的遮护时遇到的问题、原因和解决办法

问题和原因	解决方法
问题：粘附性差、边缘打卷、脱落 原因：通常是由于粘贴时胶带的边缘没有压紧，粘贴的板面上潮湿或有腊、脏、硅油或润滑脂等。胶带放置之间过长也会造成粘附性差	粘贴前，清洁粘贴板面，正确压紧胶带的边缘，不要使用放置时间过久失去粘性的胶带。如没有正确操作，胶带的边缘将打卷
问题：揭除胶带后，留下胶带痕迹 原因：这是由于高温粘结剂变软，导致强度降低，温度较低时，拆除胶带，则胶带上的粘结剂就容易粘到板件表面上。当长时间暴露在阳光下、烘烤时温度过高，或喷漆前清洗汽车时使用了过多的溶剂，都会造成这种现象	应在温度高于 16℃时拆除胶带。避免日光曝晒、高温长时间的烘烤、过量使用溶剂。当需要进行烘箱烘烤时，应采用高温型胶带
问题：低温拆除胶带时，胶带易出现撕裂或断裂	唯一的解决方法就是不要使用胶带时间过长，而且应在温度高于 16℃时拆除。拆除时，速度不要太快，使胶带与板面成 90°，这样可以减小胶带造成撕裂的可能
问题：胶带粘贴过的地方，漆面出现污点或变黄	目前，汽车市场上所使用的胶带和涂料都具有防污能力，应正确选择涂料和胶带，以防止此类现象的产生。胶带与新漆面黏结的时间越长，此现象出现的可能性越大。因此，一旦喷涂完毕后，应立即把遮蔽胶带揭去。在动力吹干或烘干涂膜前，应拆除所有的遮蔽胶带。在新涂膜上粘贴胶带之前，一定要使涂膜干透

实训记录单

日　期		姓名/学号	

1. 请将你使用的纸胶带和遮蔽纸型号记录：

2. 如何进行正向和反向遮护：

3. 如何进行车窗玻璃的遮护：

4. 如何进行车标、饰条、铭牌的部位的遮护：

5. 实训中出现的问题、原因及解决办法：

6. 个人技能掌握程度：非常熟练□　比较熟练□　一般熟练□　不熟练□

教师评语：

实训记录成绩______分

______年____月____日

任务三　防锈底漆的施工

学习目标

1. 了解金属腐蚀的原理和防腐工艺。
2. 了解汽车防腐工艺。
3. 掌握防锈底漆的相关知识。
4. 能够进行金属板材的防腐蚀操作。

一、任务分析

修补涂装中，经过除锈和旧漆膜去除的板材，若小面积涂装可以直接在裸金属表面刮腻子，然后用单组分或双组分的中涂底漆封闭再喷涂面漆；但若是大面积涂装，一则避免直接在裸金属底材上刮腻子，二则避免使用单组分中涂底漆，正确的方法应该使用磷化底漆或环氧底漆，然后刮腻子，再用双组分中涂底漆封闭，最后喷面漆，这样才能达到耐久的抗腐蚀及完美的涂层效果。

二、相关知识

（一）金属的腐蚀

1. 金属腐蚀的原理和类型

在生产和日常生活中，使用量最大的金属材料是钢铁，因此在讨论金属腐蚀及防护时以钢铁为代表。金属腐蚀分为化学腐蚀和电化学腐蚀两大类，各种各样的腐蚀基本上都属于这两类，而且以电化学腐蚀为多。

（1）化学腐蚀

金属在干燥气体和非电解质溶液中发生化学反应而导致的腐蚀叫化学腐蚀。这类腐蚀是没有水介入的。

（2）电化学腐蚀

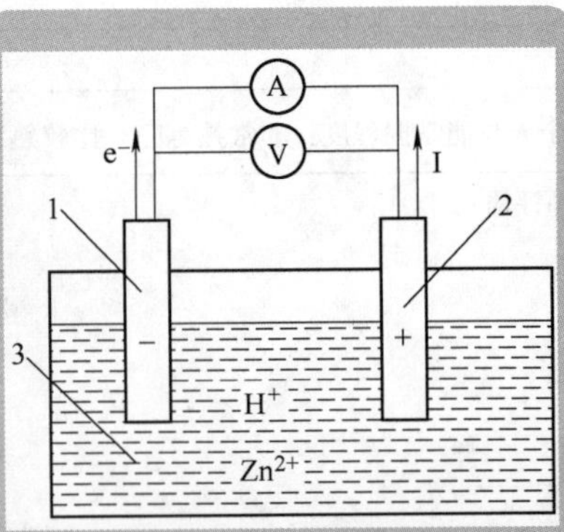

图 2-60　Zn—Cu 原电池

1—铜棒　2—锌棒　3—稀硫酸溶液

大多数的金属腐蚀属电化学腐蚀，这种腐蚀的特征是在有电解质和水的作用下发生的，反应时产生电流，形成电池，被称为电化学腐蚀。Zn—Cu 原电池即为最简单的原电池，如图 2-60 所示。在两极发生的电极反应分别为

锌(阳)极：$Zn \rightarrow Zn^{2+}+2e$

铜(阴)极：$2H^{+}+2e \rightarrow H_2\uparrow$

锌极是阳极，而铜极是阴极，锌被溶解，同时在铜极上有氢气析出。在电化学腐蚀条件下，负电性金属容易被腐蚀，负值越大，越容易被腐蚀。

2. 金属防腐蚀的方法

为了防止金属防腐，需要在材料的选择方面，在工艺的设计方面考虑防止腐蚀的方法。以下介绍防止金属材料腐蚀的方法。

(1) 改变腐蚀环境

改变腐蚀环境主要是改变腐蚀介质以达到防腐蚀的目的。

(2) 电化学防腐

电化学防腐主要运用在一些大型的工程中。按电化学原理可分为阴极保护和阳极保护两种。

(3) 涂层保护

在被保护的主体金属表面覆盖耐腐蚀材料以隔绝金属与腐蚀介质接触，从而达到防腐蚀的目的。一般有以下几种：

1) 金属保护层。采用电镀、化学镀、热熔浸镀等方法，将具有保护性的金属薄层涂布在被保护金属表面的方法。

2) 非金属保护层。以耐酸的陶瓷、玻璃以及石材等非金属材料作为内衬的防腐方法称为非金属保护层保护。

3) 涂料保护层。涂料保护是金属表面涂布涂料以达到防腐目的的方法。在汽车涂装中，涂料的功能首先为防腐蚀，其次才是装饰和美观作用外。

3. 涂料防腐蚀的特点

同其他各种防腐蚀的方法相比较，涂料防腐有以下特点：

(1) 可供选择多，用途广

涂料产品可供选择的品种繁多，颜色可以调配，功能性强。针对一种材料的防腐蚀可以做出多种涂料品种和工艺的设计。针对品种繁多的底材可通过涂装达到防腐蚀的目的，如汽车的材料，钢材、铝材、镀锌铁板、玻璃钢及塑料等均可涂装。

(2) 涂装工艺方便，成本低

无论是大型的设备、工程还是微型的零件等，均有合适的涂装工艺进行喷涂。涂装不需要大型、贵重的设备，相对成本较低。

(3) 修复方便

其他的一些防腐蚀的方式，如电化学防护或金属、非金属涂层保护可能在受到破坏后很难甚至无法修复，而绝大多数涂层是容易被修复的。

在汽车上，无论是原厂涂装，还是修补涂装都是防腐蚀的重要环节，而汽车修补涂装在汽车行业有着举足轻重的地位。如果涂膜的力学性能低，不耐磨损，在高温、强腐蚀环境的条件下，涂料的防腐也会受到限制，必须采取其他的防腐蚀手段。

(二) 车身防腐蚀

汽车车身的材料大多数是金属，如钢材、镀锌铁板、铝材等。金属材料有被腐蚀的趋势，尤其是钢铁，若不采取防护措施，它在很短的时间内便开始被腐蚀，导致汽车安全性、实用性的降低，在汽车工业中，防腐蚀是非常重要的工艺手段。汽车修补涂装主要针对汽车车身壳体进行防止腐蚀及防护。汽车车身壳体被腐蚀破坏主要是两个方面：汽车车身涂层损坏和外部环境的危害。

1. 汽车车身上的锈蚀种类

（1）表面锈蚀

表面锈蚀是金属生锈的开始，锈斑仅仅停留在金属表面，还没有深入到金属内部，但是它也是锈穿金属基材的开始。如果此时选用了合适的除锈工艺，则一般可以完全清理到合乎涂装标准的水平。对于表面锈蚀的清除，应先砂磨到显露出金属光泽，采用双组分金属表面调整剂，以清除有可能遗留在缝隙里的铁锈，然后用水冲洗，采用压缩空气吹干表面，最后应尽快进行下一道工序，即喷涂底漆、中涂层等。

（2）锈坑

锈坑是表面锈蚀的继续，属于比较严重的一种锈蚀形式。如果不定期检查涂层，则涂层下面的锈蚀就会不断扩大，引起涂层起泡，并且深入到金属材料的内部形成锈坑。

（3）大面积锈蚀

金属表面锈蚀发展到锈坑，其数量逐渐增多、合并，最后发展成为大面积的锈蚀，以致锈穿，这就无可救药了。

对于后两种锈蚀的除锈，喷砂是最有效、最快的方法，如果无法在汽车车身上的某个部位实施喷砂，则可以采用小型电动磨光机或打磨叶轮直径较小（如直径0.3~0.5cm）的电动打磨机。

2. 防锈底漆

（1）底漆的种类

底漆的种类比较多，现在汽车涂装中以环氧树脂底漆和侵蚀底漆最为多见。

1）环氧树脂底漆简称环氧底漆，是物理隔绝防腐底漆的代表。环氧树脂是线型的高聚物，以环氧丙烷和二酚基丙烷缩聚而成。它具有极强的粘结力和附着力，良好的韧性和优良的耐化学性。

环氧树脂类涂料也存在一定的缺点，比如表面粉化较快，这也是它主要用于底层涂料的原因之一。环氧底漆使用胺类作为固化剂，胺类对人体和皮肤有一定的刺激性，因此在使用时要加以注意。

2）侵蚀底漆是以化学防腐手段来达到其防腐目的的，主要代表为磷化底漆。磷化底漆是以聚乙烯醇缩丁醛树脂溶于有机溶剂中，并加入防锈颜料四盐锌铬黄等制成，使用时与分开包装的磷化液按一定调配后喷涂。品牌漆中的磷化底漆一般都已经制成成品，按一定的比例加入固化剂使用即可。

3. 原厂汽车涂装防腐工艺

（1）前处理

是指涂装前化学成膜的处理方法，简称磷化处理或磷酸盐处理，如图2-61所示。其目的是为了提高被处理物涂装后的耐腐蚀能力和附着力，减少带入下一道工序的油

图2-61　前处理

污，避免污染电泳槽。前处理包括脱脂处理、表调、磷化和钝化四步。

1）脱脂处理。汽车使用的钢板由轧钢厂轧出后，为了防止表面生锈，要涂有一层防锈油；在进行钣金加工如裁剪、冲压时也要使用压延油。为了保证获得高品质的磷化膜和良好的附着力，首先要彻底除去这些油渍。

2）表调。对金属表面的表面调整俗称“表调”，所采用的材料为“表面调整剂”，可以增强基材表面的附着力和整个涂装体系的耐介质性能。

3）磷化。磷化处理是使钢铁表面生成一层不溶性的极薄的结晶状的复盐保护膜，能够与金属牢固结合，膜中的细孔增加了与上层涂膜的附着力；可以减少涂膜下的腐蚀电流，提高了抗氧气和水扩散能力，具有良好的防锈性和抗化学腐蚀能力，其最大的优点是在涂料受到局部破坏或其他毁坏处以及边角上产生锈蚀时，可免于蔓延扩大。磷化处理也适用于铝、锌和它们的合金表面。

4）钝化。经过磷化处理或经酸洗的钢铁表面，为了封闭磷化层孔隙，应使金属表面生成一层很薄的钝化膜，使金属表面与外界各种介质分隔，使其防护效果更好。

（2）底层电泳涂装

电泳涂装是20世纪60年代先进的施工技术，是涂料施工工艺的一项革命。是将被涂物浸渍在稀的水溶性涂料（即电泳漆）中作为阳极（或阴极），另设一与其对应的电极，于一定的工艺条件下，在两极间接通直流电，靠电所产生的物理化学作用使带电的树脂和颜料沉积在被涂物上，形成不溶于水的涂膜。根据被涂物的极性和电泳漆的种类，电泳漆可分为阳极电泳（被涂物是阳极，涂料是阴离子型，图2-62）和阴极电泳（被涂物是阴极，涂料是阳离子型，图2-63）两种涂装方法。

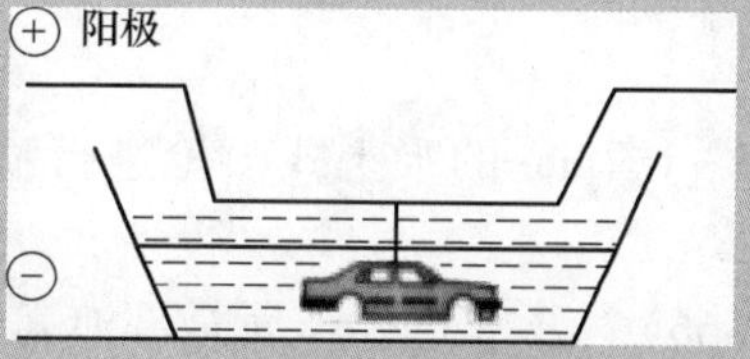

图2-62　阳极电泳

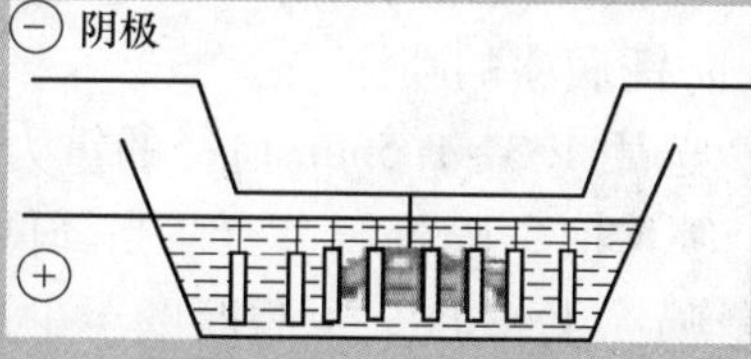

图2-63　阴极电泳

阴极电泳涂料的涂膜最突出的优点是耐腐蚀性好，另外被涂物金属是阴极，因此在电沉积过程中，没有金属离子溶出，因而没有金属离子污染涂膜，比较适用于白色或浅色涂装。现在用于汽车涂装厂的基本上都是阴极电泳涂料。

经过涂装电泳底漆的车身送入烘干室进行干燥，使沉积在金属表面的底漆固化，此时涂层的膜厚为15~20μm，该涂层主要起到防止腐蚀的功用。

三、任务实施

教师在实训前应为每组准备好如下工具与设备：

1）车身板件一块/人。

2）足量的旧报纸和胶带。

3）喷枪、纸漏斗、容器等。

4）喷漆用工作服和防护面具、橡胶手套等。

5）调制好的实训用涂料。

1. 喷涂前的准备

1）穿戴好个人安全防护用品：防毒面具、工作服、橡胶手套、防护眼镜和工作鞋。

2）对板件进行清洁除油。

3）对不需喷涂的部位进行合理遮护，如图 2-64 所示。

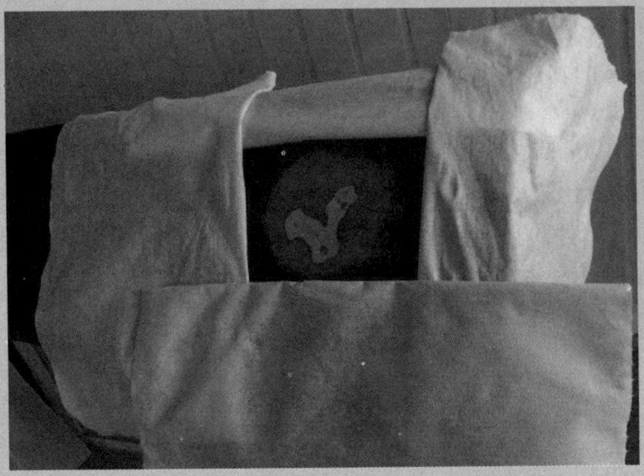

图 2-64　遮护

4）按产品说明向防锈底漆中加入相应比例的固化剂和稀释剂，充分搅拌均匀，过滤后加入喷枪中。

5）将板件放入烤漆房，固定好，准备喷涂。

2. 防锈底漆的喷涂

1）选用 1.3~1.5mm 口径的重力式喷枪或者 1.5~1.7mm 的吸上式喷枪进行喷涂（图 2-65）。喷涂时，喷枪压力要适当降低。

2）喷涂 1~2 层，干膜厚度至少达到 25μm（图 2-66）。要求将裸金属全部遮盖，并且向四周扩展 10mm 左右。

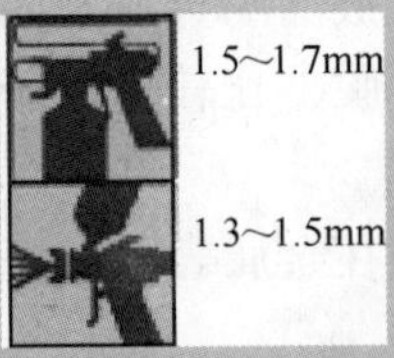

图 2-65　喷枪选择

图 2-66　喷涂要求

3. 防锈底漆的干燥

防锈底漆多为双组分涂料，为加快其干燥，可以用红外线烤灯进行烘烤，如图 2-67 所示。

注意：

若在防锈底漆上直接喷涂中涂底漆，防锈底漆至少需要干燥 20~30min；若在防锈底漆上刮涂原子灰，则防锈底漆需要干燥 45~60min。

4. 防锈底漆的打磨

通常不要求打磨防锈底漆表面。如果有需要，必须在 24h 后，用 P320 干磨砂纸打磨（图 2-68）。

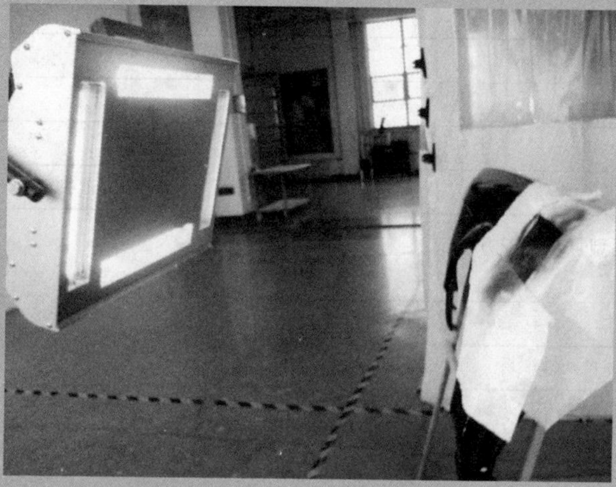

图 2-67　烘烤干燥防锈底漆

图 2-68　打磨要求

实训记录单

日　期		姓名/学号	

1. 喷涂防锈底漆前板件的处理情况：

2. 如何进行喷涂部位遮护的：

3. 请将使用的防锈底漆型号和调配方法记录：

4. 请将防锈底漆的施工情况记录：

5. 你认为个人技能掌握程度：非常熟练□　比较熟练□　一般熟练□　不熟练□

教师评语：

实训记录成绩______分

______年____月____日

项 目 考 核

一、理论考核

（一）判断题(每题2分,共20分)

1. 汽车车身的涂装修复，主要是防止腐蚀，其次才是美观。（ ）
2. 汽车车容装饰美观与汽车产品的技术指标无关，只与车辆年检有关。（ ）
3. 对空气压缩机每天都需要保养。（ ）
4. 重力式喷枪喷涂时稳定性良好，调换涂料容易。（ ）
5. 使用空压机时，随时注意压力计的指针不要超过极限红线。（ ）
6. 喷烤合一的烤漆房，喷涂时的空气流速小于烘烤时的空气流速。（ ）
7. 测试喷枪雾化是否均匀时，如发现流痕长度基本一致，说明喷雾流是均匀的。（ ）
8. 无论被涂面是平面、垂直面、斜面、侧面，喷幅应始终与被涂面保持平行。（ ）
9. 金属腐蚀分为化学腐蚀和电化学腐蚀两大类，大多数的金属腐蚀属化学腐蚀。（ ）
10. 若车身底材防腐不好，那么再好的涂装都不能起到很好的防护作用。（ ）

（二）单项选择题(每题2分,共30分)

1. 常规空气喷枪一般气压调节范围是(　　)MPa。

A. 0.25~0.35　　B. 0.35~0.5　　C. 0.5~0.7　　D. 0.7~0.8

2. 常规空气喷枪一般喷涂距离应保持在(　　)cm。

A. 10~15　　B. 15~20　　C. 20~25　　D. 25~30

3. 常规空气喷枪喷涂双组分涂料时，喷枪移动速度为(　　)cm/s。

A. 20~30　　B. 30~40　　C. 40~60　　D. 60~80

4. 使用常规喷枪喷涂时，枪幅重叠(　　)。

A. 1/3~1/4　　B. 1/2~3/4　　C. 1/5~1/6　　D. 1/4~1/5

5. 螺杆式压缩机内带油水分离器，使出气含油量小于(　　)mg/m^3。

A. 1　　B. 2　　C. 3　　D. 4

6. 空气压缩机与墙和其他障碍物应当保持(　　)cm以上的距离。

A. 20　　B. 30　　C. 50　　D. 80

7. 安装油水分离器时，与空气压缩机的距离最好为(　　)m。

A. 2~3　　B. 3~5　　C. 5~7　　D. 8~10

8. 用于生产线涂装的喷枪是(　　)。

A. 重力式　　B. 吸上式　　C. 压力式

9. 在烤房喷涂时，空气流速最好控制在(　　)m/s。

A. 0.03~0.06　　B. 0.04~0.07　　C. 0.3~0.6　　D. 3~6

10. 烤漆房一般室温从20℃升高至60℃应不超过(　　)min。

A. 10　　B. 20　　C. 30　　D. 40

11. 喷枪的气帽上有多种气孔，其中与枪幅大小有关的是(　　)。

A. 主雾化孔　　B. 辅助雾化孔　　C. 扇幅控制孔　　D. 出漆孔

12. 小面积的喷涂修补使用(　　)最合适。

A. 吸上式喷枪　　B. 重力式喷枪

C. 压送式喷枪　　D. 加压式喷枪

13. 目前使用的空压机有多种形式，供气量最小的是(　　)空压机。

A. 活塞式　B. 螺杆式　C. 隔膜式　D. 离心式

14. 燃油式烤房属于(　　)干燥设备。

A. 对流式　B. 辐射式　C. 感应式

15. 小面积的喷涂修补使用(　　)最合适。

A. 吸上式喷枪　B. 重力式喷枪

C. 压送式喷枪　D. 加压式喷枪

(三) 多项选择题(每题5分,共50分)

1. 能使涂料利用率达到65%以上的工具是(　　)。

A. 常规空气喷枪　B. RP 喷枪　C. HVLP 喷枪

D. 静电喷枪　E. 无气喷枪

2. 空气压缩机日常保养的内容有(　　)。

A. 放掉储气罐油、水分离器的水　B. 检查曲轴箱润滑油

C. 清洗或吹净空压机上灰尘　D. 清洗空气滤清器

3. 螺杆式压缩机的优点是(　　)。

A. 风压风量恒定　B. 噪声小　C. 价格低

D. 气量大　E. 自动化程度高

4. 属于喷涂基本技术要领的是(　　)。

A. 喷涂气压　B. 喷涂距离　C. 喷涂角度

D. 走枪速度　E. 重叠幅度　F. 喷涂路线

5. 影响空气喷枪出漆量的因素有(　　)。

A. 主雾化孔　B. 辅助气孔　C. 喷枪口径

D. 针阀行程　E. 扇帽孔

6. 测试喷枪雾化是否均匀时，如发现流痕中间长两头短，应做(　　)等操作。

A. 增加出漆量　B. 减小出漆量

C. 提高气压　D. 降低气压

7. 测试喷枪雾化是否均匀时，如发现流痕两头长中间短，应做(　　)等操作。

A. 增加气压　B. 降低气压

C. 减小枪幅　D. 加大枪幅

8. 测试喷枪雾化是否均匀时，如发现流痕中间长两头短，应做(　　)等操作。

A. 增加出漆量　B. 减小出漆量

C. 提高气压　D. 降低气压

9. 造成涂膜不均匀的因素是(　　)。

A. 气压不稳　B. 喷涂角度不稳

C. 喷涂距离不恒定　D. 走枪速度不稳

10. 涂装工艺中，打磨工序的主要作用是(　　)。

A. 清除老化破损旧漆膜　B. 整形修饰

C. 提高光泽　D. 粗化提高附着力

二、实操考核

指导教师为每人准备一张大报纸，并将报纸固定在垂直(或有一定倾斜角度)的平面板件上。在考核前将喷枪所有调整项目设定为最小，教师对学生操作全程记录、打分，并把学生实训记录单的成绩计入本次考核的成绩中。

实操考核记录单

实训项目二 面漆喷涂前的板件处理（喷涂手法的掌握）					
序号	考核内容	配分	考核记录	扣分	得分
1	安全与卫生习惯	10	1. 未着工装及防护 2. 工具摆放不整齐 3. 结束操作未整理现场 4. 有自伤事故 5. 野蛮操作或损坏设备		
2	工具的正确选用、使用	10			
3	操作流程	40	1. 喷枪的连接 2. 喷枪的调整 3. 喷枪检验		
4	效果评价	30	1. 喷涂均匀度 2. 报纸表面是否完全湿润		
5	学生实训记录单	10			
6	得分合计				

考核教师：__________ _____年_____月_____日

项目三

中间涂层的施工

中间涂层是介于底漆和面漆之间的涂层，所用的涂料叫中间层涂料，简称中涂。中间涂层的主要功用是提高板件的平整度和光滑度，封闭底材的缺陷，以提高面漆层的鲜映性和丰满度，提高装饰性。汽车修补涂装中常用的腻子、中涂底漆等都属于中间涂层。

任务一　腻子的施工

学习目标

1. 掌握腻子的种类和不同腻子的特性。
2. 学会正确的选择和使用腻子。
3. 学会正确的刮涂腻子。
4. 能够正确的打磨腻子。
5. 能够进行腻子打磨后的修整。

一、任务分析

腻子是汽车车身维修中必不可少的一种填充材料，它主要是用来填充钣金修复后板材上的小缺陷，使板件表面光滑、平整，能够适合面漆的喷涂操作。

在国外的一些汽车维修企业中，涂腻子的工作由钣金工来完成，在国内则有喷漆工来操作。由于车身涂装是属于高级的涂装工艺，对腻子的各项性能要求也非常高。在实际工作要严格按照产品的使用说明和汽车修补涂装的施工工艺来操作。

二、相关知识

（一）腻子的一般知识

腻子(也称补土)是一种用于填补划痕、凹陷，以产生平滑表面，并且让防锈底漆或中涂底漆良好附着的底层涂装辅料。因为腻子所含的体质颜料含量多，所以填充性能优异且易打磨。同时，可弥补防锈底漆无法填充的凸凹以及损坏部位。

1. 腻子的种类

腻子一般分为钣金腻子、原子灰、硝基腻子(填眼灰)和环氧腻子等。不同类型腻子的用途见表 3-1。

表 3-1　不同腻子的用途

腻子种类	不饱和聚酯腻子		硝基腻子	环氧腻子
	钣金腻子	原子灰		
腻子用途	厚涂基础用	薄涂修饰用	极细修整用	塑料件专用

(1) 钣金腻子

主要用于钣金材料凹陷处修补、填充所使用的双组分腻子，如图 3-1 所示。有一定的柔韧性，能厚补。它是车身维修时与金属底板直接接触的填充材料，由于钣金腻子的柔韧性较好，不会因为温度的变化或者轻微的变形而与金属分离。但是钣金腻子干燥后的硬度非常高，打磨起来劳动强度很大，在实际工作中用它作首次粗修补用。要求刮涂时稍低于良好表面，尽量不要高于良好表面。当钣金腻子干燥后，再在它的上面刮涂原子灰，作为细致修补。然后再进行打磨操作，才能保证质量，提高工作效率。

（2）原子灰

主要是用于填补钣金腻子研磨后的砂纸痕以及砂孔，如图 3-2 所示。柔韧性较差，不能厚补。很多车身维修企业里，使用的填充材料只有原子灰，不管底材是什么情况，只用原子灰做修补。如果原子灰刮涂过厚或者在车门、发动机罩等部位刮涂了过多的原子灰，就会经常出现质量问题。钣金腻子与原子灰的各项性能比较见表 3-2。

图 3-1　钣金腻子

图 3-2　原子灰

表 3-2　钣金腻子与原子灰比较

类别	树脂成分	表干状态	研磨性	涂膜性能	柔韧性	附着性	树脂成分	收缩率
钣金腻子	气干型 不饱和聚酯	表干后无黏性	易研磨	一次能补 8mm 以下， 最厚能补 50mm 左右	大(韧)	高	小	小
原子灰	气干型 不饱和聚酯	表面干燥快	易研磨	一次能补 3mm 以下， 最厚能补 10mm 左右	小(脆)	低	大	大

（3）硝基腻子

也叫填眼灰，有些地方叫幼滑腻子，如图 3-3 所示。主要用于快速填补钣金腻子、原子灰研磨后出现的小针孔，有时也用于中涂底漆喷涂后，表面的砂纸痕和针孔的修补。硝基腻子属于自然干燥形态，单组分，不可厚补。

刮涂硝基腻子一定要少量、薄刮。有的品牌油漆辅料系统中甚至没有硝基腻子产品，不准使用硝基腻子填充砂眼，在实际工作中要注意。

（4）环氧腻子

环氧腻子是专门用来修补车身塑料件的填充材料，由于塑料件容易变形，加上它本身的附着力不高，所以对修补材料的性能要求很高，如图 3-4 所示。车身覆盖件中的主要塑料产品是前后保险杠蒙皮，它们在车身的最外缘，各种碰撞伤害它们都是首当其冲，维修的概率也较高。在维修时要合理的使用填充产品，才能保证良好的维修质量。

还有一种纤维腻子，其中含有纤维物质，干燥后质轻但附着能力和硬度很高，可以直接填充直径小于50mm的孔洞或锈蚀，无需钣金修复，对孔洞的隔绝防腐能力很强，用于有比较深的金属凹陷部位填补效果非常良好。但是表面平整度差，需要用原子灰进行填平。

图3-3 硝基腻子

图3-4 环氧腻子

2. 常用腻子

表3-3 所示为荷兰“新劲”系列腻子的组成、特性及使用方法。表3-4所示为美国PPG公司生产的系列腻子的组成、特性及使用方法。

表3-3 荷兰“新劲”系列腻子的组成、特性及使用方法

涂料名称	组成和配比	特性及用法
原子粗灰	100份原子粗灰+2.5份相配的固化剂	是双组分聚酯腻子，填补力极高，快干易磨。适合填补较大面积的凹痕及不平滑的金属表面或防护绿底漆表面，必须在3~4min用完。施工后，经20℃、15min干燥即可打磨
幼滑原子灰	100份幼滑原子灰+1份、2份或3份相配的固化剂，加1份必须在20min内用完，在50min后即可打磨；加2份须在11min内用完，40min后可打磨；加3份须在7min内用完，30min后可打磨	适用于钢铁表面或防护绿底漆表面，以及粗原子灰、纤维原子灰、金属原子灰、轻质原子灰及合金原子灰的最面层，填补凹痕及不平滑的金属表面用，是双组分最细微的腻子
纤维原子灰	100份纤维原子灰+2.5~3份相配的固化剂，必须在12~15min内用完，15min后即可打磨	是双组分高纤维腻子，适用于修补车身上直径小于或等于6mm的锈孔。施工时，先把锈除去，把锈孔边缘磨成45°，然后涂上纤维原子灰，50min后打磨
金属原子灰	100份金属原子灰+2.5份相配的固化剂，必须在3~4min内用完，15min后即可打磨	含有铝粉的高填补力、快干的双组分腻子，填补凹坑及不平滑的钢铁表面或防护绿底漆的表面，是硬度极高的填补层，但不适合热塑漆、塑料底漆、侵蚀底漆、合金底漆表面用
合金原子灰	100份合金原子灰+2份相配的固化剂，必须在3~4min内用完，施工后20min即可打磨	双组分高填补力腻子，特殊配方，黏结力特强，直接用于钢铁、镀锌层、铝或防护绿底漆的表面，但对热塑漆、塑料底漆、浸蚀底漆及合金底漆表面不适用

（续）

涂料名称	组成和配比	特性及用法
填砂眼红漆灰	单组分漆灰	特别适用于修补亚加力喷漆系列，可填补旧漆膜或嫡漆表面的细小花痕或砂眼，不用混合即可使用。施工匝用灰刀涂上1~3层（薄层），45min 后即可打磨
填砂眼绿漆灰	单组分漆灰	是快干、精细幼滑漆灰，用于填补车身底漆、原子灰或旧漆膜表面的细小花痕或砂眼，不用混合即可使用，施工时用灰刀涂上 2 薄层，每层间隔 15min（20℃时）后即可打磨

表 3-4　美国 PPG 公司生产的系列腻子的组成、特性及使用方法

涂料名称	组成或配比	特性及用法
A656/663 多用途聚酯原子灰	100 份 A656 + 1.5 ~ 2 份 A665 固化剂。在 20 ~ 30℃ 时必须在 5 ~ 10min 用完。施工后，20 ~ 30min 后即可打磨	是高级双组分腻子，适用于镀锌板、不锈钢、铝及玻璃钢等各种基体材料。A656 为标准型，A663 为慢干型，适用于大型车辆及高温气候地区
A659 轻型聚酯腻子	100 份 A659 + 1.5 ~ 2 份 A665 固化剂。在 20 ~ 30℃ 时必须在 5 ~ 10min 用完。施工后，20 ~ 30min 后即可打磨	是低密度双组分腻子，适用于裸金属、喷涂底漆及玻璃钢表面使用
A661 标准聚酯腻子	100 份 A661 腻子 + 1 份 A665 固化剂。在 20 ~ 30℃ 时，须在 5 ~ 9min 内用完。施工后，15 ~ 20min 即可打磨	是普通型双组分聚酯腻子。适用于裸金属、玻璃钢以及其他喷涂底漆或面漆表面使用
A662/A668 聚酯喷灰	100 份 A662 喷灰 + 1 份 A668 固化剂。必须在 20 ~ 25min 内用完。20℃时，施工后 2 ~ 3h 即可打磨	是淡灰色双组分聚酯喷灰，适用于缺陷多以及形状不规则的表面，以减少使用传统原子灰带来的不便
A652 软性塑料补土（腻子）	100 份 A652 + 1.5 ~ 2 份 A665 固化剂。必须在 5 ~ 310min 内用完。施工后 20 ~ 30min 即可打磨	是双组分聚酯腻子，质地细腻并具有弹性，与塑料表面有良好的黏结力，同时具有很高的抗冲击强度
A665 针孔填补剂	是单组分腻子，在 20℃ 时 15min 干燥	专门用于填补塑料表面的针孔或细小缺陷，施工时采用于布将该产品涂抹在塑料表面上，干燥后表面可继续喷涂塑料底漆，不需打磨

（二）腻子施工工具

1. 刮腻子常用工具

刮腻子又称打腻子，是一项手工作业。常用工具有调拌腻子盒（木制或金属制作）、托腻子板、腻子铲刀、腻子刮刀（又分牛角刮刀、橡胶刮刀、钢刮刀）等，如图 3-5 所示。

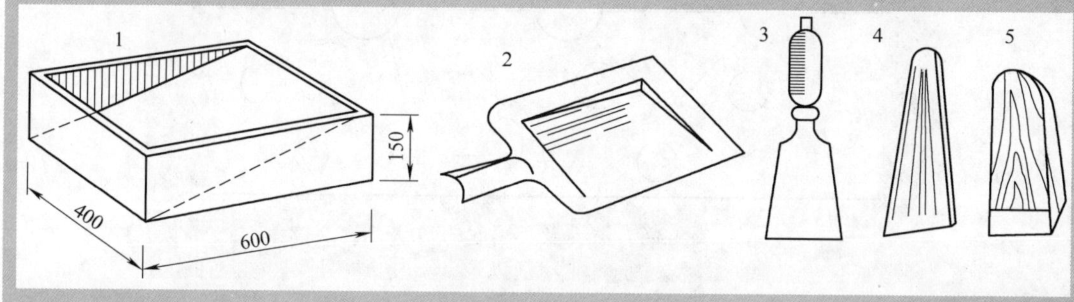

图 3-5　刮腻子的常用工具

1—调拌腻子盒　2—腻子拖板　3—钢刮刀　4—牛角刮刀　5—橡胶刮刀

1）腻子盒采用 1.0~1.5mm 低碳钢板制成，用于调配腻子用量较大或盛装腻子用。

2）腻子托板用钢板或木板等制成，在刮腻子时放少量腻子以方便施工。也可用较厚的大型钢刮刀代用。

3）钢刮刀由木柄和刀板构成。木柄可用松木、桦木等制作，刀板用弹性较好的钢板制作。要求刃口应平直。

4）橡胶刮板采用耐油、耐溶剂的橡胶板制成，外形尺寸和形状根据需要确定。橡胶刮刀有很好的弹性，对于刮涂形状复杂面非常适用，尤其是圆角、沟槽等处特别适用。

5）钢片刮刀用普通钢制成，两端有刃口，一端为斜刃，另一端为平刃。是腻子刮涂最常用的工具，还可以剔除转角、夹缝中的异物使用。

2. 腻子的选择

选择腻子要根据实际工作情况确定，满足以下要求。

（1）附着性

挑选腻子要求与金属和旧涂膜的附着性能好。腻子属于中间过渡涂层，与上下涂层之间的附着性都要好，才能保证维修后的涂膜不脱落。

（2）施工性

腻子的施工作业性能，刮腻子后要求 30min 左右就能进行打磨，腻子的刮涂和打磨作业性能好。如果腻子过硬难以打磨，就会过多地削磨周围的涂膜，腻子没有打磨掉，反而将周围的旧涂膜打掉，未形成平面，形成图 3-6 所示的情况，使表面凹凸不平，不得不再次补腻子。这些时间和材料的浪费，都将直接导致经济性下降。

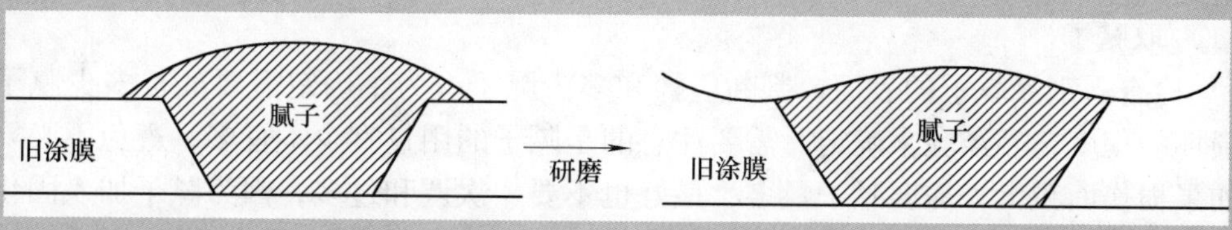

图 3-6　腻子过硬造成的问题

易产生气孔的腻子也会导致作业效率下降。如图 3-7 所示，如果出现了气孔，不仅必须重新补腻子，还会导致起泡和起层等质量事故。

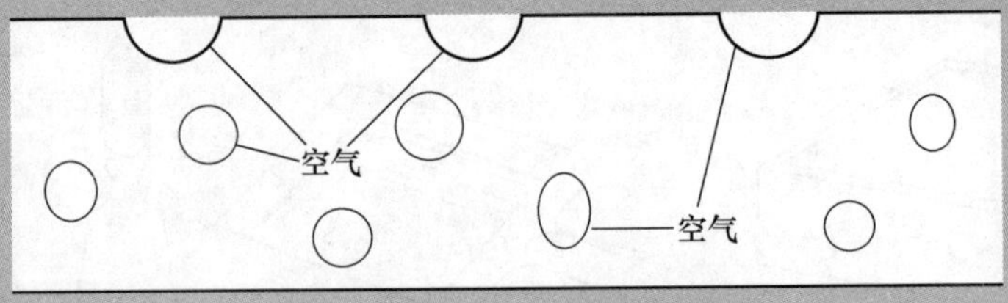

图 3-7　气孔及其引起的问题

（3）耐湿热性

要求腻子能在 120℃条件下，承受 30min 以上，也不产生起层、开裂、气泡等现象。耐水性也是选择腻子的重要条件之一。当然如果对腻子采用干研磨，可以免去这一条件。如果采取湿研磨，就必须考虑这一因素，要对腻子进行耐水性试验。

（4）配套性

要求腻子与它相邻的涂层间有很好的配套性，不能相互之间发生反应而影响维修质量。应该严格遵照涂料供应商的要求来选择合适的腻子。

三、任务实施

教师在实训前应为每组准备好如下工具与设备：

1）腻子及其配套的固化剂、刮刀等。

2）干磨机、配套砂纸(各种型号)、干磨指示剂。

3）车身板件每一块/人。

4）压缩空气、气管、气枪。

5）除油剂、擦拭纸。

6）防护眼镜、防尘面罩、手套等。

操作前，学生必须牢记以下劳动安全事项：

1）必须穿好工作服。

2）打磨腻子时必须佩戴防尘口罩。

3）用干磨机打磨腻子时，须佩戴护目镜。

4）报废的砂纸，不要随地乱扔，应丢弃在废物箱内。

（一）腻子的刮涂

1. 腻子的调和

（1）取腻子

1）检查需刮涂腻子的表面，判断应拌和多少腻子。为了确定需要准备多少腻子，需估计损坏的程度，靠经验来确定。需要注意的是腻子的用量宜少不宜多，避免不必要的浪费。如果损伤面积大，需要腻子量多，最好也不要一次调和过多，因为腻子加入固化剂后可使用的时间大多在 10min 以内。夏天温度高时干燥速度更快，可能还没有刮涂完毕，腻子已经干燥了。在评估腻子用量时不能触及有关的区域，以防止在相关部位沾上油迹。

2）腻子通常装于铁制的罐内，固化剂装在软体的管子内，如图 3-8 所示。用专用工具撬开腻子盒盖，可使用干净的腻子刮刀或搅拌棒之类工具将腻子充分搅拌均匀；装在管子中的固化剂也是如此，应充分挤压装固化剂的胶管，使管中的固化剂在使用前充分混合。

⚠ 注意：

腻子罐每次用后必须盖好，以防混入杂物，同时避免溶剂蒸发。

3）将适量的腻子基料放在混合板上。然后按规定的混合比添加一定量的固化刈。一般是以 100∶2～100∶3(质量比)的比例拌和。为了准确确定混合比例，可以使用电子秤，如图 3-9 所示。

图 3-8 腻子与固化剂

图 3-9 按比例添加腻子和固化剂

⚠ 注意：

一次不要取出太多的腻子调和，因为调和后的腻子会很快固化，如果还没刮涂到规定部位即固化，则调和的腻子便不能再用，造成浪费。

（2）拌和腻子

因为腻子与固化剂混合后，发生反应的速度很快(20℃条件下,4～7min 即可固化)，固化后无法施工。所以，拌和腻子与固化剂的速度要快。具体方法如下(图 3-10)：

1）用刮刀的尖端舀起固化剂，将其均匀散布在腻子基料的整个表面上。

2）抓住刮刀，轻轻提起其端头，再将它滑入腻子下面，然后将它向混合板的左侧提起。

3）在刮刀舀起大约 1/3 腻子以后，利用刮刀右边为支点，将刮刀翻转。

4）将刮刀基本上与混合板持平，并将它向下压。一定要将刮刀在混合板上刮削，不要让腻子留在刮刀上。

5）拿住刮刀，稍稍提起其端头，并且将混合板上混合的腻子全部舀起，将腻子翻身，翻的方向与第三步中的相反。

6）与第四步相同，将刮刀基本上与混合板持平，并将它向下压，从第二步重复。

7）在进行第二步到第六步时，腻子往往向上朝混合板的顶部移动。在腻子延展至混合板的边缘时，舀起全部腻子，并且将它向混合板的底部翻转。重复第二步到第六步，直到腻子充分混合。

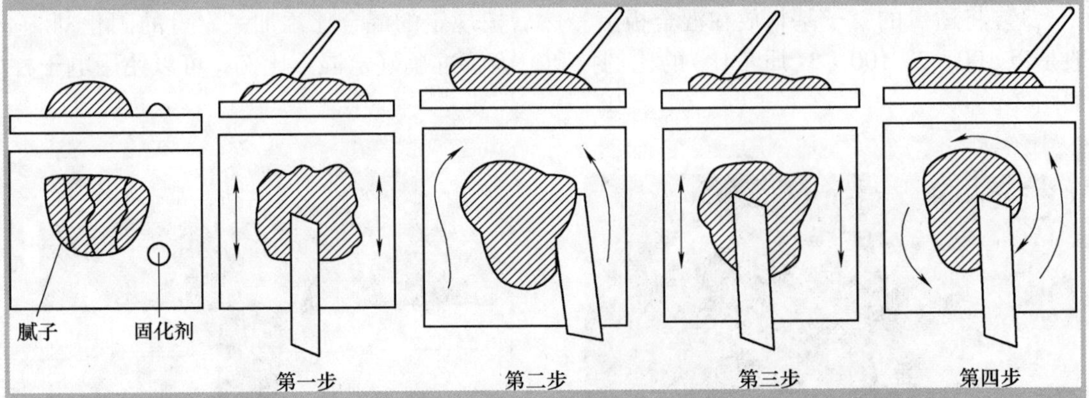

图 3-10　腻子跟固化剂的混合

2. 刮腻子

（1）清洁

用除尘布，将需要刮涂腻子的表面细致地清除灰尘，并除油。

（2）刮刀的握法

刮腻子时，以左手握腻子托板，右手拿刮刀。刮刀有以下几种握法：

1）直握法。如图 3-11 所示，直握时食指压紧刀板，拇指和另外四指握住刀柄。适用于小型钢刮刀。

2）横握法。如图 3-12 所示，横握时拇指和食指夹持住刮刀靠近刀柄的部分或中部，另外三指压在刀板上。

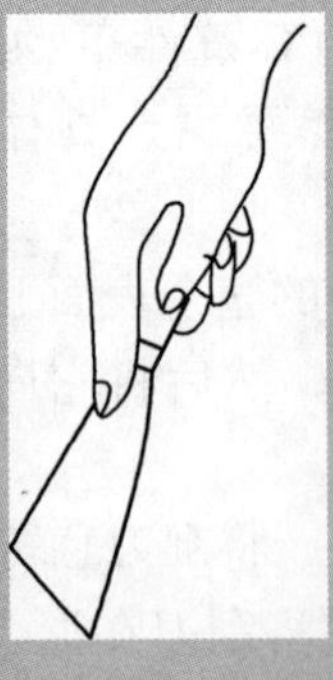

图 3-11　刮刀的直握法

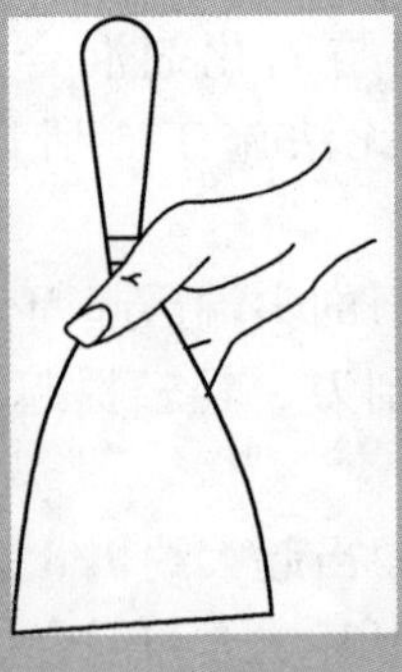

图 3-12　刮刀的横握法

3）其他握法。如图 3-13 所示。对于右手握刀的人是较常用的握法。

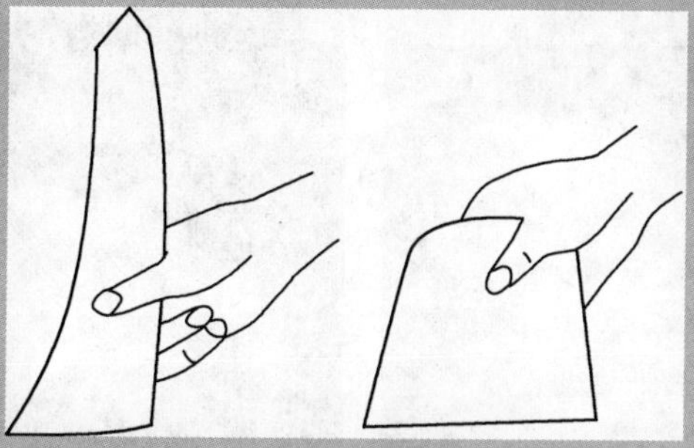

图 3-13　刮刀的其他握法

（3）不同表面刮腻子的操作

1）腻子的平面刮涂。平面局部修补腻子时，一般采用填刮的刮涂方法，如图 3-14 所示。

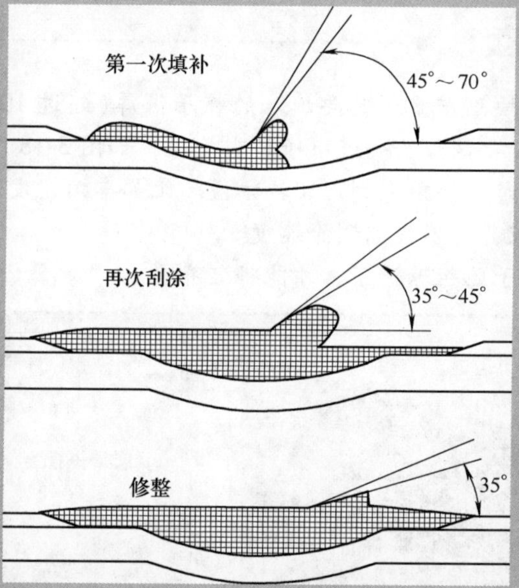

图 3-14　腻子的平面刮涂

第一遍填补腻子。刮刀与板件呈 45°~70°进行一次全面的薄补，需要均匀用力下压，将腻子刮实。如图 3-15 所示。尤其是变形的最低点，或者变形严重的拐角等处，最好先用少量腻子填补平滑。

第二遍填补腻子。头一次腻子填补结束后，马上进行再次填补，刮刀与板材成 35°~45°作业，用力均匀不要过大，一次性刮涂，不要中间停顿。如图 3-16 所示。注意不要混入空气，以免造成针孔。

第二遍腻子刮涂完成后，缺陷部位应该完全填平。刮完后，可以用刮板的刃口对其进行检验。若腻子高于其他表面，会在腻子上留下刮板的压痕，如图 3-17 所示。

最后刮刀呈 35°修饰作业，使腻子表面光滑平整。

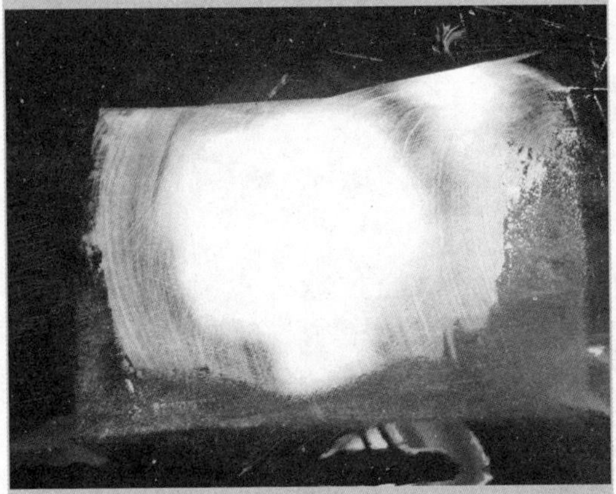

图 3-15　刮第一遍腻子

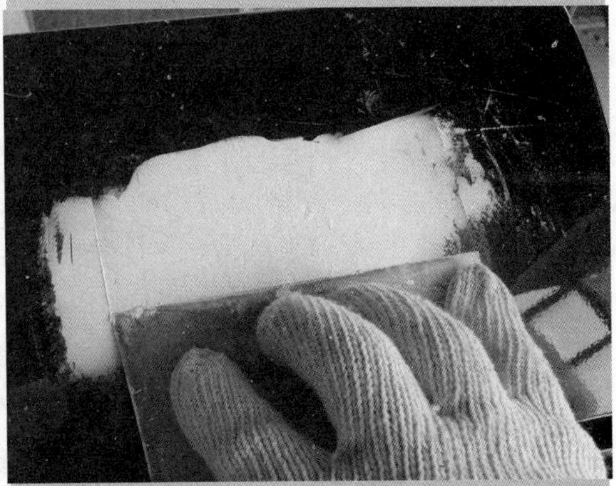

图 3-16　刮涂第二遍腻子

注意：

① 如果板材表面缺陷严重，需要填入的腻子很厚(超过 10mm)时，要求分多次填补，下一次填补时，要保证头一道腻子适当干燥，如图 3-18 所示。

② 大面积刮腻子时，使用宽刮刀比较方便。比如车顶、发动机舱盖、行李箱盖、车门等，使用宽的刮板，可以提高刮涂速度。

③ 一定要确认腻子已经凉透了，才能将之弃置。

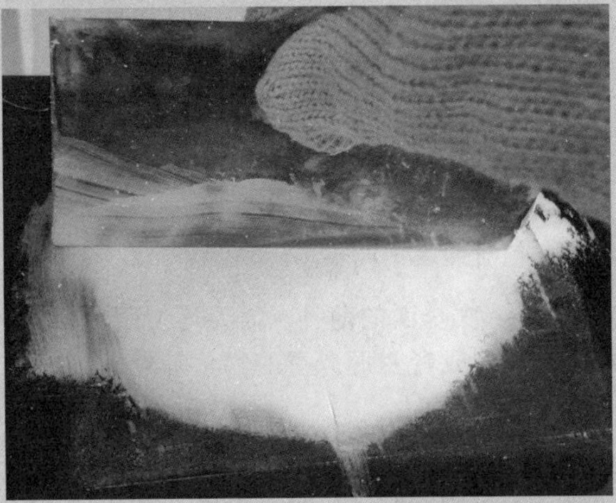

图 3-17　检验腻子刮涂效果

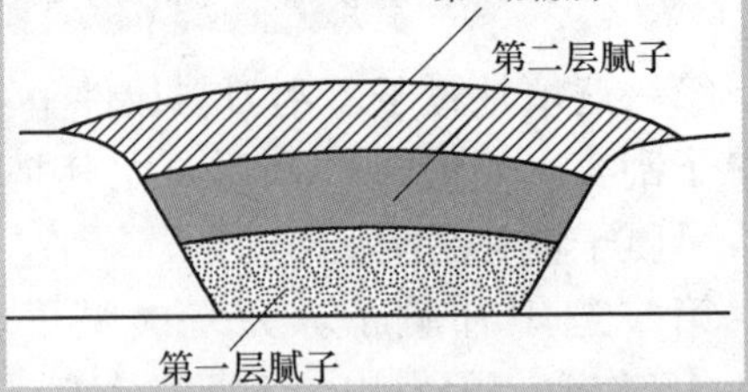

图 3-18　分几次刮涂

2）腻子的曲面刮涂。车身曲面刮涂腻子时，根据损坏板件表面形状的不同，选用弹性不同的塑料、橡胶或者钢制的刮刀，使作业合理化。

第一步和第二步可采用填刮，第三步应换用橡皮刮刀进行刮涂，以刮出正确的曲面形状，如图 3-19 所示。

3）车身线条的刮涂。如果车身线条被损坏需要刮涂腻子时，需要合理的使用胶带纸。图 3-20 所示。其方法如下：

第一步，沿交接线贴上胶带纸遮盖住一侧，刮好另一侧的腻子。

第二步，待腻子干了，揭下胶带，再在已刮好腻子的一侧贴上胶带纸遮盖，接着刮涂好余下的一侧。

第三步，揭下胶带，对刮腻子部位进行修整，这样可很好地恢复冲压棱线的线形。

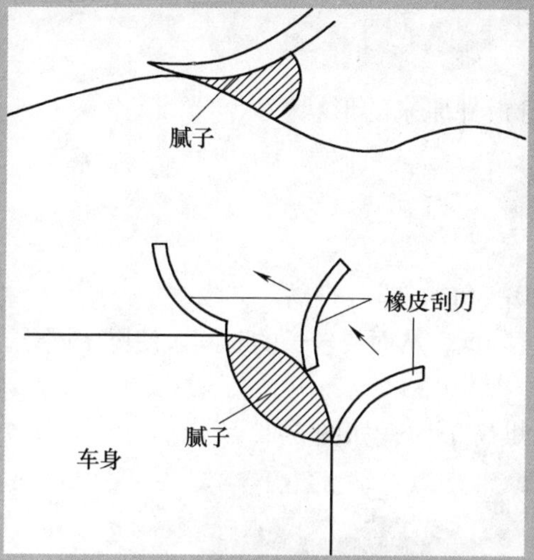

图 3-19　车身曲面腻子的刮涂

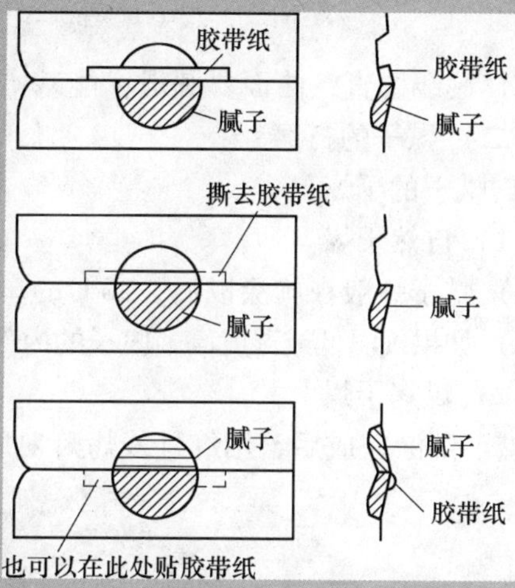

图 3-20　棱线的修复

（4）刮腻子时的注意事项

1）刮涂前被涂装表面必须干透，以防产生气泡或龟裂，若被涂装表面过于光滑，可先用砂纸打磨，以使腻子与底面结合良好。

2）应在一两个来回中刮平，手法要快要稳，且不可来回拖拉。拖拉刮涂次数太多，腻子易于拖毛，表面不平不亮，还会将腻子里的涂料挤到表面，造成表干内不干，影响性能。

3）洞眼缝隙之处要用刮刀尖将腻子挤压填满，但一次不宜刮涂太多太厚，防止干不透。

4）刮涂时四周的残余腻子要及时收刮干净，否则表面留下残余腻子块粒，干燥后会增加打磨的工作量。

4）如果需刮涂的腻子层较厚，要多层刮涂时，每刮一道都要充分干燥，每道腻子不宜过厚，一般要控制在 0.5mm 以下，否则容易收缩开裂或干不透。

5）刮腻子工具用完后，要及时清洗干净后保存。刮刀口及平面应平整无缺口，以保障刮涂腻子的质量。

（5）腻子刮涂质量检查

1）表面光滑平整，能将所有缺陷填实，表面上没有沟痕及杂物，不得有未填补部位。

2）两次刮涂的腻子之间的交接处要平整，不能有明显的屋脊状。

3）腻子的整体呈球面状，边缘与旧涂层过渡平滑，如图 3-21 所示。

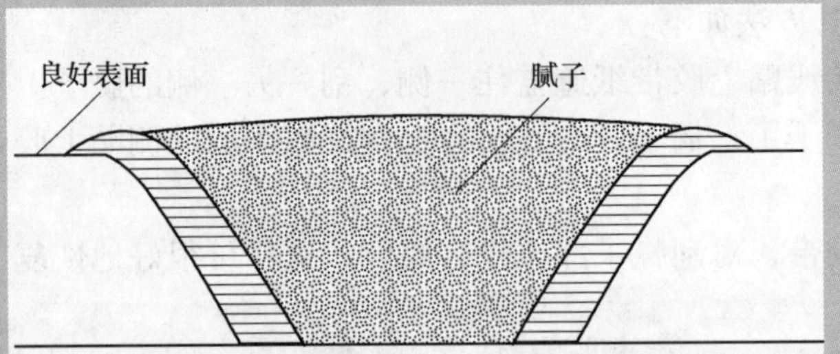

图 3-21　腻子刮涂后的形状

4）棱线要直，曲面要圆滑，能基本复原车身板件原来的形状。

（二）腻子的打磨

1. 腻子的干燥

（1）自然干燥

1）腻子一般在施涂以后，20℃的车间里，20~30min 即可打磨。

2）如果气温低或湿度高，腻子的内部反应速度降低，从而要较长的时间来使腻子固化。

（2）烘烤干燥

腻子刮涂完成后，用红外线烤灯对腻子进行烘烤干燥，如图 3-22 所示。

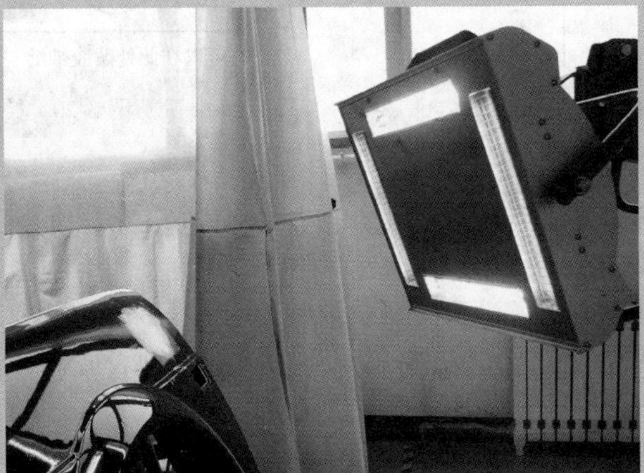

图 3-22　红外线烤灯加热干燥

注意：

在使用红外线灯或干燥腻子时，一定要使腻子的表面温度控制在 50℃以下，以防止腻子分离或龟裂。如果表面热得不能触摸，则说明温度太高了。

（3）干燥程度的检查

检查腻子干燥情况的方法是，在保证干燥时间的情况下，用刮刀或指甲轻刮腻子表面，如果腻子硬度很高，同时还不能被刮下成块的腻子，说明腻子已经干燥彻底了，如图 3-23 所示。

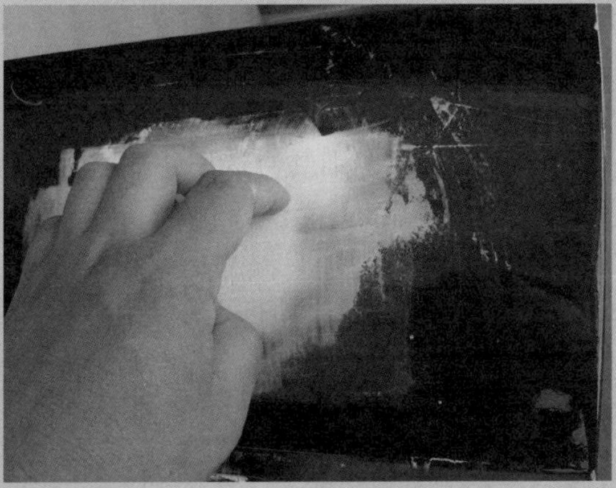

图 3-23　腻子干燥检验

注意：

不能马上对干燥的腻子进行打磨，要等到腻子冷却到室温以后再进行打磨操作。

2. 腻子的打磨

（1）安全防护

1）打磨腻子前一定要佩戴好防尘口罩，戴好防护眼镜，一般戴线手套、穿棉布工作服即可。

2）如果采用干磨工艺，一定要将干磨房的排风打开。采用水磨工艺的，要保证污水能顺畅的排掉。

（2）刷涂指导层炭粉

在打磨腻子前，先在腻子表面涂上一层炭粉（图3-24）作为打磨指导层。打磨过程中可以通过观察炭粉的残留部位确定打磨的程度，如果某处还残留有黑色的炭粉，说明此处表面过低，需要继续打磨其他部位，或者在该部位继续刮涂腻子来填平。

图 3-24　指导炭粉

（3）打磨操作

1）无尘干磨法打磨腻子工艺如下：

① 如果修复的表面是大的平面或弧面，选用圆头磨机；如果被修复的表面有棱线，最好选用方头磨机。

② 粗磨时，选 7 号磨机，配 P60～150 号砂纸；细磨时，选 3 号磨机，配套 P240～400 号砂纸。

③ 打磨的要领是，将打磨机轻压在腻子层表面，左右轻轻移动打磨机，切忌使劲重压。

④ 打磨机的移动方向，如图 3-25 所示。先沿 a 所示方向左右运动；随后沿 b 或 d 斜向运动；然后沿 c 上下运动，这样可以基本消除变形。如果最后再沿 a 左右运动一次，消

除变形效果更好。

2）手工打磨操作工艺如下：

① 维修面积大选则大垫块，维修面积小则使用小垫块；打磨平面时，用垫块硬度高的塑料面，打磨弧面时，用有弹性的泡沫面。

② 粗磨时选用 60～360 号水磨砂纸；细磨时选用 400～800 号水磨砂纸。根据需要裁成合适的大小。

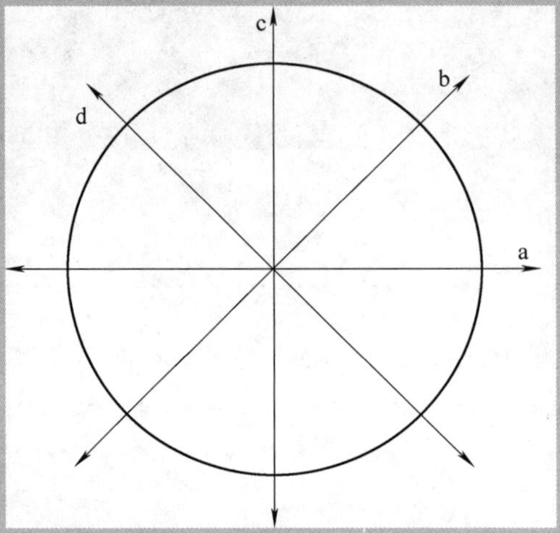

图 3-25　打磨机的移动方法

③ 手工打磨砂纸的移动方法和使用打磨机相同。

腻子经过打磨和修整后，把板件的损伤修复完毕，并且表面光滑，为下一道工序奠定了良好的基础。

3. 腻子的修整

1）打磨完成后，检查腻子表面，若发现有气孔和小的伤痕，应马上再次刮腻子进行修补。

2）有时板件变形严重，腻子施工一遍无法达到良好的效果，这时需要在腻子干燥后进行一遍粗略的打磨，然后再刮涂腻子进行修整。

4. 腻子打磨修整后的质量检查

1）打磨后，损伤的表面完全被修复，腻子表面与旧涂层的表面高度平齐、弧度一致。可以采用观察法、触摸法和辅助工具检测法来检查打磨的质量，触摸法是实际工作中经常用到的，很多维修人员习惯于边打磨边触摸检查。

2）腻子表面无明显的打磨痕迹，无砂纸痕。

3）腻子层与旧漆膜结合良好，过渡平顺。

4）棱线的形状与良好的部位一致，如果板件附件的棱线无法比较，可以跟车身另一侧相同部位比较，或者跟另一辆同型号的车身对比来进行检查。检查时可以用硬纸板依照良好部位剪出模子，再跟维修后的表面进行对比。

实训记录单

班级学号		姓名	

1. 请板件处理情况记录：______

2. 你使用的腻子型号为______，如何调配腻子______

3. 请将腻子的平面刮涂情况记录：______

4. 请将腻子的弧面刮涂情况记录：______

5. 请将腻子的干燥和打磨情况记录：______

6. 打磨结束后，请将你对打磨的效果检查的结果记录：______

7. 实训中出现的问题、原因及解决办法：______

8. 个人技能掌握程度：非常熟练□ 比较熟练□ 一般熟练□ 不熟练□

教师评语：

实训记录成绩______分

____年____月____日

腻子施工实操考核

指导教师为每人准备一块车身板件，并在板件平面上设定 5cm×5cm 大小、深度小于 2mm 的凹陷。教师对学生操作全程记录、打分，并把学生实训记录单的成绩计入本次考核的成绩中。

实训记录单

腻子施工					
序号	考核内容	配分	考核记录	扣分	得分
1	安全与卫生习惯	10	1. 未着工装及防护 2. 工具摆放不整齐 3. 结束操作未整理现场 4. 有自伤事故 5. 野蛮操作或损坏设备		
2	工具的正确选用、使用	10			
3	操作流程	40	1. 腻子刮涂前板件的处理 2. 腻子的调和 3. 腻子的刮涂 4. 腻子的打磨		
4	效果评价	30	1. 腻子刮涂效果 2. 腻子打磨效果		
5	学生实训记录单	10			
6	得分合计				

考核教师：____________　　____年____月____日

任务二　中涂底漆的施工

学习目标

1. 能够正确描述中涂底漆的功用、性能及选择方法。
2. 能够进行中涂底漆的喷涂操作。
3. 能够正确进行中涂底漆的修整。
4. 能够正确进行中涂底漆的干燥。
5. 能够正确进行中涂底漆的打磨。

一、任务分析

对腻子层表面的气孔进行填眼灰填平后，由于填眼灰干燥后的收缩，会在表面留下凸凹不平点。尽管经过手工精打磨操作，但也不能满足喷涂面漆的需要。另外，腻子表面打磨后，仍会留下细小的砂纸痕和小的砂眼，也不适合直接喷涂面漆。如图 3-26 所示。此时一般需要喷涂中涂底漆。另外在汽车车身修补涂装中，有时不喷涂防锈底漆而用中涂底漆代替。

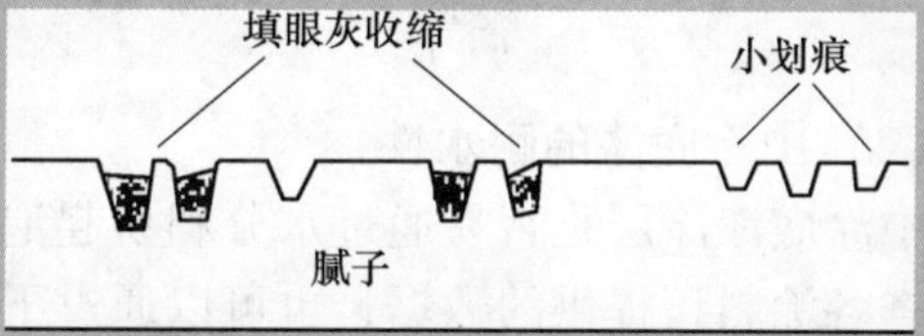

图 3-26　腻子表面的小缺陷

随着对涂膜质量要求的提高，中涂底漆层的耐水性和附着性显得更为重要。汽车修理业越来越多的使用双组分的聚氨酯类中涂底漆。

二、相关知识

1. 中涂底漆的要求

中涂底漆的主要作用一是填补平整表面，二是防锈保护。在汽车修理涂装中，中涂底漆主要用于填补平整表面，而且一直是以作业性为中心来选择使用。在钣金修整后填补的腻子、除锈后的金属表面、经修整的小伤痕，以及旧涂膜起细微皱的部位等，喷涂上中涂底漆，填平微小的凹凸，然后通过打磨获得平整的表面，再喷涂面漆。这既可以提高面漆的附着力，减少溶剂向底层的渗透，又能提高涂膜的表面平整度和色泽。因此，对于中涂底漆，一直受到重视的是如何提高其厚涂性、干燥性、打磨性、防渗透能力等施工性能，对涂层自身的质量性能要求却居于其次。

（1）附着性

层间黏着力是评价涂层与涂层之间的附着性的重要指标。对中涂底漆层而言，就是与腻子层或旧涂膜的黏着力，以及与面漆层的黏着力。如果层间黏着差，往往就会剥离起层。因此选择与面漆涂料亲和力强的中涂底漆，显得很重要。不论什么原因引起黏着力差，都会形成间隙，积存水分，最终将会导致起泡。

附着性能好坏的判定，可分别在金属表面、腻子的表面、旧涂膜的表面喷涂中涂底漆，待其干燥后，用小刀刻划呈棋盘状。要刻透中涂底漆层，划痕线间隔视涂层厚度而定，只涂装一层时，间隔为1mm左右，如图3-27所示。然后贴上胶带纸，用力撕下，根据其剥离状况判定黏着性能的优劣。

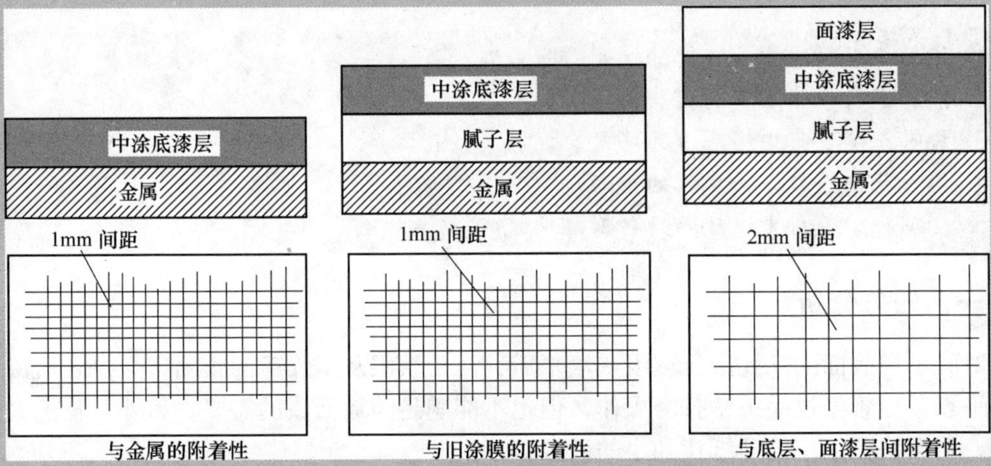

图3-27　中涂底漆层间黏着性测试

（2）中涂底漆的耐水性

中涂底漆涂层是否易通过水分和易起泡，是判定其耐水性的关键。具体的判定方法可以调查各涂料厂提供的数据，也可以通过下述简单方法进行判定。如图3-28所示，先做

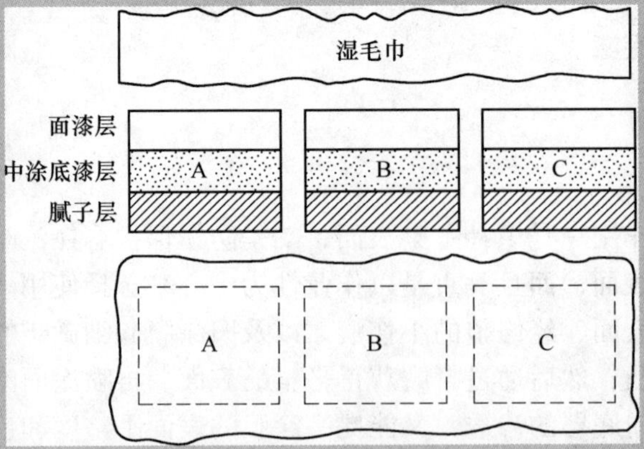

图3-28　中涂底漆的耐水性试验

几个试件，不改变面漆和腻子涂料，只改变中涂底漆的种类，进行对比试验。待试件干燥后，覆盖上湿毛巾，放置一夜，观察其起泡的程度进行确定。这一试验最好在夏季炎热的时候进行。

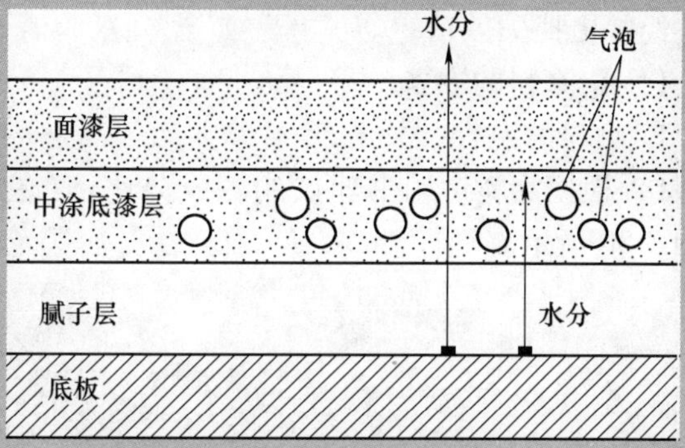

图 3-29　起泡

起泡是由于各涂层耐水性不均衡，水分就会集中到耐水性差的部位，使涂膜膨胀起泡。在图 3-29 中，中涂底漆层被夹在耐水性能较好的腻子层和水难以透过的面漆涂膜之间，因此水分将会聚集在耐水性差的中涂底漆层。

2. 中涂底漆的选择

中涂底漆要以面漆涂料性能为中心，各层涂料的性能都要与之相匹配。随着面漆涂料的不同，与之配套使用的中涂底漆涂料也应不同。中涂底漆涂料的合理选用是避免涂装出现质量问题的关键。

很多涂料生产厂家为了产品的配套性，获得良好的涂膜质量，大多要求使用与面漆配套的底漆，2K 型底漆大量使用。

三、任务实施

教师在实训前应为每组准备好如下工具与设备：

1）车身板件一块/人。

2）打磨工具和设备，各种型号的打磨砂纸，压缩空气、气管、气枪、烤灯。

3）中涂底漆及其配套的稀释剂、固化剂，调漆容器、比例尺。

4）除油剂、擦拭纸、纸漏斗。

5）防护眼镜、防尘面罩、手套等。

操作前，学生必须牢记以下劳动安全事项：

（1）防火安全措施

1）每个工作人员应会使用防火设备，懂得各种灭火方法。

2）涂装场地严禁烟火，不准携带各种火种进入施工现场。

3）擦拭涂料用过的擦拭纸等物品应集中，并应妥善存放在储有清水的密封桶中，不要放置在暖气管或烘房附近，以免引起火灾。

4）清洗工具用后的稀释剂，应集中存放，不得倒入下水道或随意乱倒。

5）各种电器设备开关非经老师允许，不得随意操作，有专人定期检查和维修。

（2）防毒措施

1）操作人员在涂装时应穿戴好各种防护用品。

2）若皮肤上沾有涂料时，不要用稀释剂擦洗，要用专用洗手膏、去污粉、肥皂擦洗，再用清水冲洗干净。

3）要注意清洁卫生，每次工作完成后及时洗手，每天工作后应洗澡，工作服要勤换洗，经常更换失效口罩。

（一）涂料的准备

1. 涂料的混合

1）根据涂料说明书建议的各成分比例（主剂、固化剂和稀释剂）选择合适的比例尺，如图 3-30 所示。

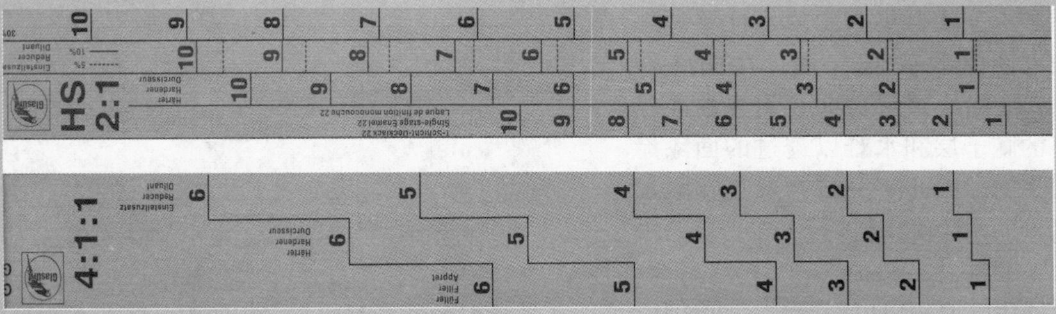

图 3-30　比例尺

2）选择合适的容器。要求干净、体积上下一致。

3）选择好涂料，在开罐前要反复摇匀。然后，用专用的开罐器将涂料罐开启，如图 3-31 所示。

图 3-31　开启涂料罐

注意：

开罐时，一定不要用锤子加螺丝刀敲打开启，以免产生火花。

4）将比例尺垂直放置于调漆容器内，用手扶正。然后按比例加入涂料。一定要充分搅拌均匀。

以调配比例为 2∶1∶10%（主剂∶固化剂∶稀释剂）的中涂底漆为例，操作流程如下：

1）首先选择比例尺 2∶1 的一面。

2）假设中涂底漆的用量为 2，首先把中涂底漆缓慢地倒进容器，注意不要倒在比例尺和容器的内壁上，如图 3-32 所示。中涂底漆加入至比例尺第一列标尺刻度的“2”处，如图 3-33 所示。

图 3-32　加中涂底漆

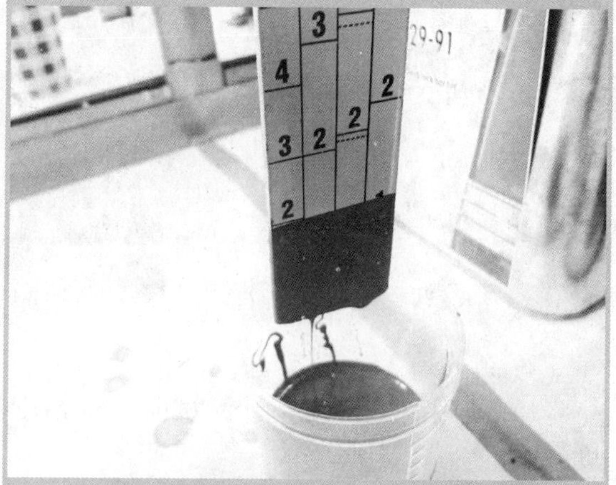

图 3-33　检查中涂底漆加入量

3）继续向容器中加入与中涂底漆配套的固化剂，依然要缓慢加入，防止过快、过猛造成飞溅，如图 3-34 所示。固化剂加入至比例尺第二列标尺刻度的“2”处，如图 3-35 所示。

图 3-34　加中涂底漆固化剂

图 3-35　检查固化剂的加入量

4）最后加入配套的稀释剂。由于稀释剂的包装容器较大，不便于倾倒，可以事先将稀释剂加入专用的塑料容器内，然后再进行添加，如图 3-36 所示。稀释剂加入至比例尺第三列标尺刻度的“2”处，如图 3-37 所示。各成分加好后，比例刚好是2∶1∶10%。

图 3-36 加入中涂底漆稀释剂图

图 3-37 检查稀释剂的加入量

2. 测试黏度

1）使用手提式黏度计测试时，将粘度计直接浸入调好的漆料中灌满漆液，提起黏度计。

2）待仪器脱离液面的同时立即开动秒表，观察黏度计底部的流孔，待漆料快流完且出现断流时，快速关闭秒表，其表上的数据即为测试的黏度，如图 3-38 所示。

3）一般需要测试三次，取其平均值，做好记录。

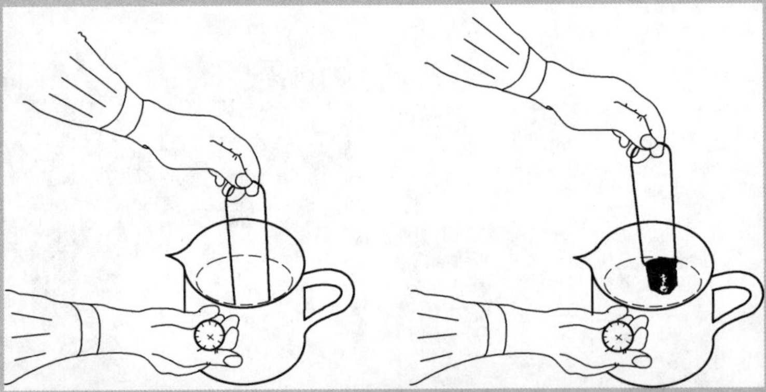

图 3-38 测试黏度

⚠ 注意：

测试条件通常要求在室温（25℃±1℃）条件下进行。

4）选择合适的底漆喷枪，将调好黏度的中涂底漆通过漏斗过滤后装入喷枪漆罐内，如图 3-39 所示。

（二）中涂底漆的喷涂

1. 板件准备

1）用压缩空气清除表面的粉尘，并除油。

2）将不需要喷涂的部位进行遮护，如图 3-40 所示。

图 3-39　过滤后加入喷枪

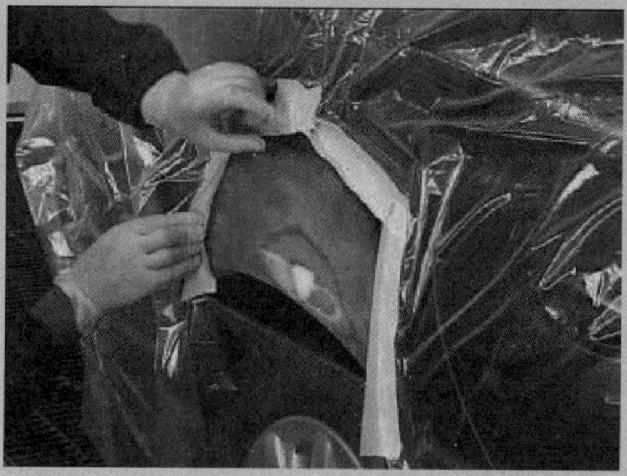

图 3-40　遮护

3）用粘尘布进行再次除尘。

2. 喷涂操作

1）调整好喷枪和相关参数(参阅涂料的说明书)。

2）按正确的操作手法和路线进行喷涂操作。

① 腻子面积较大时，先薄喷腻子周围，闪干后再全面喷涂，如图 3-41 所示。

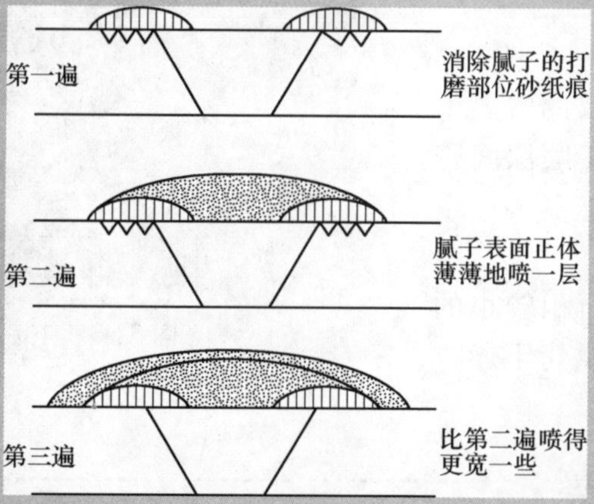

图 3-41　中涂底漆喷涂顺序

注意：

中涂底漆每一道不要喷的太厚，以免起皱。

② 如果腻子面积很小，则可直接在整个腻子表面开始喷涂。如果是几小块相邻的腻子，先喷涂各块腻子表面，然后连成整片喷涂 2~3 层，如图 3-42 所示。

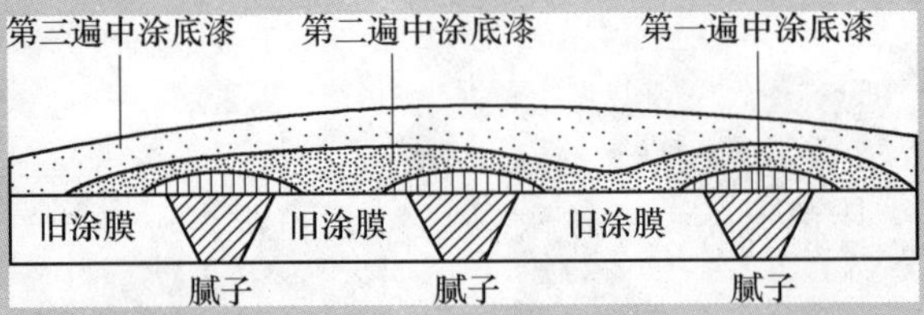

图 3-42　相邻腻子修补块的中涂底漆喷涂

3）喷涂完成后，闪干 10~15min 后，即可拆除遮蔽纸。

3. 中涂底漆喷涂效果

中涂底漆喷涂完成后的效果要求如下：

1）表面光滑、平整，无咬底、油点、无严重桔皮纹、流挂等缺陷。流挂高度不超过 1mm，长度不超过 10mm。

2）涂层丰满、厚度均匀(膜厚 50~70μm)，无露底。

3）将所有缺陷部位完全遮盖，边缘部位过渡平滑。

4）车身其他部位保护良好，无漆雾附着。

5）如果不能达到上述要求，视情况进行补喷。

（三）中涂底漆的打磨

1. 干燥

（1）常温干燥

参考涂料说明书建议的常温干燥时间规定，将板件置于喷漆间密封干燥。

（2）加温干燥

1）对于中涂底漆面积较小的情况，采用红外线烤灯烘烤干燥方便快捷，如图 3-43 所示。

图 3-43　中涂底漆的干燥

注意：

在使用红外烤灯时，一定要注意车身其他非烘烤部位的保护。比如，烘烤部位附近的车灯、车轮、保险杠蒙皮等，可以用锡箔纸或湿毛巾进行遮护，防止过度受热而变形。

2）如果中涂底漆面积较大，分布的位置较多，可以利用喷烤房烘烤干燥，一定要参阅所使用烤房的使用说明书的规定操作。

（3）干燥测试

中涂底漆干燥完成后，不要直接进行打磨，先进行简单的干燥测试。方法为用指甲轻划中涂底漆表面，若无明显划痕和脱落的情况，说明干燥彻底，如图 3-44 所示。等烘烤表面冷却到室温，即可进行打磨操作。

2. 中涂底漆的打磨

（1）手工打磨

1）选用 P600 号~P800 号的水磨砂纸，并裁剪成合适的大小。

2）衬垫块进行打磨。打磨时用力要轻，尤其是在板件的边缘和棱线等部位，防止磨穿，如图 3-45 所示。

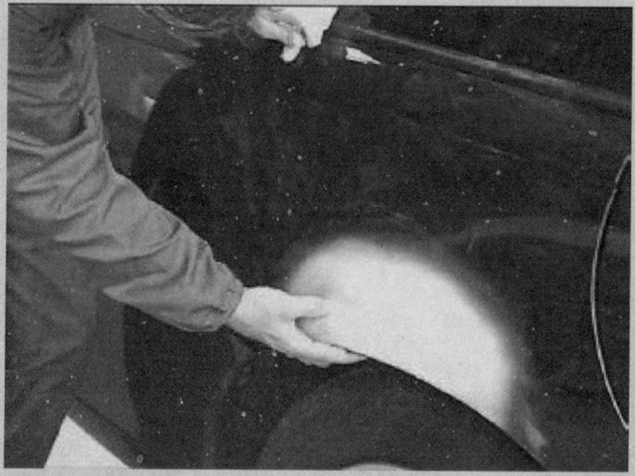

图 3-44　检查中涂底漆的干燥情况

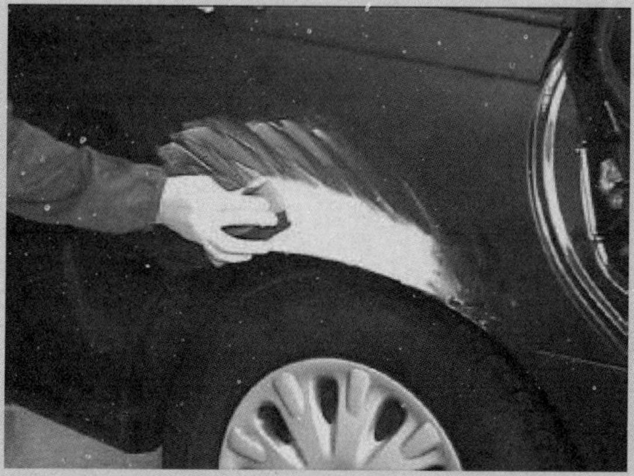

图 3-45　手工打磨中涂底漆

3）打磨时应注意不能只打磨喷涂了中涂底漆的部位，旧涂膜也应进行打磨。

4）打磨完成后，清洁表面和工位。

（2）机器打磨

机器打磨方法，如图 3-46 所示。

1）选用 P320 号~P400 号的干磨砂纸，在砂纸和打磨头之间要安装干磨软垫，然后将砂纸安装在干磨软垫上。

2）在需要打磨的表面涂一层干磨指示剂。

3）将磨机轻压在涂膜上，控制磨机沿车身表面移动。

4）打磨结束后，清洁表面和工位。

（3）打磨效果

打磨后，应达到下列要求：

1）打磨彻底，但是无打磨露底。对于整板喷涂，打磨露底范围要控制在 20mm×20mm 范围内，并且露底情况不明显。

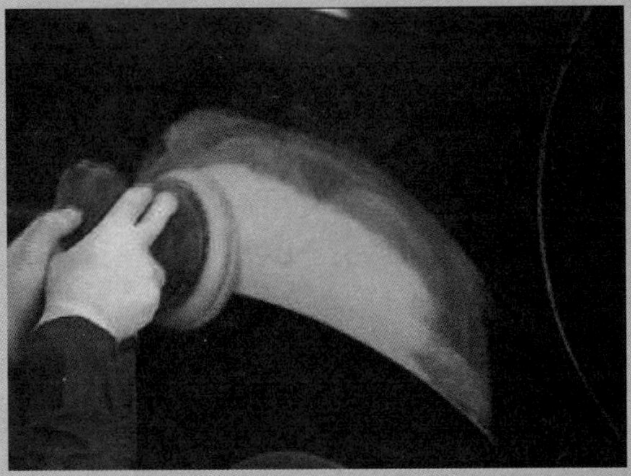

图 3-46　机器打磨中涂底漆

2）打磨后表面光滑，无桔皮纹。

3）所有需要喷涂的部位都要打磨到，不能有遗漏，尤其是窗口饰条、板件边缘等部位更要打磨到。

4）如果面漆要喷涂单工序的素色漆，最后要用 P400 号干磨砂纸或 P800 号水磨砂纸打磨一遍；如果面漆是金属漆，最后要用 P500 号干磨砂纸或 P1000 号水磨砂纸打磨一遍。

5）如果需要做过渡喷涂，过渡部位要用 P1500 号美容抛光砂纸（或相同粒度的其他打磨材料）打磨一遍。

实训记录单

班级学号		姓名	

1. 请上一道工序板件处理情况记录：

____

____

____

2. 你使用的中涂底漆型号为________________，如何调配中涂底漆________________

____

____

____

3. 请将喷中涂底漆前板件遮护、清洁情况记录：

____

____

____

4. 请将中涂底漆喷涂情况记录：

____

____

____

5. 请将中涂底漆的干燥和打磨情况记录：

____

____

____

6. 打磨结束后，请将你对打磨的效果检查的结果记录：

____

____

____

7. 实训中出现的问题、原因及解决办法：

____

____

____

8. 个人技能掌握程度：非常熟练□　比较熟练□　一般熟练□　不熟练□

教师评语：

实训记录成绩____分

____年____月____日

项 目 考 核

一、理论考核

（一）判断题（每题2分，共30分）

1. 橡胶刮板适用于平面缺陷的填补。（　　）
2. 金属刮板是属于软刮板的一种。（　　）
3. 原子灰打磨只能干磨不能水磨。（　　）
4. 干磨可分为手工打磨和机械打磨。（　　）
5. 涂刮第一道腻子只求平整，不求光滑。（　　）
6. 腻子的涂刮范围应超出羽状边范围。（　　）
7. 反向遮护能防止遮护区与涂饰区产生台阶。（　　）
8. 空气喷涂使飞雾能扩散至涂饰区外1~2m远。（　　）
9. 原子灰干磨后每次都要用气管吹尘、除油。（　　）
10. 底漆的作用主要是提供附着力和防腐蚀，但不具备填补缺陷功能。（　　）
11. 腻子对金属附着力比涂料好。（　　）
12. 边沿的分界遮护胶带应等涂料干透后剥落。（　　）
13. 遮护的功能是使用胶带及各种遮护材料保护非涂饰的表面。（　　）
14. 打磨腻子层可采用单旋转打磨机打磨，效率高。（　　）
15. 磷化底漆只能替代磷化处理，不能替代防腐底漆。（　　）

（二）单项选择题（每题2分，共20分）

1. 打磨工具配有不同软硬的打磨垫，磨腻子一般采用（　　）。

A. 硬磨垫　　B. 软磨垫

C. 超软磨垫　　D. 耐高温磨垫

2. 涂-4黏度计容量为（　　）mL。

A. 50　　B. 80　　C. 100　　D. 150

3. 涂-4黏度计可测定黏度范围为（　　）s。

A. 10~50　　B. 50~100

C. 100~150　　D. 10~150

4. 空气喷涂一般适合的黏度为（　　）s。

A. 10~15　　B. 16~24

C. 20~30　　D. 25~35

5. 一次刮涂的腻子层厚度不要超过（　　）mm。

A. 2　　B. 3　　C. 5　　D. 10

6. 过厚的腻子层会降低涂层的机械强度，故腻子厚度不应超过（　　）mm。

A. 2　　B. 3　　C. 5　　D. 10

7. 国家标准规定，汽车车身涂层的防腐至少要保持（　　）年。

A. 5　　B. 10　　C. 20　　D. 30

8. 在汽车涂装维修中，（　　）车身材料品种最复杂。

A. 货车　　B. 大客车

C. 小轿车　　D. 越野车

9. 用除油剂脱脂除油处理时，建议每次清除(　　)m^2的面积且一块一块进行。

A. 0.2~0.3　　B. 0.5~0.6　　C. 0.8~0.9　　D. 1~1.2

10. 羽状边打磨距凹陷部位至少要(　　)cm。

A. 1~2　　B. 2~3　　C. 3~5　　D. 7~8

(三) 多项选择题(每题5分,共50分)

1. 刮板的刮口不允许出现(　　)等情况。

A. 齿形　　B. 缺口　　C. 弧形

D. 弓形　　E. 有弹性

2. 底材经表面预处理，要求达到(　　)。

A. 无油　　B. 无锈

C. 无水　　D. 无尘

E. 有一定的粗糙度　　F. 没有污物

3. 中涂底漆应具备(　　)等特点。

A. 装饰性　　B. 与底漆面漆配套性　　C. 封闭性

D. 填充性　　E. 耐溶剂性

4. 快干腻子俗称填眼灰，其特点是(　　)。

A. 细腻　　B. 快干　　C. 易打磨

D. 边缘平滑　　E. 可替代填充腻子

5. 双组分环氧底漆非常突出的性能是(　　)。

A. 附着力　　B. 封闭性　　C. 耐碱性

D. 柔韧性　　E. 耐光性　　F. 耐化学品性

6. 腻子经涂刮打磨后，要求达到(　　)。

A. 平整　　B. 光滑　　C. 无砂孔

D. 腻子边缘无锯齿状　　E. 无接口痕

7. 在使用腻子时，(　　)等现象是由于固化剂太少引起的。

A. 干燥慢　　B. 附着力差　　C. 易起泡

D. 打磨时腻子边缘平滑性差　　E. 易产生气孔

F. 面漆会产生腻子印

8. 水磨腻子时，残留水分导致的病态有(　　)。

A. 起泡　　B. 起痱子　　C. 剥落

D. 底材锈蚀　　E. 失光　　F. 橘纹

9. 磷化底漆适用于(　　)等材质上涂饰。

A. 钢材　　B. 玻璃钢　　C. 铝

D. 铜　　E. 塑料　　F. 铝镁合金

10. 涂装表面预处理的作用是(　　)。

A. 保证涂层质量　　B. 增加涂层附着力

C. 提高漆膜耐腐性　　D. 改进涂层外观

二、实操考核

在腻子考核完成的板件上继续进行中涂底漆施工的考核，或者为每人准备一块喷涂过的车身板件。教师对学生操作全程记录、打分，并把学生实训记录单的成绩计入本次考核的成绩中。

实操考核记录单

项目三中间涂层的施工					
序号	考核内容	配分	考核记录	扣分	得分
1	安全与卫生习惯	10	1. 未着工装及防护 2. 工具摆放不整齐 3. 结束操作未整理现场 4. 有自伤事故 5. 野蛮操作或损坏设备		
2	工具的正确选用、使用	10			
3	操作流程	40			
4	效果评价	30			
5	学生实训记录单	10			
6	得分合计				

考核教师：____________　　____年____月____日

项目四

汽车面漆调色

汽车的颜色通过广泛的调查，从民俗习惯、市场细分以及地域差异等方面全面调研而确定。另外还应通过产品设计师、造型师的确认，并征求从事涂装材料及涂装工艺人员的成本对比分析及工艺适应性分析意见。一般而言，主导颜色5~8年更换一次，培育期1~2年，成熟期3~5年，更换期1~2年。总之，汽车的颜色不应单调也不应过多过滥，应从产品设计、市场定位成本及工艺、广告效应等多方面加以综合考虑。

任务一　调色工具的使用

学习目标

1. 掌握感知颜色的三要素，以及三要素对颜色的影响。
2. 掌握颜色的三属性，能正确描述两个颜色的差异。
3. 掌握色母的作用和类型。
4. 能够正确地进行色盲检查。
5. 能够使用调漆架、色母特性表、电子秤等工具。

一、任务分析

色感觉与听觉、嗅觉、味觉等都是外界刺激使人感觉器官产生的感觉，外界光刺激、色感觉、色知觉是个复杂的过程，它涉及光学、光化学、视觉生理、视觉心理等各方面问题。所以在很多涉及颜色辨别的职业（比如驾驶员、油漆调色人员等），都要进行严格的色盲和色弱的检查。

汽车面漆的调色是一项技术性很强的工作，不但需要操作者掌握与颜色相关的理论知识，还需要用到专业的设备。只有熟悉调色原理并熟练使用调色工具才能准确地调配出需要的面漆颜色。调色中需要用的设备有调色架、电子秤、配色箱、喷涂样板设备等。

二、相关知识

（一）颜色三要素

光线照射到有色物体上，反射的光线投射在视网膜上后，形成某种信息，大脑对这种信息进行辨认，产生一种生理感觉，它就是通常所称的“颜色”。因此，颜色是光线和感观器官作用后所引起的生理感觉。感知颜色有光、有色物体和视觉器官（观察者）三个必需的要素，通常称为颜色三要素，如图 4-1 所示。

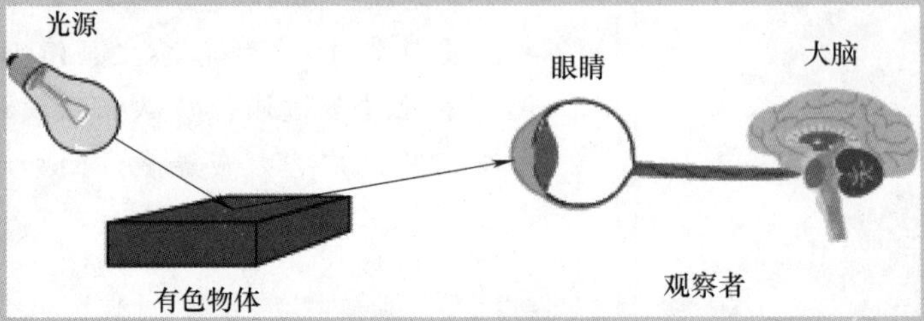

图 4-1　颜色感知过程

1. 可见光(来自于光源)

太阳光线是由极其多数的不同波长的电磁波所组成。电磁波波长范围很广，最长的交流电，波长可达数千千米；最短的宇宙射线，波长仅有千兆兆分之几米(10^{-15}~10^{-14}m)。电磁波中只有800~400nm(通常是780~380nm)波长的光线，人眼才能看见，因之将这段范围的波长所构成的光谱叫做可视光谱。最简单的实验是将一束太阳光线通过三棱镜，光线就屈折而成一条彩色光带即光谱(spectrum)，如图4-2所示。

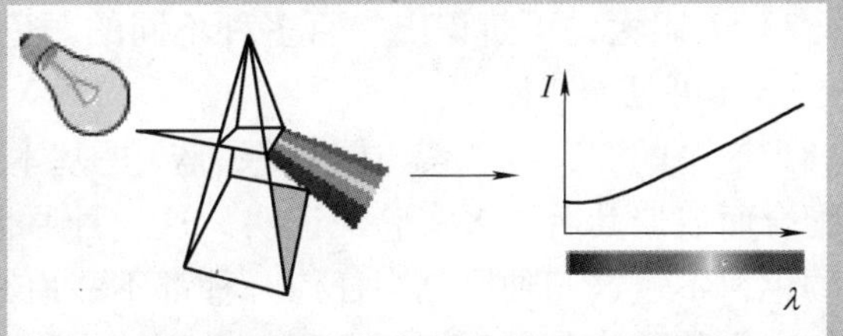

图4-2　三棱镜折射

单一波长且不能再分解的色光称为单色光。自然光(日光、火光)及人工光源(如白炽灯、钠灯、氙灯等)所发出的光是由不同波长的单色光混合而成，称为复色光。通常组成复色光的各单色光比例不一，故其光色也不同。

(1) 可见光的组成

可见光由红、橙、黄、绿、青、蓝、紫七色所组成，如图4-3所示。其中波长最长的红色光，居于此可视光谱的一端；最短的是紫色光，居于可视光谱的另一端。红、橙、黄、绿、青、蓝、紫七色光的波长范围见表4-1。

图4-3　可见光谱

表4-1　七色光的波长范围

色光	波长/nm	色光	波长/nm
红色光	750~630	青色光	490~460
橙色光	630~600	蓝色光	460~430
黄色光	600~570	紫色光	430~380
绿色光	570~490		

(2) 人眼能分辨的可见光谱

1) 人眼可见的可视光谱，它的波长范围，因人而稍有不同，因光强度不同也有所差异。在光谱中，从红端到紫端在两个相邻的波长范围中间带(区)尚可见到各种中间颜色，如红与橙之间的叫橙红；绿与黄之间的叫绿黄；蓝与绿之间的叫蓝绿等。

2) 人的视觉在辨识波长的变化方面因波长不同而不同，也因光强度不同而不同。在某些光谱部位，只要改变波长1nm，便能看出差别；而在多数部位改变要在数nm以上才能看出其变化。总的说，光谱中除了黄(572nm)、绿(503nm)和蓝(478nm)随着光强度的变化而不变化，其他色光都随着光强度增减而稍向红色或紫色变化，例如早晨和傍晚的太阳光并非纯白，而是或多或少带有红黄色，这时的光谱就与太阳白光(如正午的太阳光)的光谱就不太相同(它的红端光线比较多,而紫端光线比较少)；白炽灯、油灯的光谱也是红黄部分较多一些，当然整个光谱也较太阳光谱为微弱。

3）人眼大约可辨识出一百多种不同的颜色。

（3）可见光三原色

光谱中的红、绿、紫（或红、绿、蓝）是基本颜色，因为一切颜色和白光都能由此三种光配合而成。其后许多实验又证明，这三种原色不一定是红、绿、蓝三色，也可用其他三种颜色，不过这三种原色中任何一种都不能由其他两种色混合而成。由红、绿、蓝三原色相加产生其他颜色最为方便，所以大家认为红、绿、蓝三种颜色是最好的三原色。实验又证明，白色不一定要由三原色配合而成，只要将红色光和绿色光适当配合，也可成白色；橙色光与青色光适当配合也同样成为白色。如此凡两种色光混合能成白色的，则此两色叫互补色。例如红是绿的补色，绿是红的补色，这就是颜色混合的第一条重要定律。

⚠ 注意：

这是指色光的混合而不是颜料的混合，红和绿光适当混合得白色，而红色颜料与绿色颜料混合则成黑色或灰黑色了，这点切不可混淆。

（4）光源

1）光源光谱类型。光源光谱分为连续光谱（如日光、白炽灯）、线状光谱（如高压钠灯、高压汞灯等）、混合光谱（荧光灯、氙灯等）。

2）光谱功率分布。将光源的光谱辐射功率按波长进行分布，即为光谱功率分布。如图4-4所示，为可见光光谱功率分布图，横坐标为波长，纵坐标为能量。将光源光谱功率分布都以波长 $\lambda = 555\text{nm}$ 的辐射功率为100进行比较，得出相对功率值所描绘的曲线，称为相对光谱功率分布。

3）光源色温。色温以绝对温度（K）来表示（0℃相当于273K），是将一标准黑体（例如铂）加热，温度升高至某一程度时颜色开始由红、橙、黄、绿、蓝、紫，逐渐改变，利用这种光色变化的特性，其光源的光色与黑体的光色相同，其光谱功率分布曲线也相吻合，我们将黑体当时的温度称之为该光源的色温度，简称为该光源色温。它是描述光源本身颜色外貌的重要指标。

色温度在3000K左右时，光色偏黄。色温度在5000K以上时，光色偏蓝。不同色温度的光，具有不同的照明和视觉效果。

4）典型光源。CIE规定了多个标准光源，如D65光源、A光源、F光源等。最常用的光源为D65光源。A光源色温为2856K，白炽灯光线，光色为黄-橙色。F光源以荧光灯为代表的光源：F2光源色温为4200K，代表冷白荧光灯，光色偏蓝色；F7色温为6500K，代表宽频日光荧光灯；F11色温为4200K，代表窄频白荧光灯。D65标准光源即模拟正午日光，其色温为6504K。

（5）标准比色灯箱

必须在阴天、晚上或光线不足的车间内调配颜色时，需要使用灯箱。灯箱的主要目的是提供一个接近日光的光源，目前的技术还不能造出一个和日光完全相同的光源。配色灯箱还配备了其他三种光源，用于鉴别颜色异构现象及某种颜料的特殊性：

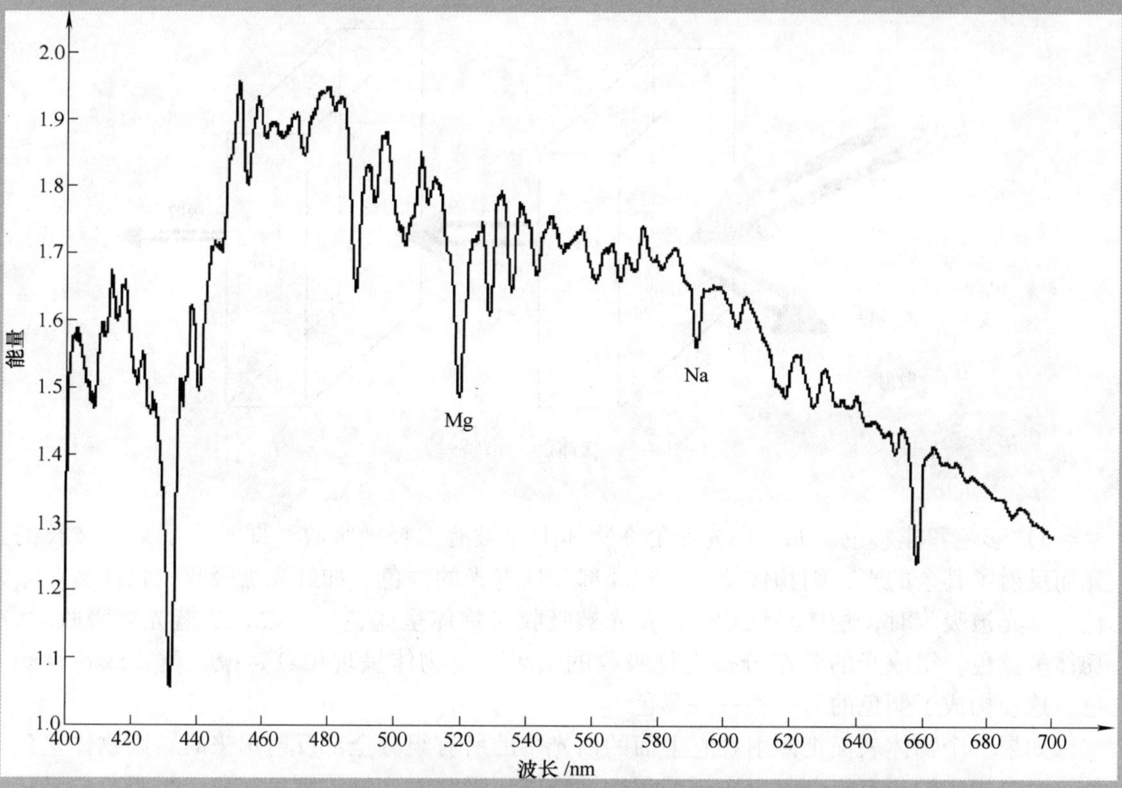

图 4-4 可见光光谱功率分布

1）一般的荧光灯光源。用于鉴别颜色。

2）类似于白炽灯的红光光源。用于鉴别颜色。

3）一种紫外光光源。主要是为了观察涂料中颜料的某些特性而设置的。

2. 物体(被观察物)

物体受到光的照射，会发生选择性地反射、吸收、透射等光谱特性，如图 4-5 所示，这种光谱特性便是物体产生不同颜色的主要原因。

(1) 物体显色原理

1）有色物体的显色。物体的颜色是由物体的反射光或透过光线的波长而决定的。例如当太阳光(白光)照到物体上，物体表面就反射一部分光线而吸收其他部分，如果反射出来的是红色光线，而吸收了黄、橙、绿、青等色的光线，此时我们就感觉那个物体是红色的。又如反射出来的是绿色光线，就感觉那个物体是绿色的。因为物体反射出来的光线常不是单一波长的光线，所以物体的颜色就非常之多了。

2）透明物体的显色。透明物体就有些不同了，因透明物体受白光照射时，反射比较少，主要为吸收和透过光线，它们的颜色是由透过光线的波长来决定的。例如，红玻璃主要透过红色光，我们就感觉它是红色的玻璃。另外一种物体由于透过光线与反射光线的波长不同，该物就可呈两种颜色。例如金的薄片(金箔)，在光源同侧看，因为它反射黄色光，我们感觉它是黄色的；如在它的对侧看，因它透过绿色光，我们则感觉它是绿色的。

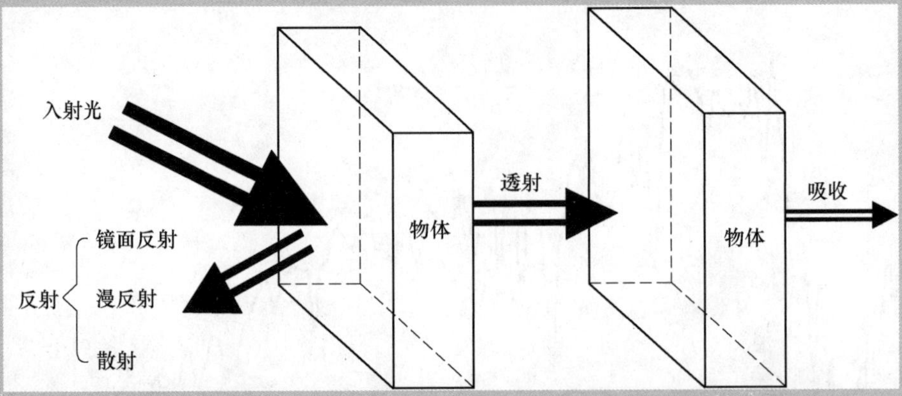

图 4-5　物体的光谱特性

3）彩色和非彩色。如果白光照射在物体上时被有选择地吸收，即吸收了某些波长的光而反射了其余的光，则物体便会呈现那部分反射光的颜色。如红光被吸收，物体呈蓝紫色；绿光被吸收时，物体呈红紫色；黄光被吸收时物体呈蓝色，反之，当蓝光被吸收时，物体呈黄色。组成光的各组分被选择吸收的结果，使物体呈现出红、橙、黄、绿各种颜色，这便构成了颜色的另一类——彩色。

如果一个物体表面把照射在它上面的白光中的所有组分全部反射出来时，则物体呈白色。而白光中的所有组分都以同样的程度被物体所吸收时，物体则呈灰色，被吸收的光量越大，灰色越深，全部吸收时物体便呈黑色。白→浅灰→中灰→深灰→黑一系列颜色便构成了颜色的一类——非彩色。

不同的光谱特性使物体呈现不同的颜色，物体对光线吸收、反射和透射程度不同，与物体颜色的对应关系见表 4-2。

表 4-2　物体的光谱特性与颜色

物体的光谱特性			物体呈现颜色
吸收	反射	透射	
无	无	全部	无色透明
无	部分	部分	白色半透明
无	全部	无	不透明白色
部分	无	部分	有色透明
部分	部分	无	有色不透明
部分	部分	部分	有色半透明

⚠ 注意：

白色和黑色，严格地说，都不是颜色。在太阳光下的白色物体，它们是等比例地、几乎全部地反射太阳光线，所以呈白色；如果物体全部吸收太阳光线，那么该物体就呈黑色。实际上，完全反射或完全吸收太阳光线的物体是没有的，物体表面对各种可见光的反射率如达到85%～90%时产生的颜色感觉为白色，若反射率低于4%，则产生的感觉为黑色。因此物体是没有“纯白”或“纯黑”的。

介乎黑白两者之间的，就是我们所谓的灰色。事实上，纯灰色的物体也是没有的，因为物体常常不是等比例地吸收或反射光谱上各种波长的色光的缘故。

3. 视觉器官(眼睛和大脑)

人眼非但能辨识物体的形状、大小，且能辨别各种颜色。这种辨别颜色的能力，叫做颜色视觉，通称色觉。颜色视觉是人生理与心理特性的反应，人形成色觉的结果常带有一定的主观性(受记忆、经验、对比的影响)，往往不完全服从物理学规律。如图 4-6 所示，实际上一样长的两根竖线，但是感觉好像右边的一条要比左边的长。

(1) 人眼结构

人类眼球的结构，如图 4-7 所示。视网膜有两种视细胞，即杆体细胞和锥体细胞。前者对昏暗的光线可作出反应，控制所谓暗视觉，能感觉光线的明暗度；后者在明亮光线下作用，感受光线和色彩，控制明视觉，这些感光细胞主要集中于视网膜的中央凹进处，使得这一部分对光线最敏感能用于分辨颜色。

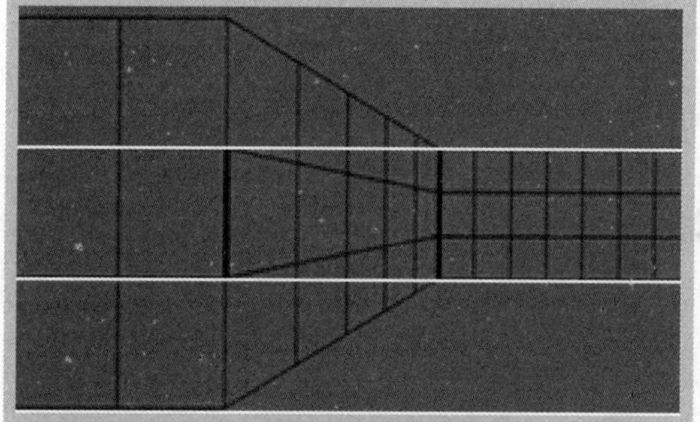

图 4-6 实际一样长的两条竖线

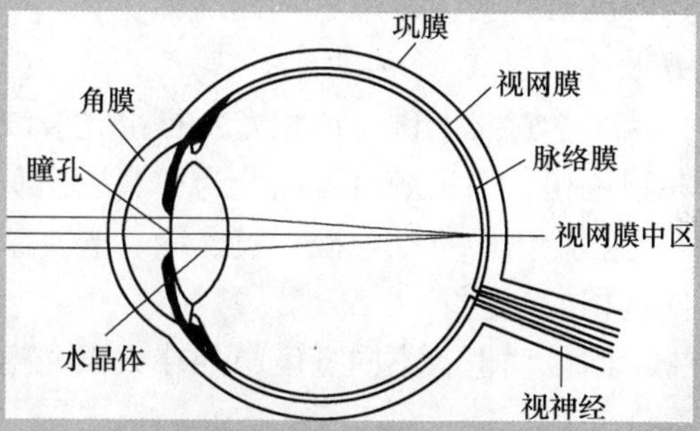

图 4-7 人类眼球的结构

据实验报道，杆体细胞外节段中有视紫红质，它的光谱吸收曲线与暗视觉的视力敏度完全一致。人杆体细胞光谱吸收曲线与人的暗适应下视力敏度曲线完全一致。这就说明了人眼暗视觉的感光物质(色素)就是视紫红质，它对 385～670nm 波长的光线皆能被漂白，而对 502nm 波长的光线最为敏感。锥体细胞的感光物质也存在于外节段中。实验证明，视网膜中有一种锥体细胞对红色有最大敏感性、一种对绿色有最大敏感性、一种对蓝色最敏感。

(2) 色盲与色弱

色觉正常者，在明处能辨别太阳光谱的红、橙、黄、绿、青、蓝、紫多种色调以至宇宙间万紫千红绚丽的色彩。而色觉异常者，对于这些色调，就或多或少不能感觉，这叫作色觉异常(色觉障碍)，习惯上称作“色盲”。色盲可分先天性色盲与后天性色盲，色觉异常分类见表 4-3：

表 4-3　色觉异常分类

<table>
<tr><td rowspan="10">觉异色常</td><td rowspan="7">先天性</td><td colspan="2">完全色盲(全色盲、一色视)</td></tr>
<tr><td rowspan="3">部分色盲(二色视)</td><td>红色盲(第一色盲)</td></tr>
<tr><td>绿色盲(第二色盲)</td></tr>
<tr><td>紫色盲(第三色盲、青黄色盲)</td></tr>
<tr><td rowspan="3">部分色弱(异常三色视)</td><td>红色弱(第一色弱)</td></tr>
<tr><td>绿色弱(第二色弱)</td></tr>
<tr><td>紫色弱(第三色弱、青黄色弱)</td></tr>
<tr><td rowspan="3">后天性</td><td colspan="2">完全色盲</td></tr>
<tr><td rowspan="2">部分色盲</td><td>红绿色盲</td></tr>
<tr><td>紫色盲(青黄色盲)</td></tr>
</table>

(二) 颜色的三属性

色调、明度和彩度是颜色的三个重要特性，用它们来标明颜色的特性和区分颜色的差别。

1. 色调

用“H”表示，又称色相，是区分不同色彩的视觉属性。色相是色彩的首要特征，是区别各种不同色彩的最准确的标准。它取决于光源的光谱组成以及物体表面对各种波长可见光的反射比例，是表示物体的颜色在“质”的方面的特性。在测量颜色时，可用色相角 H 及主波长 λ_d(nm)表示。

从光学意义上讲，色相差别是由光波波长的长短产生的。即便是同一类颜色，也能分为几种色相，如黄颜色可以分为中黄、土黄、柠檬黄等；灰颜色则可以分为红灰、蓝灰、紫灰等。光谱中有红、橙、黄、绿、蓝、紫六种基本色光，人的眼睛可以分辨出约 180 种不同色相的颜色。

不同色调也有不同亮度，如在太阳光谱中，紫亮度最低，红和绿亮度中等，黄色亮度最高。

2. 明度

简称“L”，本质是说明从有色物体表面反射能量的量。是人眼对物体明亮程度的感觉，是表示物体的颜色在“量”方面的特性。明度与光源亮度有对应关系，光源亮度愈高，则观察到的颜色明度也愈高，但由于人的视觉灵敏度有限，所以当光源亮度变化不大时，往往感觉不到明度的变化，所以明度和亮度又是有区别的。

任何色彩都存在明暗变化，其中黄色明度最高，紫色明度最低，绿、红、蓝、橙的明度相近，为中间明度。另外在同一色相的明度中还存在深浅的变化。如绿色中由浅到深有粉绿、淡绿、翠绿等明度变化。

3. 彩度

简称“C”，又称饱和度，是表示颜色是否饱和纯洁的一种特性。饱和度取决于物体表面对光的反射选择性程度。若对某一很窄波段的光有很高的反射率，而对其余波长的光反射率很低，则说明其反射选择性程度很高，颜色的饱和度也高。

物体反射出的光线掺入白光成分愈多，就愈不饱和。当掺入的白光比例大到足以压倒或掩盖其余光线时，看到的就不再是彩色而是白色了。所以白色、灰色和黑色等无彩颜色的饱和度最低。

4. 颜色的命名

颜色的命名可以采用系统方法和习惯方法进行。

（1）颜色的系统命名

系统法对彩色类颜色是以色相修饰语加明度、饱和度修饰语加彩色基本色名而得，色相修饰语就是红的、黄的、绿的、青的、紫的等。

（2）颜色的习惯命名

1）以花、草、树木、果实的颜色命名。例如玫瑰红、桃红、草绿、荷叶绿、橄榄绿、檀紫、竹叶绿、苹果绿、葱绿、橙黄等。

2）以动物的特色命名。例如鹅掌黄、鼠背灰、鸽灰、孔雀蓝、蟹青等。

3）以天、地、日、月、星辰、山水、金属、矿石的颜色命名。例如天蓝、土黄、月灰、水绿、金黄、银灰、石绿、翠绿、钴蓝、铅白、锌白、湖蓝、石青等。

4）以染料或颜料色的名称命名。例如苯胺紫、甲基红等。

5）以形容色调的深浅、明暗等形容词命名。例如朱红、蓝绿、紫灰、明绿、鲜红等。

6）以古今中外词汇中常用的抽象名词或形容词命名。例如枯绿、满江红等。

7）习惯称呼的颜色名称有酱紫、肉色等。

（三）调色材料、设备和工具

色母就是各种颜色之母，汽车涂料千变万化的颜色都是由数量有限的色母调配而成。

（1）本色和金属色面漆

在汽车涂装中，汽车面漆的颜色可分为两大类：本色（solidcolors）和金属色（metallic-colors）。本色按其色彩又可分为有彩色（系指红、黄、蓝、绿等带有颜色的色彩）和无彩色（系指白、灰、黑等不带颜色的色彩）。金属色也可细分为金属闪光色和珠光色，并有彩色化的倾向。

1）本色面漆。是用一般着色颜料配制的面漆，其着色均一，涂膜不透明。光线照射到本色漆涂膜表面，颜料对其选择性吸收后，再经过颜料颗粒散射到各个方向，如图4-8所示。只要在入射光的一侧观察，观察的角度对颜色影响不大。一般取45°作为对比颜色的观察角度。

2）金属色面漆。金属闪光色涂膜的光学特性与本色有差异，透过清漆涂膜层的入射光受颜料选择性吸收、颜料颗粒的散射、镜面反射和金属与珠光片的边缘发生漫反射后，到达人眼，而得到闪耀的金属光泽感，如图4-9所示。

金属闪光色与本色的不同点是闪光涂膜的扩散反射光少，接近正反射光强，随着观察角度变化，涂膜的颜色随之变化，具有颜料的方向性。而本色涂膜是以在涂膜内部多次反射的散射光为主体。

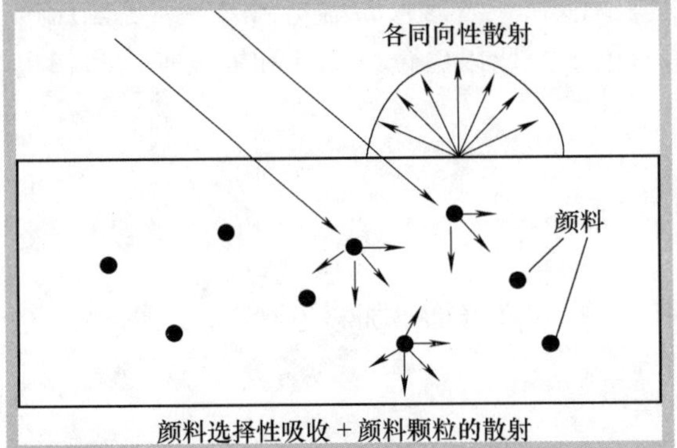

图 4-8　本色漆光谱特性

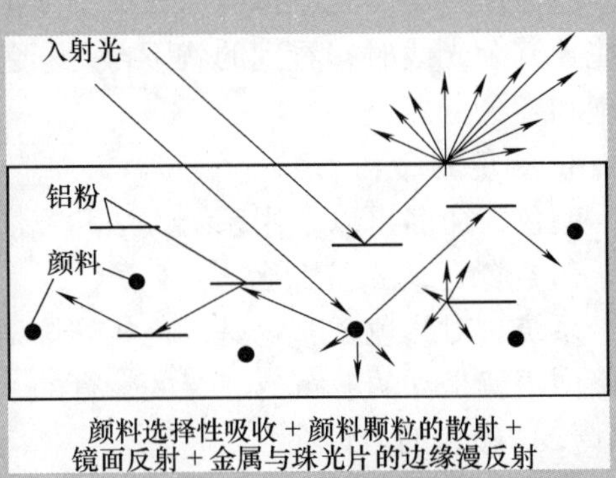

图 4-9　金属漆光谱特性

（2）色母系统

目前汽车修补涂料主要采取两种方法设计色母系统：

1）把色母分为两个系列，色母中已经加入不同系列的树脂，一个系列是单工序面漆的色母，另一个系列是双工序和三工序面漆的色母。例如德国巴斯夫汽车修补漆采用的就是该种色母系统。

2）只使用一套色母，调色后在色母中加入树脂，由加入的树脂类型决定面漆的性质，是单工序或双工序。例如美国 PPG 汽车修补漆采用的就是该种色母系统。

涂料供应商会将各种色母编好号码作为该色母的代号，形成一个系列，各个系列之间的色母不能通用。比如德国鹦鹉牌汽车漆：22—系列代表素色面漆色母；55—系列代表双工序底色面漆色母；90—系列为水性漆色母。国产银帆牌汽车修补漆：FM200 系列（表 4-4）代表双组分素色面漆色母；FM100 系列（表 4-5）代表单组分金属漆面漆色母。

注意：

涂料品牌众多，不同品牌的涂料色母不宜掺和使用。

表 4-4　银帆 FM200 双工序素色系列

代号	颜色	代号	颜色	代号	颜色
FM200	特白	FM218	有机蓝	FM227	红紫
FM201	纯白	FM219	紫蓝	FM228	亮红
FM204	浓黑	FM220	紫色	FM229	褐红
FM205	特黑	FM222	玫瑰红	FM230	土黄
FM206	纯黑	FM223A	紫红	FM231	中黄
FM210	纯绿	FM224	鲜红	FM232	柠黄
FM212	黄口绿	FM225	砖红	FM233	深黄
FM215	纯蓝	FM226	橘红	FM235-A	美光黄
FM216	调蓝	FM226-A	鲜橘红	FM236	彩黄

表 4-5　银帆 FM100 双工序底色漆系列

代号	颜色	代号	颜色	代号	颜色	代号	颜色
FM101	特细银	FM117	墨黑	FM145-A	中黄	FM164-A	红珍珠(细)
FM102	细亮银	FM120	紫色	FM150	透明红	FM163	红珍珠
FM102-A	细闪银	FM125	通用蓝	FM150-A	透明鲜红	FM164	浅黄珍珠
FM103	中灰银	FM126	调蓝	FM151B	紫红	FM165	青绿珍珠
FM104	中粗银	FM127	标准蓝	FM152	玫瑰红	FM166	宝红珍珠
FM105	粗银	FM128	有机蓝	FM153	粟红	FM167	紫珍珠
FM106	中细银	FM129	紫蓝	FM154	红紫	FM168	紫红珍珠
FM107	亮白银	FM131	调绿	FM155	鲜红	FM169	红铜珍珠
FM108	特粗银	FM132	青金	FM160-A	白珍珠(细)	FM170	枣红珍珠
FM109	调白银	FM133	黄口绿	FM160	白珍珠(中)	FM171	金黄珍珠
FM111	调白	FM135-A	芥末绿	FM161-A	绿珍珠(细)	FM190	金红
FM112	宝石白	FM140	透明黄	FM161	绿珍珠	FM192	褐红
FM114	浓黑	FM141	棕红	FM162-A	蓝珍珠(细)		
FM115	通黑	FM142	鲜黄	FM162	蓝珍珠		

三、任务实施

教师在实训前应为每组准备好如下工具与设备：

1）《色盲检查图》（人民卫生出版社,俞自萍绘著）。

2）调色架：色母、搅拌头、搅拌尺、开罐器。

3）比色卡、色母挂图。

4）电子秤、调漆容器。

（一）色盲检查

检查色觉异常使用《色盲检查图》，使用方法如下：

1）在明亮弥散光下(日光不可直接照到图上)，展开检查图。

2）被检者双眼以距离图面 60~80cm 为标准，但也可参照具体情况酌情予以增加或缩短，不能超过 50~100cm 范围，并不得使用有色眼镜。

3）一般先用“示教图”教以正确读法。如被检者已知读法，就可任选一组让其读出图上数字或图形，愈快读出愈好，一般 3s 就可得答案，最长不得超过 10s。

一般体检可采用简单数字组，成人文盲可采用简单几何图形组，儿童采用动物图形较好。特殊检查(即较精细的检查,如特种兵体检)可采用较复杂数字组，必要时可采用多组检查。

4）本检查图共分五组：1、2、3、4 组为先天性色觉检查之用，可任选一组进行检查；检查后天性色觉障碍，可采用第 5 组。第 1 组为简单数字，共 13 幅图；第 2 组为几何图形，共 9 幅；第 3 组为图画，共 15 幅；第 4 组为多位数字，共 14 幅；第 5 组为后天性色觉障碍检查图，共 14 幅。

5）遇到可疑时，不妨停顿一下，再予以仔细检查。色觉正常而反应迟钝的人，有时可能会答错，不能以一图或一字之差就判定为色盲或色弱。必要时可以采用全部图来检查，或者采用其他色盲检查图来辅助检查。

6）色盲检查实例：对于图 4-10，正常的人会读出“26”；如果是红色盲和红色弱会“6”；如果是中红色弱“6”会比“2”清楚；如果是绿色盲和红色弱会“2”；如果是中红色弱“2”会比“6”清楚。

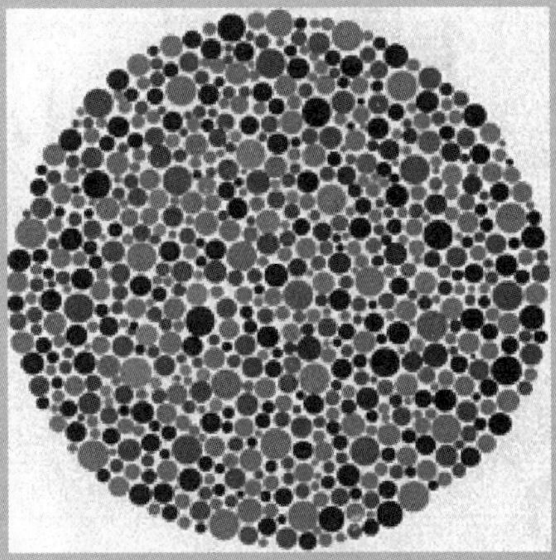

图 4-10　色盲检查图例

（二）调色架的使用和保养

（1）安装搅拌头

1）色母按包装的不同有 0.5L、1.0L、4.0L 等几种规格，根据不同的容积大小选择相应的搅拌头。

2）用专用的浆罐开启器将色母包装盖打开。不要使用螺钉旋具等工具，防止将罐口边缘撬变形，导致搅拌头与浆罐密封不严而漏出色母，或有异物进入色母罐中，而影响色母的质量。

3）用油漆搅拌尺或专用的振荡器将色母搅拌均匀。

4）小心地将搅拌头下部的螺旋桨放入色母罐中，确定好搅拌头的位置。注意一定要保证油漆出口与浆罐上的色母标签保持一定的角度，角度在 90°~180°之间，如图 4-11 所示。防止由于油漆在倾倒过程中，粘附到浆罐上而遮盖住标签，同时还便于观看，保证色母使用的方便。

5）确定好搅拌头的位置后，下压将其固定，同时边向下压，边旋转固定旋钮，保证搅拌头与浆罐连接紧密牢固，如图 4-12 所示。

图 4-11　调整出漆口与标签之间的角度

图 4-12　安装搅拌头

6）安装完搅拌头后将色母罐摆放到搅拌架上。色母在调色架上的摆放要按一定规律，比如素色漆的色母与金属漆的色母要分开摆放，例如巴斯夫鹦鹉牌汽车修补油漆色母，22—系列为素色色母，在调色架上要摆放到一起；55—系列为金属漆色母，它们要摆放在一起。同一系列的色母要根据色母代号的顺序摆放。

注意：

色母搅拌浆盖出漆口涂料应及时清除，否则会造成安全隐患、影响称重精确、影响调色准确度、影响色母滴加的可控性。

（2）调色架的使用

1）设备应安装在干燥、通风良好，远离热源(可燃气体)，避免阳光直射的地方。

2）温度要适中，一般为10~30℃之间，最好能保持在20℃左右。

3）所用的油漆桶应与设备相配套，所有的油漆桶不应有变形。应确保油漆桶上的浆盖已盖紧。

4）把油漆桶安装在设备上面之前，必须首先充分搅拌，然后逐次放在运转的搅拌机搁板上相应位置。

图 4-13　起动调色架

5）定期对调色架的传动部件进行润滑。

6）搅拌前要检查浆罐是否摆放牢固，搅拌头是否被正常驱动，如果有问题要及时调整，保证色母被充分搅拌。

7）每天早晨工作前，起动搅拌机工作15min，下午工作前再搅拌15min，如图4-13所示。

注意：

色母上架后保持期一般不超过一年，时间太长质量下降，还会影响调色精确度。

（三）调色配方的使用

近年来，汽车颜色数量增长很快，仅用于轿车颜色的配方就在40000个以上。

1. 标准配方的使用

1）标准配方里包含颜色代号、车色名称、使用的车型、色母代号、色母量等信息。图4-14所示为巴斯夫鹦鹉牌汽车修补油漆标准配方。

2）1L单量配方。各个色母后的质量数代表它的实际质量。

3）1L累积配方。色母后的质量数为本身和其前几种色母的质量和。

色号:LB5N		
车色:珠光靛蓝(偏浅红)		
车型:捷达/宝来		
色母	1升单量	1升累积
35-M00	267.6	267.6
35-M1510	331.1	598.7
35-M351	172.1	770.8
35-M1910	61.0	831.8
35-M1940	45.9	877.7
35-M1920	33.3	911.0
35-M1120	9.8	920.8
35-M1010	1.0	921.8

图 4-14　标准配方

注意：

①所有色卡的配方在颜色调配时，试板都是用自动喷涂机喷涂的，喷涂的效果与手工喷涂的效果肯定不同。但由于手工喷涂的灵活性，有时可以通过施工者改变喷涂的方式，就能得到色卡所显示的颜色。

②在比较色卡和车身颜色时要考虑到所有造成误差的因素，因为一个色卡与车身完全相符的情况发生的概率非常低。

③在配方中调配好的油漆是按体积计算的，而色母的加入量是按质量计算的，根据公式：质量=体积×密度，921.8g LB5N 油漆的体积为 1L。

4）实际工作中可以根据需要的油漆量，按比例去调整配方，见表 4-6。比如需要调 A4D/北极白油漆 0.1L，需要将配方中所有色母的量除 10 可得到 0.1L 油漆的配方。

表 4-6　根据需要调整油漆配方

颜色代号：A4D/北极白(偏深黄)			
车型：马自达 6			
色母	1L 累积/g	1L 单量/g	0.1L 单量/g
522-M0	198.4	198.4	19.8
22-M60	1169.2	970.8	97.1
22-A105	1227.1	57.9	5.79
22-A126	1266.4	39.3	3.93
22-A131	1278.1	11.7	1.17

2. 配方的获得

(1) 直接获得

大部分进口汽车会将颜色代号标注在汽车车身某处的铭牌上，根据油漆代码可以直接查到车身颜色的配方。表 4-7 列出了部分常见车型的漆码位置，以供查阅方便(表中的漆码位置标号参看图 4-15)。

表 4-7 部分常见车型的油漆代码位置

车厂(车牌)	漆码位置	车厂(车牌)	漆码位置
奔驰	2 3 8 10 12 15	雷克萨斯	3 7 10 15
奥迪	14 17 18	马萨拉蒂	5
宝马	2 3 4 7 8	马自达	7 10 15
克莱斯勒	2 4 5 8 9 10	阿库拉	15
雪铁龙	2 3 4 7 8 10	三菱	2 3 4 5 7 8 10 15
大宇	2	日产	2 4 7 10
法拉利	5 18	欧宝	2 3 4 7 8 10
菲亚特	4 5 14 18	标致	2 3 8
雷诺	3 7 8 10 15	欧洲福特	2 3 4 7 8 15 17 18
福特	15	劳斯莱斯	3 5
通用	2 7 10 15	萨伯	3 8 10 15 17
本田	15	双龙	12 15
现代	2 7 10 12	斯柯达	8 10 17
依维柯	5	丰田	3 4 7 8 10 11 12 15 17
美洲豹	2 4 5 15	大众	1 2 3 7 8 14 17 18 19

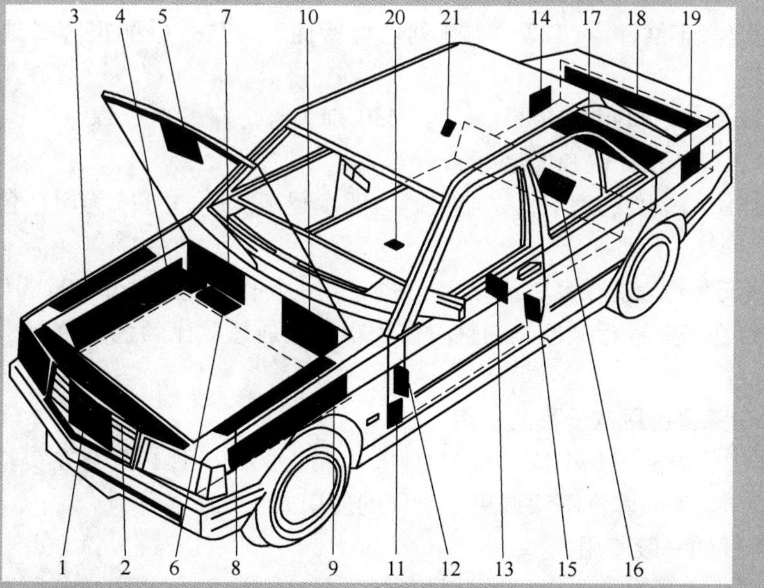

图 4-15 汽车油漆代码位置

（2）利用比色卡获得配方

1）首先根据车辆的产地、品牌等信息找到合适的色卡册，如图 4-16 所示。比色卡由涂料生产商提供，会根据车辆的产地分成多册，有国产车色卡、欧美车色卡、日本车色卡等。同时每一册又根据车辆制造厂或颜色组别分类，例如国产车色卡里根据厂名分为上海大众车色卡、一汽丰田车色卡、北京现代车色卡等。

图 4-16　成册的比色卡

2）色卡的正面是标准油漆小样和颜色代号，背面为对应的油漆配方。将车身颜色与色卡正面的小样进行对比，找到接近或相似的小样。小样背面可以找到对应油漆颜色的标准配方。

（四）色母特性表的使用

使用色母指南的色卡，目的都是为了让调色人员能够明了、直观地了解该品牌色母的特性，方便调色。色母指南的色卡能提供该色母在素色漆中特性、该色母在金属漆中特性、金属颗粒大小、该色母遮盖力等信息。

为了调色方便，油漆经销商都会提供配套的色母特性表(也叫色母挂图)。图 4-17 所示为巴斯夫鹦鹉汽车修补漆“22—”系列色母特性表，从表中能很容易地找到各个色母的特性。

1）M326、M43、M40、M68、M52、M30 别为红、橙、黄、绿、青、紫六种基本色母，它们的色相最纯正，饱和度最好。

2）色母挂图的中心明度最低，半径越大明度越高。例如 M26 为黑色色母，M60 为白色色母。

3）利用色母特性表能很容易的判定出一个色母的特性，例如色母 M96 为偏黄的绿色。

4）色母特性表在进行颜色微调整时作用很大，通过对比颜色的色差来确定需要调整的色母。

（五）汽车漆调色用电子秤的使用

一般工作中仅需使用到小数点后 1 位(0.1)精度的电子秤，只有在实验室中才用到两位精度的电子秤。某品牌汽车漆调色电子秤的使用方法如下：

（1）电子秤的一般使用

1）准备。电子秤是称量色母质量的工具，是精密设备，如图 4-18 所示。它应水平放置在调色架的附近以方便称量。同时避免在工作中受到振动而影响精度。

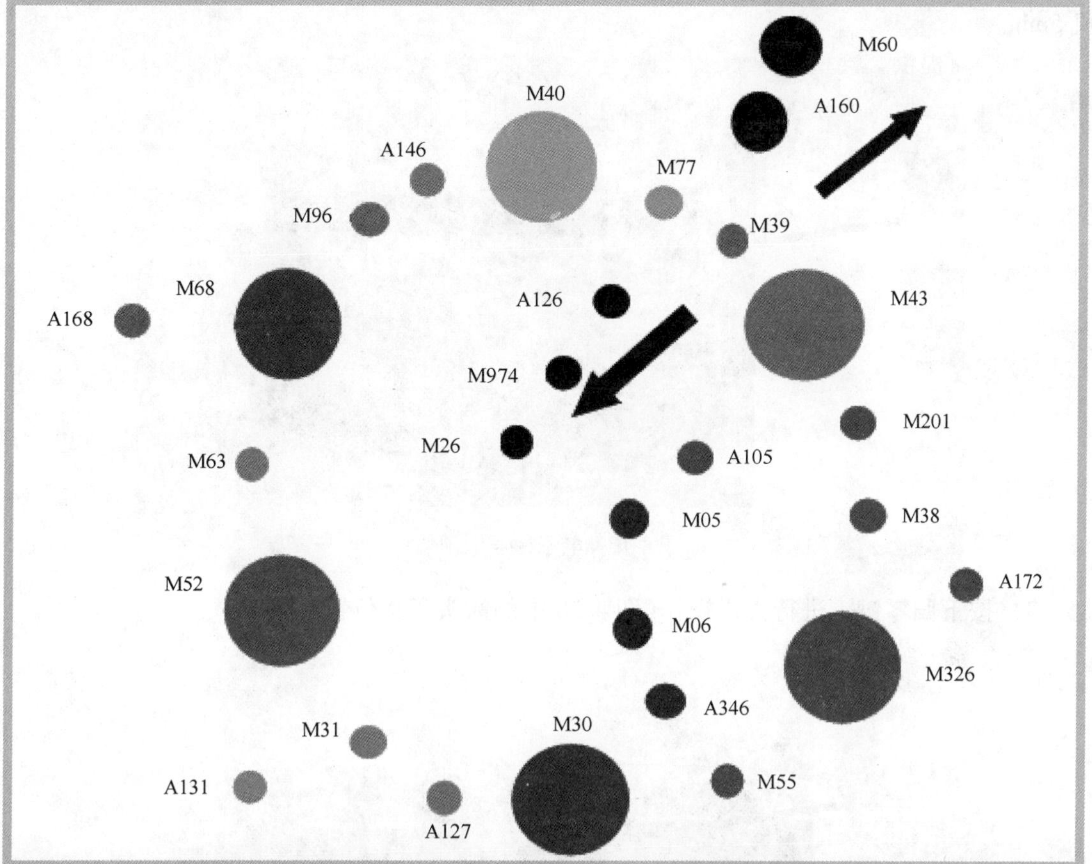

图 4-17　鹦鹉漆 22 系列色母特性表(色母挂图)

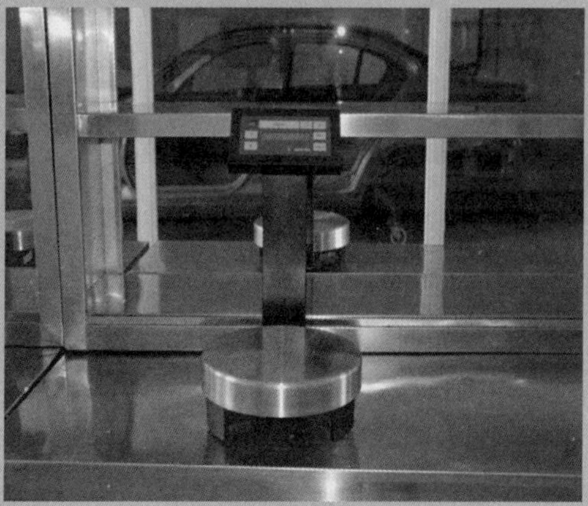

图 4-18　准备电子秤

2）打开电子秤电源开关，按下电子秤电源键（图 4-19 中的箭头所指位置），暖机 5min。

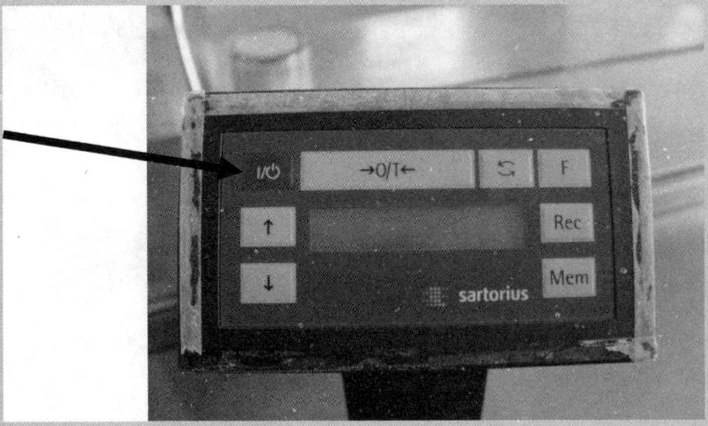

图 4-19 电子秤通电预热

3）按下归零键，进行去皮操作（图 4-20 中的箭头所指位置）。

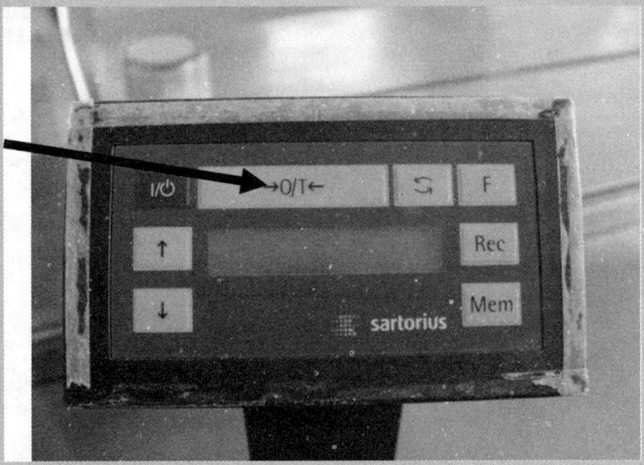

图 4-20 电子秤归零

（2）电子秤的菜单设置

屏幕显示设置情况，如图 4-21 所示。

1）关机，再开机。仪器自检时按一下 →0/T← 键，显示数字“1”。按 →0/T← 改变数字大小。

2）按 ⟳ 显示第二位数字，按 →0/T← 改变数字大小。

3）再按 ⟳ 显示第三位数字，按 →0/T← 改变数字大小。

4）然后按住 ⟳ 2s，直到显示“。”，说明新代码已设置完成。

5）再按住 →0/T← 2s，直至仪器开始自检，松开按键，新代码已被储存。

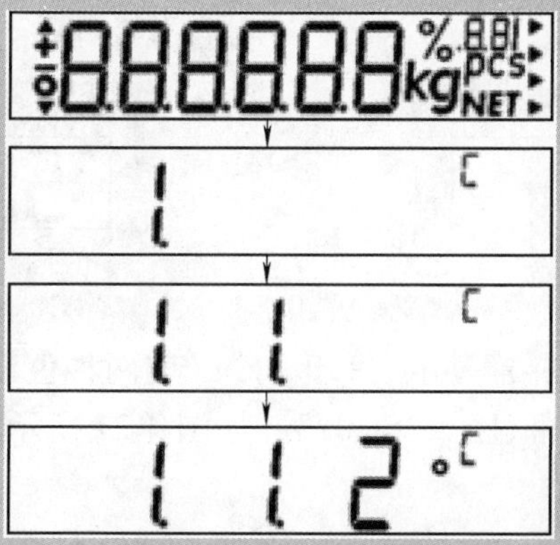

图 4-21 电子秤的菜单设置

6）为适应不同的环境要求，可以选择不同的菜单代码，见表 4-8。

表 4-8 不同的菜单代码

环境状态	代码
非常稳定	111
稳定(出厂时设定)	112
不稳定	113
非常不稳定	114

（3）重计算功能

根据表 4-9 所示的标准配方进行调色时，若第二种色母以后的某一种质量加多了，为了不影响调配后的油漆颜色，其他的色母质量都需要按比例进行调整。如果手工计算会非常麻烦，这时可以利用电子秤的重计算功能，便可很方便地将油漆调配好。具体方法如下：

表 4-9 某颜色的 1 升累积配方

色母	1L 累积/g
色母 1	50. 0
色母 2	110. 0
色母 3	200. 0
色母 4	1002. 0

1）在电子秤上放上一调漆容器，屏幕显示容器的重量，如图 4-22 所示。

2）按 →0/T← 除皮，屏幕显示“0. 0g”，如图 4-23 所示。

图 4-22 容器重量

图 4-23 去皮

3）按配方加入色母 1，屏幕显示“+50. 0g”，如图 4-24 所示。

4）按**[Mem]**键存储，屏幕显示“Sto01”，如图 4-25 所示。

图 4-24　加入色母 1

图 4-25　存储色母 1

5）按配方加入色母 2，屏幕显示“110. 0g”（前两种色母重量和），如图 4-26 所示。

6）按**[Mem]**键存储，屏幕显示“Sto02”，如图 4-27 所示。

图 4-26　前两种色母重量和

图 4-27　存储前两种色母

7）按配方加入色母 3。配方要求的正确重量是 200. 0g（前三种色母重量和），如果因为操作不当加多了 3. 0g，屏幕显示“203. 0g”（前三种色母重量和），如图 4-28 所示。

8）按**[Mem]**键，启动重新计算功能，屏幕闪烁“C”，如图 4-29 所示。

图 4-28　加入色母 3

图 4-29　启动重计算

9）按**[Mem]**键，将数值修正到 200. 0g，如图 4-30 所示。

10）按**[Mem]**键存储，屏幕显示“Sto03”，如图 4-31 所示。

图 4-30　修正数值

图 4-31　修正后存储

11）屏幕闪烁“C1”。电子秤自动计算出色母 1 需要再加入“1. 7g”，如图 4-32 所示。

12）向容器中加入色母 1，直至电子秤屏幕显示“0. 0g”，如图 4-33 所示。

图 4-32　色母 1 需多加量

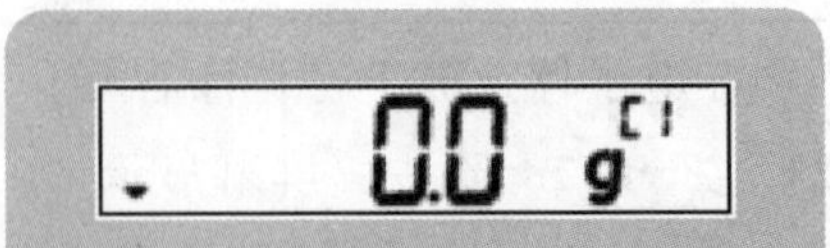

图 4-33　色母 1 加完

13）按**[Mem]**键存储，屏幕显示“Sto01”，如图 4-34 所示。

14）屏幕闪烁“C2”。电子秤自动计算出色母2需要再加入“2.0g”，如图4-35所示。

图4-34 调整后存储图

图4-35 色母2需多加量

15）向容器中加入色母2，直至电子秤屏幕显示“0.0g”，如图4-36所示。

16）按**[Mem]**键存储，电子秤自动返回配方称重模式。如图4-37所示。

图4-36 色母2加完

图4-37 返回配方称重模式

17）按**[Mem]**键，检查总重量（以升为单位），屏幕显示“A1.03”。如图4-38所示。

18）按配方加入色母4，直至屏幕显示“1002.0g”。如图4-39所示。

图4-38 检查总重量

图4-39 加入色母4

（4）电子秤使用注意事项

1）在称重色母的过程中，涂料罐要轻拿轻放，避免强风吹过，还要避免涂料罐与调色容器接触，以免引起度数不稳定。

2）不要在电子秤上搅拌色母，以免损坏电子秤，或降低其精度。

3）如果不小心将色母滴到电子秤上，一定要及时将其清除，以免影响称量结果。

4）按照说明书的指示，定期校正电子秤。

5）一般的汽车漆调色工作中，仅需要使用到小数点后一位精度的电子秤，只有在实验室中才用到两位精度的电子秤。一般汽车油漆调色用的电子秤最大量程为7.5kg，使用时要仔细阅读说明书，不要超量程使用。

6）电子秤使用完毕后，要及时关闭电源，有条件的使用完毕用罩保护好。

⚠ 注意：

使用电子秤称重色母时要避免振动而影响精度，涂料罐称重轻拿轻放，不可在秤上搅拌色母。按照说明书的指示，定期校正。避免气流影响，引起读数不稳定。保持清洁。

实训记录单

班级学号		姓名	

1. 请将色母罐搅拌头的安装和调色架使用方法记录在下面：

需要注意事项有哪些：

2. 请将查找的车身颜色配方记录在下面：

你是如何获得的：

3. 使用色母特性表，描述一种色母的特性如下：

选择两种色母，按特性表将其差异描述如下：

4. 请将电子秤按配方调配涂料，启用重计算功能，将操作流程记录在下面：

5. 实训中出现的问题、原因及解决办法：

6. 个人技能掌握程度：非常熟练□　比较熟练□　一般熟练□　不熟练□

教师评语：

实训记录成绩____分

____年____月____日

任务二　单工序素色面漆调色

学习目标

1. 掌握配色的类型和三原色。
2. 掌握色环中不同颜色之间的关系。
3. 掌握配色的基本原则。
4. 掌握颜色的同色异谱现象。
5. 掌握调色环境对调色实践的影响。
6. 能够进行汽车素色面漆的调色操作。

一、任务分析

将两个颜色调节到视觉上相同或等同的方法称为颜色匹配，简称配色。具体汽车面漆的调色便是利用不同颜色色母，按规定比例混合得到需要颜色的过程。

二、相关知识

1. 配色的类型

配色有两种不同的类型，一类是颜色相加混合，另一类为颜色相减混合。

(1) 颜色相加混合

色光相加后的混合色光，其明度是原来各单色光的明度之和，所以加色混合，明度与饱和度都提高，颜色鲜艳。譬如，彩色电视机的呈色是通过红、绿、蓝三色电子枪将彩色光束射在荧光屏上，依靠颜色叠加而获得各种各样颜色的。

(2)颜色相减混合

色混合的实质是色料的选择性吸收，使色光能量削弱。故色料相加，能量减弱，越加越暗，饱和度下降。涂料呈色就属于这一类。

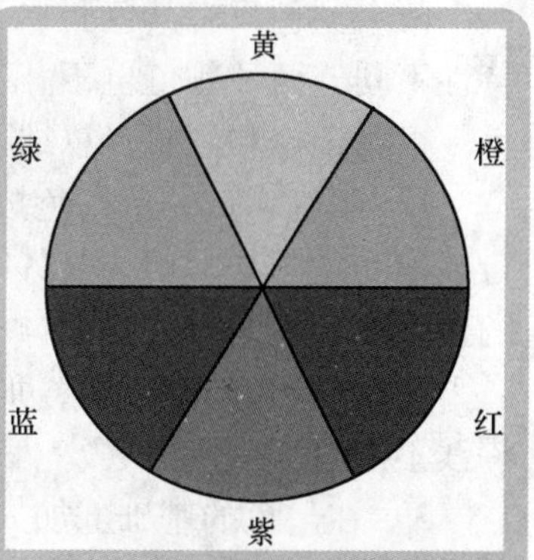

图 4-40　色环

(3) 三原色

在颜色相加混合中，称红、绿、蓝为三原色。在颜色相减混合中，称红、黄、蓝为三原色。

2. 色环

在调色实践中，把红、黄、蓝叫三基色，将橙、绿、紫叫次级色。这六种颜色构成了一个颜色圆环，叫色环，如图 4-40 所示。

(1) 基色

基色是其他每一个颜色的基础，基色无法通过混合其他颜色获得。

(2) 间色

色环中两个基色之间的颜色为间色，间色可以通过混合基色而获得。比如红跟蓝按比例混合，可以获得紫色；红与黄混合，可以获得橙色；黄与蓝混合，可以获得绿色。若某种基色的比例大则混合色会偏向它的色相，比如红与蓝混合时，若蓝色比例大则为蓝相紫，若红色比例大则为红相紫。

(3) 补色

色环中相互对应的颜色叫补色，比如红和绿、黄和紫、橙和蓝互为补色，如图 4-41 所示。如果混合两个补色，将得到一个灰暗的颜色，这两个颜色相互减弱对方。因此在实际调色工作中，尽量避免使用补色。

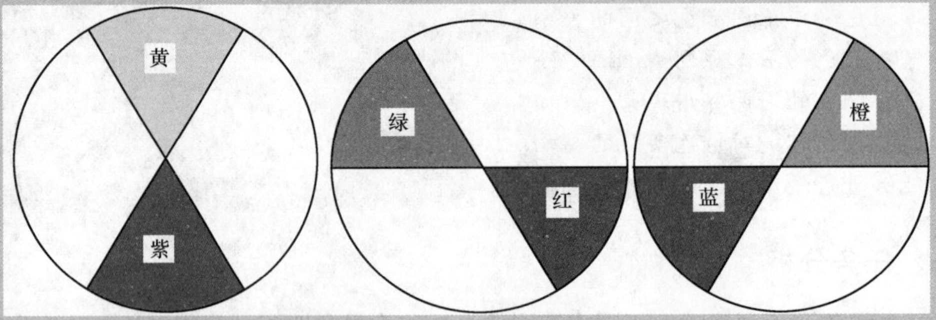

图 4-41　色环中的补色

(4) 基本色

在从事颜色系统的工作时需要用到红色、黄色、蓝色、绿色、黑色和白色，这六个颜色叫基本色。

3. 配色原则

两个颜色只有其色调、彩度、明度三者都相同，这两种颜色才相同。否则，其中一个特性不同，两种颜色也不相同，改变颜色特性三个参数中的一个，便可获得一种新的颜色。根据理论和经验，总结了配色三原则如下：

1) 用红、黄、蓝三色按一定的比例混合便可获得不同的中间色。中间色与中间色混合或中间色与红、黄、蓝其中的一种混合又可得到复色。这些颜色的获得是通过改变颜色的色调来实现的。

2) 在呈色的基础上，加入白色将原来的颜色冲淡就可得到彩度不同(即平时所讲的深浅不同)的复色。

3) 在呈色的基础上加入不等量的黑色，就可以得到明度不同的各种颜色。

将上述配色三原则组合应用，即在某一颜色的基础上同时改变其色调和明度、明度和彩度、色调和彩度两个属性，或同时改变色调、明度和彩度三个属性，就会得到千差万别的颜色来。

4. 颜色的同色异谱现象

当一对颜色在某一光源下，所呈现的颜色是相同的，而在另外的光源下，其呈现的颜色有差异，此现象称为同色异谱，也称为同色异构。同色异谱现象有光源同色异谱、观察者同色异谱、几何同色异谱等几类。

1）如果颜色不匹配是由光源的变化所引起，则产生的现象称为光源同色异谱。发生光源同色异谱现象，说明这对颜色本身不相同或相近。在实际调色中，要在不同的光源下对比颜色，避免发生光源同色异谱现象。

2）如果颜色不匹配是由观察者的变化所引起，则产生的现象称为观察者同色异谱。

3）如果一对颜色于某一检测角度下相匹配，但角度改变则不相匹配，这现象称为几何同色异谱，如天鹅绒等。

注意：在汽车涂料调色中，如果出现了严重的异构现象，基本上都与色母选用不当有关，这时一定要改变所用的色母。

5. 调色光源的选择

我们遇到的物体常处在各种不同光源的照明下，最重要的光源是日光和灯光。照明光源不同，物体的颜色就会有差异，为了统一测量标准，CIE 规定了标准光源，如 D65 光源、A 光源、F 光源等。

油漆调色时，要求在天气情况良好的前提下，调色的最佳时间是上午 10 到下午 3 点这段时间。当太阳光线的条件不具备，而还需要调色时就要使用 CIE 规定的标准光源，进行颜色对比，使所调颜色尽可能准确。

6. 环境对配色的影响

颜色的感觉会受到被观察物体周围环境的影响，如将一块灰色纸片放在白色背景上看起来发暗，而放在黑色背景上看起来发亮。同时也要受到观察者观察前眼睛观看过其他颜色历史的影响（当然是很短时间以前的历史）。例如你刚看过鲜红色，移开眼睛至白色底板上，就会感觉看到原物体绿色的影子。

因此，我们在做汽车涂料配色工作时，一定要保证看色时没有受到环境的影响，所看的颜色是真实的，是有实际参考价值的，这一点非常重要。图 4-42 中白车的右后部须修补，对于调色工作，其中有六处错误分别是：调色人员黄色的工作服、后部的蓝色墙面和黄色的发动机舱盖、左侧红颜色的汽车、红外线烤灯以及选取的对比颜色的位置。

三、任务实施

教师在实训前应为每组准备好如下工具与设备：

1）喷枪、电子秤、喷漆间、烤箱。

2）喷涂样板、调漆比例尺、过滤漏斗、调漆容器。

3）色卡箱（内含有实验用车型的色卡）、素色漆色母挂图、素色漆色母、标准色板（教师提前喷好）。

4）个人防护用品。

现有一辆白色单工序素色汽车需要调色，使用德国鹦鹉汽车修补漆系统进行调色，调色步骤如下。

（一）能直接查到颜色代码的调色方法

如果在车身某处能够找到涂层颜色代码，找到颜色代码为“A4D”，按下述程序进行调色。

1. 查阅 A4D 颜色配方

1）按所查得的油漆代码 A4D，找到相应的色卡（或色卡组）。

图 4-42　环境对调色的影响

2）将距要修补区域近并且颜色一致处用抛光蜡抛光。

3）将所选的色卡与车身颜色相对比，找到最接近的色卡（从色卡组中）为 A4D/北极白（偏深黄）。

注意：

调配素色漆时，由于色母颜料的“沉降效应”，烤干后的漆面都会显得偏暗一点。要选择色度和明度比车身颜色高的色卡，在这个色卡的配方基础上调色，因为素色漆很容易从鲜艳、明亮向灰暗方向调整。

4）在色卡的背面读取配方，并根据实际需要调配的油漆量，重新计算配方。按表 4-10，确定调 0.1L A4D 油漆的配方。

2. 准备色母和工具

根据选好的色卡和配方，准备需要用的色母和工具。

1）保证色母的数量足够，并已经搅拌均匀。

2）调配涂料的容器是干净的。

3）搅拌尺已准备好。

4）电子秤调试好。

5）色母挂图等准备齐全。

表 4-10 A4D/北极白 油漆配方

颜色代号：A4D/北极白(偏深黄)			
车型：马自达 6			
色母	1L 累积/g	1L 单量/g	0.1L 单量/g
522-M0	198.4	198.4	19.8
22-M60	1169.2	970.8	97.1
22-A105	1227.1	57.9	5.79
22-A126	1266.4	39.3	3.93
22-A131	1278.1	11.7	1.17

6）准备好喷涂样板。样板最好采用与汽车车身用相同类型的钢板，尺寸为 105mm×150mm，如图 4-43 所示。

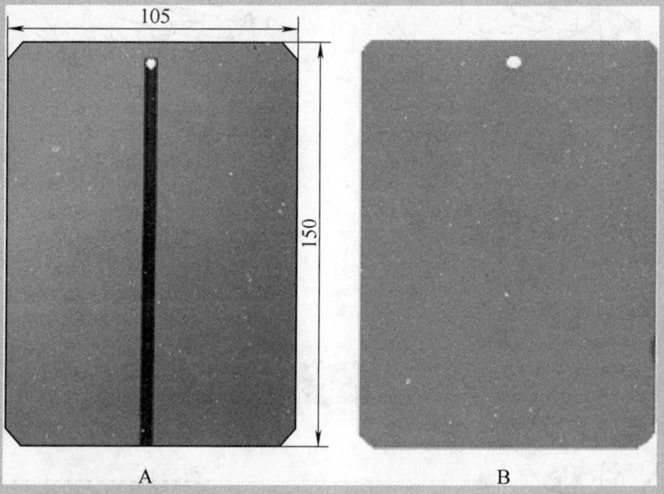

图 4-43 喷涂的试样
A—喷涂前 B—喷涂后

⚠ 注意：

试板的面积不宜太小，太小则对颜色的分辨不准确。至少应该在 100mm×150mm。

7）准备好喷枪等喷涂工具。

3. 计量添加色母

1）将电子秤预热并调校好。最好是在秤座上垫一张纸，将调容器放在纸上。

2）将电子秤归零，去除容器的重量。

3）按配方所列色母的顺序添加色母，522-M0 → 22-M60 → 22-A105 → 22-A126 → 22-A131。

注意：

① 称量色母时，累积质量要比单独质量的误差大。

② 如果按1L单量配方进行调色，则每次添加一种色母后，应将电子秤归零。除了第一个添加的色母外，如果添加了过多的色母，则需要重新调配，否则应进行麻烦的配方计算。

4）在添加色母时，最好首先倾斜漆罐，然后逐渐拉操纵杆，让色母慢慢倒出。如果先拉操纵杆，那么当漆罐倾斜时，可能有大量色母立即倒出。为了在倾斜末尾进行精细调整，也必须小心操作操纵杆，以控制色母流量，如图4-44所示。

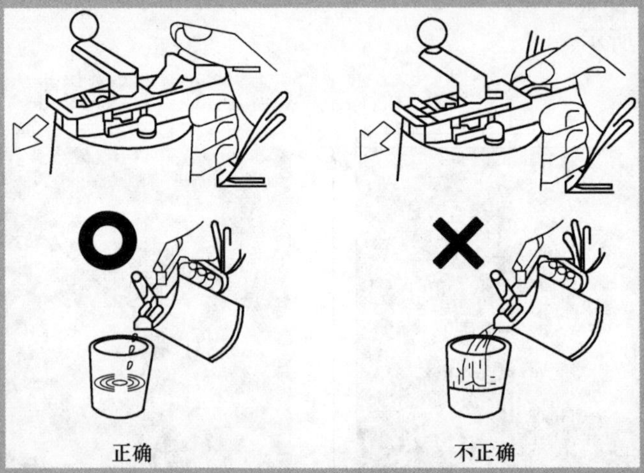

图4-44　添加色母

注意：

通常情况下，一滴色母的质量大约为0.02~0.05g。根据这一情况，我们在添加用量较少的色母时一定要仔细称重，尤其是色母量少的色母添加时更要注意。通过表4-11，我们不难发现用量少的色母的添加误差对颜色的影响很大。

表4-11　称量误差0.1g，对配方的影响

色母	累积/g	单量/g	多加量/g	所占比例(%)
M0	198.0	198.0	+0.1	0.050
M60	1230.1	1032.1	+0.1	0.009
A105	1275.6	45.5	+0.1	0.220
M26	1302.2	26.6	+0.1	0.380
M77	1306.7	4.5	+0.1	2.222

5）在添加完所有色母后，要用搅拌棒或比例尺混合涂料，以产生均匀的颜色。如果涂料粘到容器的内壁，要用搅拌棒刮下涂料，以防产生色差。

4. 初步对比颜色

1）添加并搅拌均匀后的涂料，从色相、明度、彩度三方面与待调配的标准色板进行比对，以保证调配良好。

2）首先用比较法、点漆法、涂抹法将调配的油漆与车身颜色进行简单对比。如果颜色偏差较大，利用色母特性表确定需要调整的色母。添加调整的色母时，一定要少量加，多对比。

3）将调整的色母用量做好记录。

5. 喷涂样板

喷涂试板是很重要的一步，湿涂料的颜色不能真实反映干涂膜的颜色，特别是金属漆中银粉的颗粒和亮度，不经过喷涂不可能把握得准确。

1）在调配好的油漆中取出少量，调配好。过滤后加入喷枪。

2）将喷涂样板固定好，并做表面清洁。

3）调整喷枪参数，按规范要求进行喷涂。

⚠ 注意：

喷涂样板时，所选用的喷涂参数(喷涂气压、漆流量等)应严格按照涂料使用说明书的建议调整，以保证与正式喷涂时的参数一致。

4）样板喷涂完成后，静置5min左右。放入烤箱中进行烘烤干燥。

6. 再次对比颜色

1）待样板干燥并冷却后，取出与车身颜色进行对比。

2）对比颜色一定要认真仔细，并最好在自然光下进行(也可在可重现自然光比色箱内进行,如图4-45所示)。更精确的则要在几种标准光源下对比。

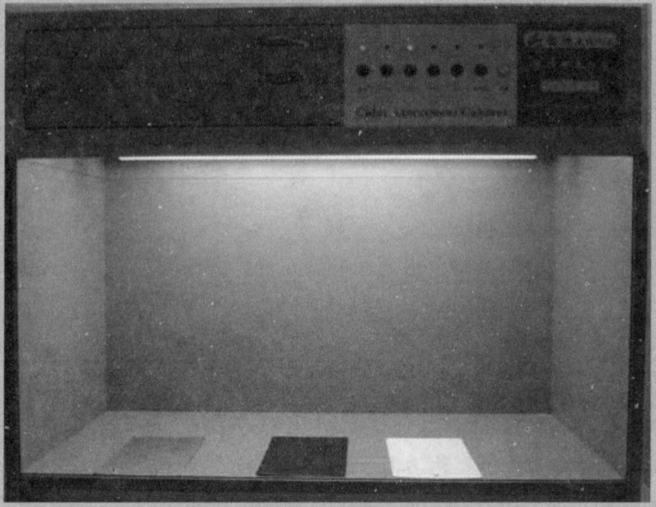

图4-45 标准比色灯箱

3）检查试板颜色需要注意以下几点：

① 不要在阳光直射或光线不足时检查颜色。

② 充分考虑周围的影响因素，如墙壁、车辆；还要考虑车身修补区域的影响因素，

如遮盖膜、氧化、老化、失光等。

③ 以第一次印象为准，盯视时间越长，越难以判断。

对比后颜色无误差，调配的涂料可以交付使用。

（二）不能直接查到颜色代码的调色方法

如未能找到颜色原厂编号，按下述程序进行。

1）按车型或车身颜色找到色卡扇，如图 4-46 所示。

2）选出合适的颜色色卡组，如图 4-47 所示。

图 4-46　选出汽车制造商色卡盒

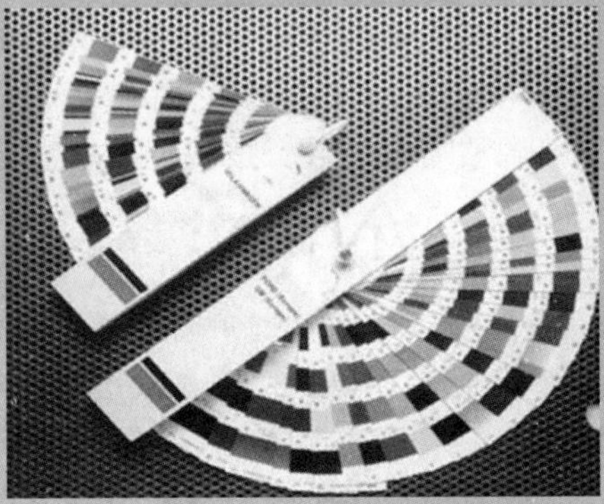

图 4-47　选出合适的颜色组别

3）用颜色近似的色卡逐一与车身对照，选出最吻合的颜色，如图 4-48 所示。

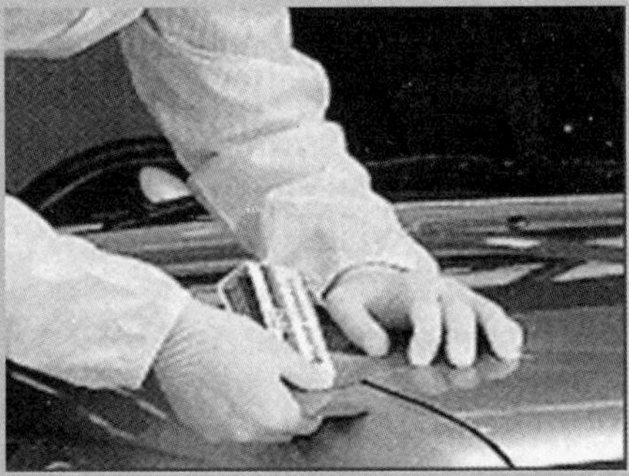

图 4-48　对照车身选出最吻合的颜色

注意：

调配颜色时，应掌握由浅入深、由艳到浊的手法。调配素色漆时，选择色度和亮度比车身颜色高的色卡。因为素色漆很容易从鲜艳、明亮向灰暗方向调整。

4）从色卡背面读取配方。

5）按实际需要的油漆量，调整配方指示进行调色。

6）喷涂样板，进行颜色对比。

对比后颜色无误差，调配的涂料可以交付使用。

实训记录单

班级学号		姓名	

1. 请将指导教师给出的原始配方记录在下面：

____

____

____

____

2. 请将喷涂的标准色试板与目标颜色的对比结果记录在下面：

____

____

____

____

3. 请将你根据比色卡得到的配方记录：

____

____

____

____

4. 请将喷涂的试板与目标颜色的对比结果记录在下面：

____

____

____

____

5. 实训中出现的问题、原因及解决办法：

____

____

____

____

6. 个人技能掌握程度：非常熟练□　比较熟练□　一般熟练□　不熟练□

教师评语：

实训记录成绩____分

____年____月____日

任务三　金属底色漆的调色

学习目标

1. 掌握金属漆的随角异色效应。
2. 掌握金属漆色母特性。
3. 掌握影响金属底色漆喷涂效果的因素。
4. 能够进行金属底色漆的调色。
5. 能够喷涂试板。
6. 能够正确对比试板颜色。

一、任务分析

金属闪光色涂装是在物件表面均一地涂覆含有铝粉等金属颜料的涂料，得到金属光泽的涂层色调的涂装。汽车车身用的金属闪光面漆涂膜一般是由含有随角异色效应的颜料（最典型代表是铝粉）的底色漆层和罩光层组成。罩光层又有透明无色罩光层和着色透明罩光层。为提高底色涂料的遮盖性，在涂底色涂料之前涂装采用与底色涂料的颜色相近似的中涂涂料（又称色封底中涂）。随上述的多种组合，可形成色彩多样化的、漂亮灿烂的金属闪光色。

金属底色漆调色工艺基本步骤与单工序素色漆调色一样，但是金属漆由于存在随角异色效应，颜色对比难度很高。只要把握住色母特性，细心分辨，还是能调出正确颜色的。

二、相关知识

1. 金属闪光色涂膜的随角异色效应

金属闪光色面漆涂膜不同于本色面漆涂膜的一个显著特点，就是具有随角异色效应（flip flop value），即随观察角度的变化而呈现不同明亮度及色彩，如图 4-49 所示。在观察金属闪光色涂膜的场合，随目视点 A 和 B 产生明度差。这种变化的程度称之为随角异色效应性（FF 值）。目视点 A 是正面反射光的高明度（称为最大亮度），目视点 B 的反射光低（称为底色），其落差就为 FF 值。FF 值越大，正面光和底色的明度差就大。随视角变异的明度差值越大越好，表现出金属感越强。

（1）影响随角异色效应的因素

金属颜料在涂膜中的排列状态、金属粒径和外观等都会影响随角异色效应。

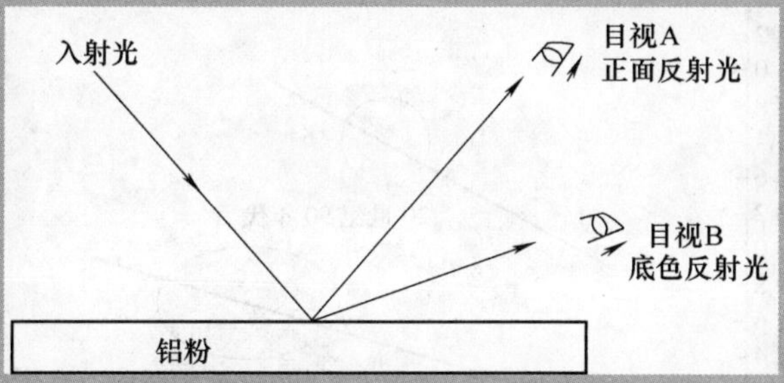

图 4-49　关于随角异色效应的图解

1）金属颜料在涂膜中的排列状态。如果片状铝粉或珠光颜料在涂膜中呈无规则排列，则光线照射在这些颜料上呈现漫反射，随角异色效应很小；如果片状铝粉或珠光颜料在涂膜中的排列呈有规则取向（平行于表面或底材），则入射光在其表面呈现定向反射，结果反射光强度很大，而在其他角度观察，光强度均很弱，造成强烈的随角异色效果，即在同一入射光角度下，随观察者视角的变化，涂膜的明度发生强烈的变化。

2）铝粉外观。随着金属闪光色技术的进步及完善，银色闪光面漆涂膜的外观可能达到“镀铬”和“镜面反射光”的装饰性外观。涂料供应商提供的铝粉浆，在影响涂膜外观的铝粉粒径、粒度分布及表面状态等方面都有较大的改善，如图 4-50 所示。

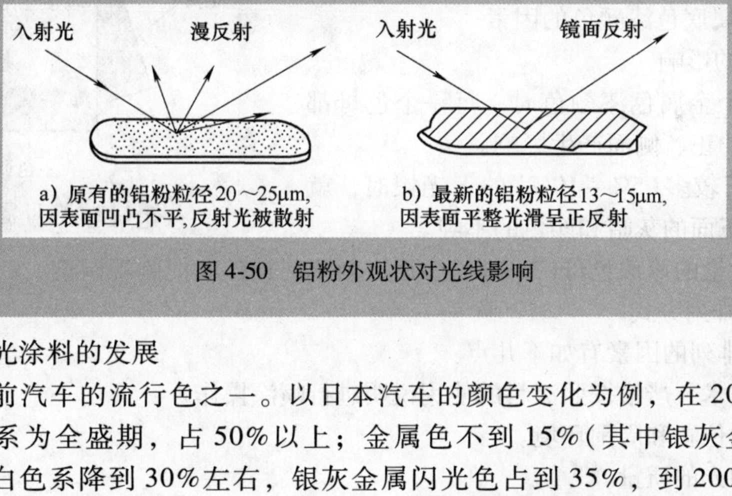

图 4-50　铝粉外观状对光线影响

2. 金属闪光涂料的发展

银色是当前汽车的流行色之一。以日本汽车的颜色变化为例，在 20 世纪 70 年代是本色的白色系为全盛期，占 50% 以上；金属色不到 15%（其中银灰金属色 10% 以下）。90 年代白色系降到 30% 左右，银灰金属闪光色占到 35%，到 2000 年已有超过 40%。银色盛行在于其形状或式样的清晰，你可以很清楚地看到汽车的轮廓线及形状，也对交通安全有利。特别是银色金属闪光色中最强表现金属感的代表色，具有抛光铝表面那样的金属光泽，能强烈反射太阳光，正反射光和底色的差大，表现出强的立体感。从图 4-51 能够看出，随着时间的推移，铝粉粒径逐渐变小，而随角异色效应逐渐增强。

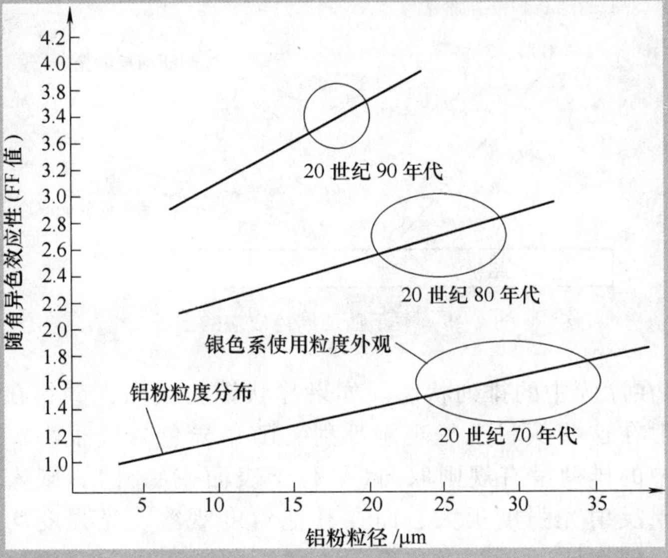

图4-51　铝粉的发展

3. 金属色母的特性

如图4-52所示，例如鹦鹉修补漆色母55-A136特性描述：主色调为偏绿黄，正面偏橙，侧面透明无影响。

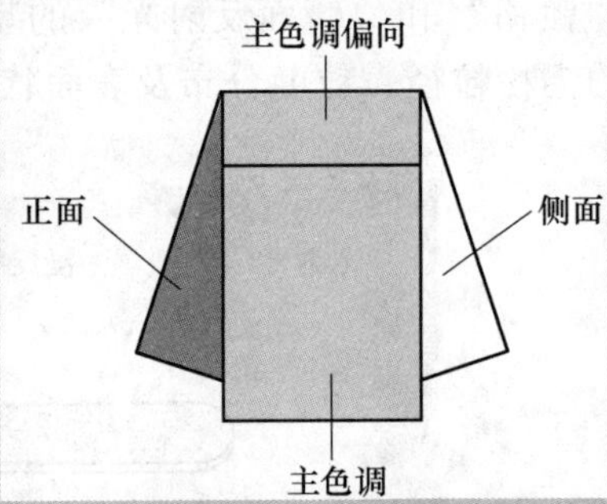

图4-52　色母特性举例

4. 影响金属底色漆颜色的因素

（1）色母的影响

在调配某个金属色漆颜色时，每一个色母都会对这个颜色的正、侧面产生影响。

1）使用了较多(5%~10%)的无光银时，就绝对无法消除正面的灰暗和颜色的不纯。

2）使用大量的珍珠色母(30%以上)后，就不要期望能把侧视调暗。

（2）银粉排列方式

影响银粉排列的因素有如下几点：

1）喷涂技术。严格按照涂料的使用说明进行喷涂操作。

2）观察的位置和周围环境。

3）光源和光的质量。

4）按照实际施工的条件喷涂试板，并且要等颜色干燥后再辨色。

（3）银粉颗粒类型

1）细银粉(10μm)侧面亮度低，不够闪亮。

2）中银粉(20、30、40μm)通常是单独使用，或与其他银粉配合。

3）粗银粉(50μm)对侧面色调的影响较大。

4）银粉颗粒的形状(椭圆形)具有非常暗的侧面效果。

（4）罩光层的喷涂

1）等罩光层干燥后再进行辨色。

2）罩光层的纹理也会影响颜色，例如：光泽度、桔皮、膜厚等。

（5）环境因素和施工技术的影响

1）温度、湿度、空气流动等环境因素会对颜色有影响：温度高颜色会浅，温度低颜色会深；湿度低颜色浅，湿度高颜色深；空气流动增加颜色浅，空气流动减少颜色深。

浅 ← 颜色偏向 → 深
高 ← 环境温度 → 低
小 ← 环境湿度 → 大
增加 ← 空气对流 → 减少

2）喷枪的使用、稀释剂的选择、干燥时间的掌握等喷涂技巧也会影响银粉的效果。

浅 ← 颜色偏向 → 深
减少 ← 出漆量 → 增加
增加 ← 气压 → 减少
开大 ← 喷幅 → 关小
远 ← 喷枪距离 → 近
小 ← 喷枪口径 → 大
快 ← 走枪速度 → 慢
快干 ← 稀释剂种类 → 慢干
过稀 ← 稀释剂比例 → 不够稀
延长 ← 干燥时间 → 缩短

3）一般经验而言，手工喷涂对浅颜色的金属漆影响大，对深颜色的金属漆影响少，本色漆基本上不会受到影响。手工喷涂的方式非常严重地影响着三工序珍珠色的效果，是三工序珍珠色很难修补的最大原因。珍珠漆要求采用“多层喷涂试验”的方法制作试板。

三、任务实施

教师在实训前应为每组准备好如下工具与设备：

1）喷枪、电子秤、喷漆间、烤箱。

2）喷涂样板、调漆比例尺、过滤漏斗、调漆容器。

3）色卡箱(内含有实验用车型的色卡)、金属漆色母挂图、金属漆色母、标准色板(教师提前喷好)。

4）个人防护用品。

假如一辆银灰色汽车需要调色，使用德国鹦鹉牌汽车修补漆系统进行调色。如果在车身某处能够找到涂层颜色代码，则直接找到颜色代码“5PNC”。如果需要使用色卡调配金属(珍珠)漆时，找一个侧面稍暗的色卡或一个正面偏亮、侧视偏暗的色卡。

1. 查阅 5PNC 颜色配方

1）按所查得的油漆代码 5PNC 找到相应的色卡(或色卡组)。

2）将距要修补区域近并且颜色一致处用抛光蜡抛光。

3）将所选的色卡与车身颜色相对比，找到最接近的色卡(从色卡组中)。

注意：

调配金属(珍珠)漆时，找一个侧面稍暗的色卡或一个正面偏亮、侧视偏暗的色卡，在这个色卡的配方基础上调色，很容易通过加大控色剂或白色把颜色校正过来。

4）在色卡的背面读取配方，见表4-12。

表4-12　5PNC星光银(标准)配方

颜色代码：5PNC / 星光银(标准)		
车型：马自达3		
色母	1L累积/g	1L单量/g
352-91	174.0	174.0
55-M99-10	399.3	225.3
55-99-19	758.1	358.8
55-A136	854.8	96.7
55-M105	875.1	20.3
55-A929	884.8	9.7
55-M306	889.6	4.8
55-A640	891.5	1.9
55-A098	893.4	1.9
55-M1	919.5	26.1

5）根据实际需要调配的油漆量，重新计算配方。若需要调0.5L 5PNC星光银油漆，则新配方见表4-13。

表4-13　0.5L 5PNC星光银油漆配方

色母	0.5L累积/g	0.5L单量/g
352-91	87.0	87.0
55-M99-10	199.7	112.7
55-99-19	379.1	179.4
55-A136	427.4	48.3
55-M105	437.6	10.2
55-A929	442.4	4.8
55-M306	444.8	2.4
55-A640	445.7	0.9
55-A098	446.7	1.0
55-M1	459.8	13.1

2. 准备色母和工具

根据选好的色卡和配方，准备需要用的色母和工具。

1）保证色母的数量足够，并已经搅拌均匀。

2）调配涂料的容器是干净的。

3）搅拌尺已准备好。

4）电子秤调试好。

5）色母挂图等准备齐全。

6）准备好喷涂样板。

7）准备好喷枪等喷涂工具。

3. 计量添加色母

1）将电子秤预热并调校好。最好是在秤座上垫一张纸，将调容器放在纸上。

2）将电子秤归零，去除容器的重量。

3）按配方所列色母的顺序添加色母，352-91 → 55-M99-10 → 55-99-19 → 55-A136 → 55-M105 → 55-A929 → 55-M306 → 55-A640 → 55-A098 → 55-M1。

4. 喷涂样板

1）在调配好的油漆中取出少量(通常取100g)，调配好。过滤后加入喷枪。

2）将喷涂样板固定好，并做表面清洁。

3）调整喷枪参数，按规范要求进行喷涂。

⚠ 注意：

喷涂样板时，所选用的喷涂参数(喷涂气压、漆流量等)应严格按照涂料使用说明书的建议调整，以保证与正式喷涂时的参数一致。

4）样板喷涂完成后，静置5min左右。放入烤箱中进行烘烤干燥。

5. 再次对比颜色

1）待样板干燥并冷却后，取出与车身颜色进行对比。

2）对比颜色一定要认真仔细，并最好在自然光下进行(也可在可重现自然光比色箱内进行)。对比后颜色无误差，调配的涂料可以交付使用。

⚠ 注意：

金属漆取15°、25°、45°、75°、110°等多个角度对比观察，尽可能接近目标颜色。

实训记录单

班级学号		姓名	

1. 请将指导教师给出的原始配方记录在下面：

2. 请将喷涂的标准色试板与目标颜色的对比结果记录在下面：

3. 请将你根据比色卡得到的配方记录：

4. 请将喷涂的试板与目标颜色的对比结果记录在下面：

5. 实训中出现的问题、原因及解决办法：

6. 个人技能掌握程度：非常熟练□　比较熟练□　一般熟练□　不熟练□

教师评语：

实训记录成绩________分

____年____月____日

任务四　颜色微调

学习目标

1. 掌握两种颜色差异的描述方法。
2. 掌握实验性微调工艺。
3. 学会建立实用颜色配方。
4. 能够进行金属漆的微调操作。

一、任务分析

在很多情况下根据颜色代码或色卡的配方调出的涂料颜色与车身的颜色或多或少有一些差别，这时就必须对颜色进行调整，这种颜色调整又称为微调颜色。

如果颜色的比对结果表明，所调颜色与汽车车身的颜色不一样，则必须鉴定出应添加哪一种色母，继而添加该色母以获得理想结果，这个过程就是“精细配色”或“人工微调”。这是一个比较和添加色母的循环，此循环一而再、再而三地重复，直至获得理想的汽车颜色。

二、相关知识

1. 辨别颜色差异

颜色调配最大的困难是如何确定颜色之间的差别，在调配颜色之前，首先要辨别该颜色和目标板之间的差别。如图 4-53 所示，如何描述这两块色板之间的差别？

图 4-53　两种颜色的差异

颜色的差异由以下三个要素组成，见表 4-14。

表 4-14　颜色差异的描述

三要素	差异	差异描述：目标色板 A 的颜色是
色相	红/绿，蓝/黄	更蓝或者更黄
明度	白度/黑度	更白或者更黑
色饱和度	纯净度/浑浊度	更纯净或更浑浊

2. 微调颜色要遵守的调整规则

微调颜色要遵守如下调整的规则：

1）先做试验性的微调。

2）使用原配方中的色母进行微调。

3）从浅到深调整，从纯净到混浊调整。

4）喷出试板并等待颜色干燥，喷板时要达到遮盖能力，将试板与目标颜色进行比较。

5）充分利用色母指南、色母特性表、色轮图等调色工具。

6）微调应该是配色的最后手段。

3. 试验性微调

调配选定的颜色做为起点(通常是 0.5L 或 500g)，将它定为标准色。按配方调配好涂料后，充分搅拌均匀。配方见表 4-15。

表 4-15　某颜色 0.5L 涂料配方

色母	累积重量/g	组分重量/g
1. 紫色	249.6	249.6
2. 黑色	398.3	148.7
3. 蓝色	460.3	62.0
4. 绿色	493.5	33.2

（1）喷标准色试板

1）称 100g 调配好的涂料倒入干净的容器。按照产品使用说明稀释或加入固化剂。

2）喷出试板，并干燥。

3）将试板与车身颜色进行比较，如图 4-54 所示。经过对比，确定调整配方中的蓝色色母。

图 4-54　将标准色试板与车身颜色对比

（2）第一次微调

1）计算调整用色母数量的经验公式如下：

$$(\text{要调整的色母组分重量} \div \text{所有色母总重量}) \times 50\text{g} = \text{需要微调的重量(g)}$$

注意：

① 此公式为调色人员长期积累的经验公式，不能适用所有情况下的颜色微调。

② 每次加入量要“宁少勿多”。

2）根据公式计算得到蓝色须调整的量为：

$$(62.0 \div 493.5) \times 50\text{g} = 6.3\text{g}$$

3）再称量100g调配好的标准色涂料，向其中加入6.3g蓝色色母，搅拌均匀。喷涂试板并烘干，得到“试板1”。

4）将“试板1”与“标准色”及车身比照，确定所用色母是否正确，颜色是否已经匹配，如图4-55所示。若颜色不匹配还需要进行第二次微调。

图4-55　将试样1与车身颜色对比

（3）第二次微调

1）如果色母选择不正确，则需要另选一个色母重新微调；如果色母选择正确，但是颜色依然还是有差异，还需要根据颜色的差异程度判断增加色母的用量。假如第一次微调后颜色差异还差一半，那么还需要将蓝色色母的量增加一倍，即蓝色色母第二次微调量：

$$6.3 \times 2\text{g} = 12.6\text{g}$$

2）称量100g调配好的标准色涂料，向其中加入12.6g蓝色色母，搅拌均匀。喷涂试板并烘干，得到“试板2”。

3）将“试板2”与“标准色”及车身比照，确定颜色是否已经匹配，如图4-56所示。如果这次调整的颜色匹配了，就可以喷车了。若颜色不匹配还需要进一步微调。

3. 实用配方的建立

（1）剩余油漆的调配

1）最初调配的油漆为493.5g，100g油漆用于喷涂标准试板，100g油漆用于喷涂试板1，100g油漆用于喷涂试板2，剩下的油漆为

$$(493.5 - 100 - 100 - 100)\text{g} = 193.5\text{g}$$

2）如果需要12.6g蓝色母来调整100g的油漆能达到颜色匹配，那么，调整剩余的油漆还需要蓝色母为

$$(12.6 \div 100) \times 193.5\text{g} = 24.4\text{g}$$

图 4-56　将试样 2 与车身颜色对比

3）最终调配的可用油漆为

$$(193.5+24.4)\text{g}=217.9\text{g}$$

（2）0.5L 新配方

同样的，若要调整 0.5L(493.5g)油漆，需要调整的蓝色色母为

$$(12.6\div100)\times493.5\text{g}=62.2\text{g}$$

调整后 0.5L 中蓝色色母组分为

$$(62.0+62.2)\text{g}=124.2\text{g}$$

最终得到与车身颜色匹配的 0.5L 新配方见表 4-16。

表 4-16　与车身颜色匹配的 0.5L 新配方

色母	累积重量/g	组份重量/g
1. 紫色	249.6	249.6
2. 黑色	398.3	128.7
3. 蓝色	522.5	124.2
4. 绿色	555.7	33.2

⚠ 注意：

① 由于增加了蓝色色母的量，最终油漆的量会大于 0.5L。

② 不要扔掉喷涂出来的试板，在试板的背面注明初始配方和每百克添加的色母量(包括配方制作日期)。这些试板可以组成自己的色谱卡，为将来的工作节省宝贵的时间。

③ 使用原配方中的色母进行微调，从浅到深调整，从纯净到混浊调整。

④ 不要用湿漆比色。大多数素色漆干燥后颜色会变深。

⑤ 喷涂试板进行比色，喷板时要达到遮盖能力，比色前要允许漆膜充分固化。

4. 微调注意事项

1）尽量不要使用原配方以外的色母。

2）每次加入或减少量要“宁少勿多”。

3）每次进行调整后都要将色板与样板比较。

4）观察时以第一印象为准，盯视的时间越长，越是难以判断。

三、任务实施

通过观察对比发现喷涂的样板颜色与目标颜色有差异，即需要进行微调整。微调银粉漆时，必须同时考虑色调、名度、色饱和度三个因素对颜色的正面和侧面效果的影响。同时还需要考虑，正面和侧视色调的比较、银粉颗粒大小、银粉的闪亮程度等因素。

1. 配方中各种色母的特性

学会使用金属漆色母的色母挂图，在图中会有色母的特性。在5PNC配方中各个色母特性，见表4-17。

表4-17　5PNC/星光银配方中各色母特性

色母	名称	特性	色母	名称	特性
352-91	稀释剂	透明	55-M1	树脂	透明
55-M99-10	细银：颗粒细	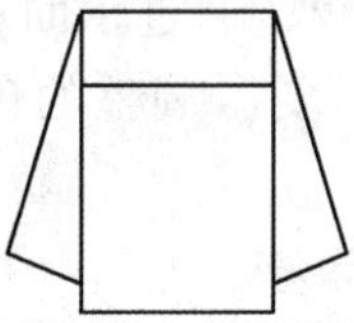	55-A929	偏黄黑：正侧面均偏黄	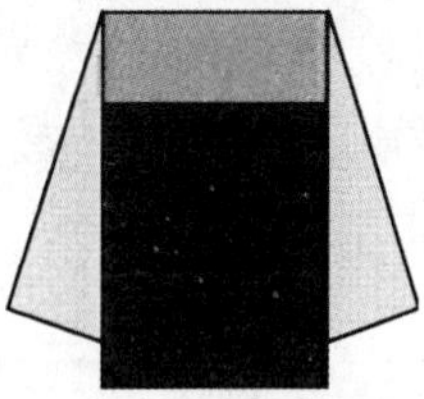
55-M99-19	粗银：颗粒粗	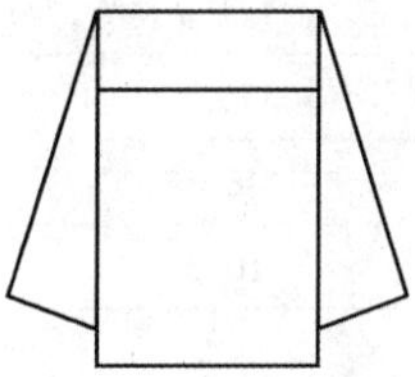	55-M306	红：侧面偏浅	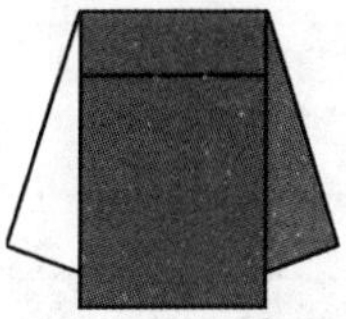
55-A136	偏绿黄：正面偏橙	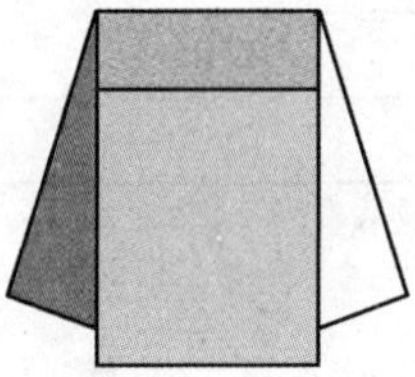	55-A640	偏蓝绿：侧面偏蓝	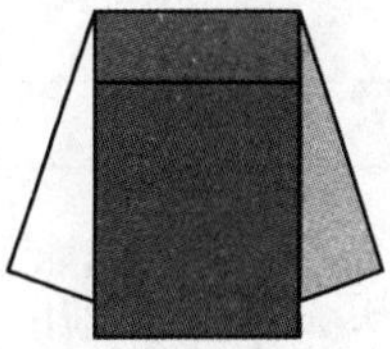
55-M105	偏橙黄：侧面偏橙	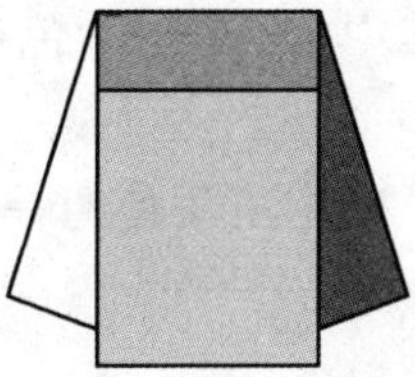	55-A098	白色：正面偏黄，侧面偏蓝	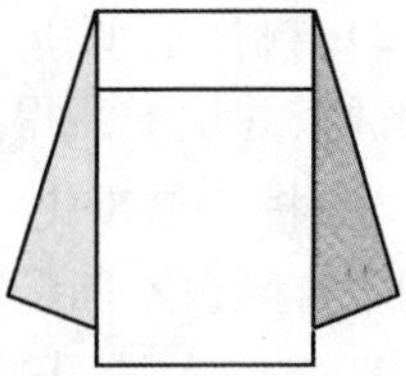

注意：

① 在调配某个金属色漆颜色时，每一个色母都会对这个颜色的正、侧面产生影响。

② 使用了较多(5%~10%)的无光银时，就绝对无法消除正面的灰暗和颜色的不纯。

③ 使用大量的珍珠色母(30%以上)后，就不要期望能把侧视调暗。

2. 试验性微调

1）调配选定的颜色作为起点(通常是0.5L或500g)，将它定为标准色。按配方调配好涂料后，充分搅拌均匀。

2）喷标准色试板。称100g调配好的涂料倒入干净的容器，按照产品使用说明稀释，喷出试板，并喷好罩光漆，然后干燥。

3）辨别颜色差异。将试板与车身颜色进行比较，通过正面和侧面观察。充分利用色母指南、色母特性表、色轮图等调色工具，找出需要微调整的色母为“55-M105”，并做好记录，见表4-18。

表4-18 微调记录表

色母	0.5L累积/g	0.5L单量/g	是否需要微调
352-91	87.0	87.0	
55-M99-10	199.7	112.7	
55-99-19	379.1	179.4	
55-A136	427.4	48.3	
55-M105	437.6	10.2	是
55-A929	442.4	4.8	
55-M306	444.8	2.4	
55-A640	445.7	0.9	
55-A098	446.7	1.0	
55-M1	459.8	13.1	

3. 第一次微调

1）根据经验公式计算得到55-M105须调整的量为

$$(10.2 \div 459.8) \times 50\text{g} = 1.1\text{g}$$

2）再称量100g调配好的标准色涂料，向其中加入1.1g色母55-M105，搅拌均匀。喷涂试板并烘干，得到“试板1”。

3）将“试板1”与“标准色”及车身比照，确定所用色母是否正确，颜色是否已经匹配。若颜色不匹配还需要进行第二次微调。

4. 第二次微调

1）如果色母选择不正确，则需要另选一个色母重新微调；如果色母选择正确，但是颜色依然还是有差异，还需要根据颜色的差异程度判断增加色母的用量。假如第一次微调后颜色差异还差一半需要调整，那么还需要将色母55-M105的量增加一倍，即色母55-

M105 第二次微调量为

$$1.1\times 2g = 2.2g$$

2）称量 100g 调配好的标准色涂料，向其中加入 2.2g 55-M105 色母，搅拌均匀。喷涂试板并烘干，得到“试板 2”。

3）将“试板 2”与“标准色”及车身比照，确定颜色是否已经匹配。如果这次调整的颜色匹配了，就可以喷车了。若颜色不匹配还需要进一步微调。

5. 实用配方的建立

（1）剩余油漆的调配

1）最初调配的油漆为 459.8g，100 克油漆用于喷涂标准试板，100g 油漆用于喷涂试板 1，100g 油漆用于喷涂试板 2，剩下的油漆为

$$(459.8 - 100 - 100 - 100)g = 159.8g$$

2）如果需要 2.2g 55-M105 色母来调整 100g 的油漆能达到颜色匹配，那么，调整剩余的油漆还需要 55-M105 色母为

$$(2.2 \div 100)\times 159.8g = 3.5g$$

3）最终调配的可用油漆为

$$(159.8 + 3.5)g = 163.3g$$

（2）1.0L 新配方

同样的，若要调整 1.0L(919.5g)油漆，需要调整的 55-M105 色母为

$$(2.2 \div 100)\times 919.5g = 20.2g$$

调整后 1.0L 中 55-M105 色母组分为

$$(20.3 + 20.2)g = 40.5g$$

最终得到与车身颜色匹配的 1.0L 新配方如表 4-19 所示。

表 4-19　与车身颜色匹配的 1.0L 新配方

颜色代码：5PNC / 星光银（调整）				
色母	1L 累积/g	1L 单量/g	微调量/g	1L 累积调整/g
352-91	174.0	174.0		174.0
55-M99-10	399.3	225.3		399.3
55-99-19	758.1	358.8		758.1
55-A136	854.8	96.7		854.8
55-M105	875.1	20.3	+20.2	895.3
55-A929	884.8	9.7		905.0
55-M306	889.6	4.8		909.8
55-A640	891.5	1.9		911.7
55-A098	893.4	1.9		913.6
55-M1	919.5	26.1		939.7

注意：

① 由于增加了 55-M105 色母的量，最终油漆的量会大于 1.0L。

② 不要扔掉喷涂出来的试板，在试板的背面注明初始配方和每百克添加的色母量(包括配方制作日期)。这些试板可以组成自己的色谱卡，为将来的工作节省宝贵的时间。

③ 使用原配方中的色母进行微调，从浅到深调整，从纯净到混浊调整。

④ 不要用湿漆比色，清漆干燥后会影响颜色。

⑤ 喷涂试板进行比色，喷板时要达到遮盖能力，比色前要允许漆膜充分固化。

实训记录单

班级学号		姓名	

1. 请将喷涂样板的颜色配方记录在下面：

____

____

____

____

2. 请将喷涂的试板与目标颜色的对比结果记录在下面：

____

____

3. 请将需要调整的色母和需要调整的量记录如下：

____

____

4. 请将试板1与目标颜色的对比结果记录在下面：

____

____

5. 选择调整的色母是否准确：________，如果不准确，应该调整哪种色母：________。

如果色母选择正确，色母用量是否需要继续调整：____________________

将再次调整的色母用量记录如下：

____

____

6. 请将最后喷涂的试板与目标颜色的对比结果记录在下面：

____

____

7. 要达到颜色匹配，应该调整的色母有：____________________。

调整的色母用量记录如下：

____

____

8. 实训中出现的问题、原因及解决办法：

____

____

9. 个人技能掌握程度：非常熟练□　比较熟练□　一般熟练□　不熟练□

教师评语：

实训记录成绩________分

____年____月____日

任务五 色差测定

学习目标

1. 熟悉色度学的知识。
2. 了解颜色匹配试验。
3. 掌握 CIELAB 色空间与色差公式。
4. 掌握 CIELCH 色空间和色差公式。
5. 掌握 CMC 容差方法及色差公式。
6. 掌握色差测量方法。
7. 掌握色差仪的使用方法。

一、任务分析

色差是两种颜色之间的差异，在汽车修补涂装中产生颜色差异的几率是非常高的，色差测定是定量的判断两种颜色差异的大小。利用颜色定位将颜色进行量化，所有的颜色都可以在这个系统中占据一个位置，而系统中的一个位置代表唯一的一个颜色，而系统中两个颜色之间的距离就代表该两种颜色之间的色差大小。

色差的测定不单纯是判断两个颜色的差距，更重要的还是对颜色混合后效果的评价，可通过已知的若干种颜色的基础数据(即 x、y、Y 等)储存在测色仪中的计算机内，然后把我们所要求的混合色的颜色数据输入计算机中，就可打印出所需颜色的各种比例配方，一类是按色差大小顺序排列的，即配色的质量优劣程度，另一类是按各种颜色配方混合后价格顺序排列的，它也给出每种配方的 ΔE 值，这样就可综合考虑出最佳配方。

二、相关知识

色度学就是解决颜色度量问题的学科，它通过大量的科学实验，应用心理学方法，用对光物理量的测量间接地测得色知觉量，初步解决了对颜色作定量描述和测量的问题。所以，色度学是对于颜色刺激及其差别进行测量、计算和评价的一门学科，是颜色光学的重要组成部分。色度学的重要作用在于把主观的颜色感知和客观的颜色刺激联系起来。

1. CIE 标准色度系统

描述颜色要给每个颜色一个固定的名称，还可通过制作标准色卡来描述颜色。涂料颜色的定量度量一般采用国际照明委员会(CIE)表色系统，按照它的色度学规定和测色方法进行工作。但是现代色度学测量颜色的结果，还是在一定简化了的理想条件下进行的，有它的局限性和不准确性，还不能完全代表人们的色知觉，所以现在还是采用仪器和肉眼同时控制汽车涂料颜色的方法。

CIE 标准色度系统是一种混色系统，是基于每一种颜色都能用三个选定的原色按适当比例混合而成的基本事实建立起来的。

2. 颜色匹配实验

（1）三原色

颜色匹配实验中选取三种颜色，由它们相加混合能产生任意颜色，这三种颜色称为三原色。三原色可以任意选定，但三原色中任何一种原色不能由其余两种原色相加混合得到，最常用的是红、绿、蓝三原色。颜色匹配实验的方法如图 4-57 所示。

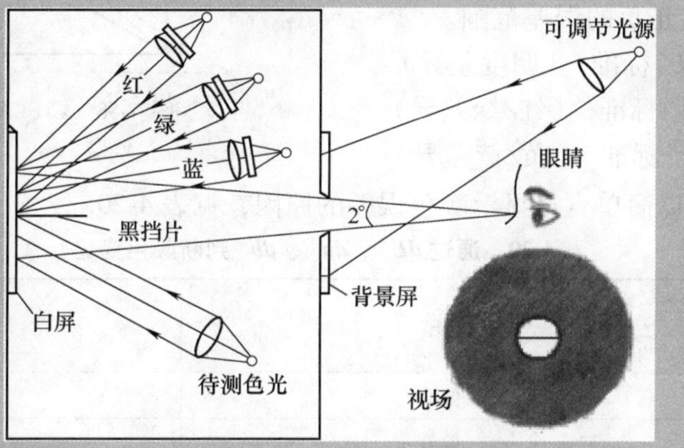

图 4-57　颜色匹配实验

图 4-57 的左侧是一块白色的屏幕，上方为红、绿、蓝三原色光，下方为待测色光，三原色光照射白色屏幕的上半部，待测色光照射白色屏幕的下半部，白色屏幕上下两部分用一黑挡片隔开，由白色屏幕反射出来的光通过小孔抵达右方观察者的眼内，人眼看到的视场如图右下方所示，视场范围在 2°左右，被分成两部分。图的右上方还有一束光，它投射在小孔周围的背景白板上，因而视场周围有一圈色光作为背景，这束光的颜色和强度都可以调节。在此实验装置上可以进行一系列实验。把两个颜色调节到视觉上相同的方法叫作颜色匹配。待测光的光色可以通过调节上方三种原色光的强度来混合形成，当视场中两部分光色相同时，视场中的分界线消失，两部分合为同一视场。此时认为待测光的光色与三原色的混合光色达到色匹配。

（2）三刺激值

在颜色匹配实验中，与待测色达到色匹配时所需要的三原色的数量，称为该颜色的三刺激值 X、Y、Z，一种颜色与一组三刺激值相对应，这样颜色感觉可以通过三刺激值来定量表示，任意两种颜色只要三刺激值相同，颜色感觉就相同。同时，还可以将两种不同的颜色差别量化表示。

3. CIELAB 色空间与色差公式

通过许多数学公式，由每个颜色的三刺激值可以换算得到我们现在涂料常用的颜色定量表示方法，即该颜色的 L^*、a^*、b^* 值，L^* 表示明度值，a^* 表示红、绿值，b^* 表示黄、蓝值。

$$L^* = 116(Y/Yn)^{1/3} - 16$$

$$a^* = 500[(X/Xn)^{1/3} - (Y/Yn)^{1/3}]$$
$$b^* = 200[(Y/Yn)^{1/3} - (Z/Zn)^{1/3}]$$

式中，X、Y、Z 为颜色样品的三刺激值；Xn、Yn、Zn 为 CIE 标准照明体照射在完全漫反射体上，再经过完全漫反射体反射到观察者眼中的白色刺激的三刺激值。

在此空间可以看到所有颜色的位置及(a、b、L)坐标，如图 4-58 所示。CIELAB 色差公式以标准为中心，然后给予个别 L^*、a^*、b^*数值，规定正负的误差范围。

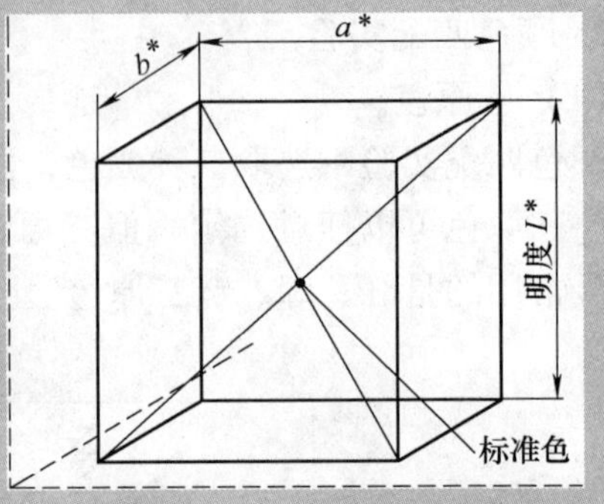

图 4-58　CIELAB 盒状容差

$dL^* = L^*$样品$-L^*$标准　（明度差异）

$da^* = a^*$样品$-a^*$标准　（红/绿差异）

$db^* = b^*$样品$-b^*$标准　（黄/蓝差异）

此色差公式可以简单直接显示颜色误差的原因，见表 4-20。

表 4-20　通过 dL^*、da^*、db^* 判断颜色变化

比较项＼正负值	正	负
dL^*	偏浅	偏深
da^*	偏红	偏绿
db^*	偏黄	偏蓝

色差公式 $dE^* = [(dL)^{*2} + (da^*)^2 + (db^*)^2]^{1/2}$

dE 色差公式以一个数值代表总色差。dE 是以标准为中心，然后在四周绘出一个球体容差范围，如图 4-59 所示。dE 也是目前较多采用的容差公式。

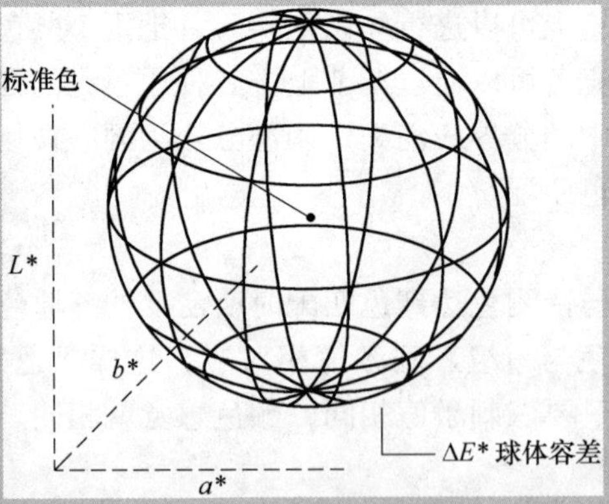

图 4-59　ΔE 球体容差

4. CIELCH 色空间和色差公式

CIELCH 颜色模型采用了同 L^*、a^*、b^* 一样的颜色空间，但它用 L 表示明度值，C 表示饱和度值，H 表示色调角度值的柱形坐标，如图 4-60 所示。

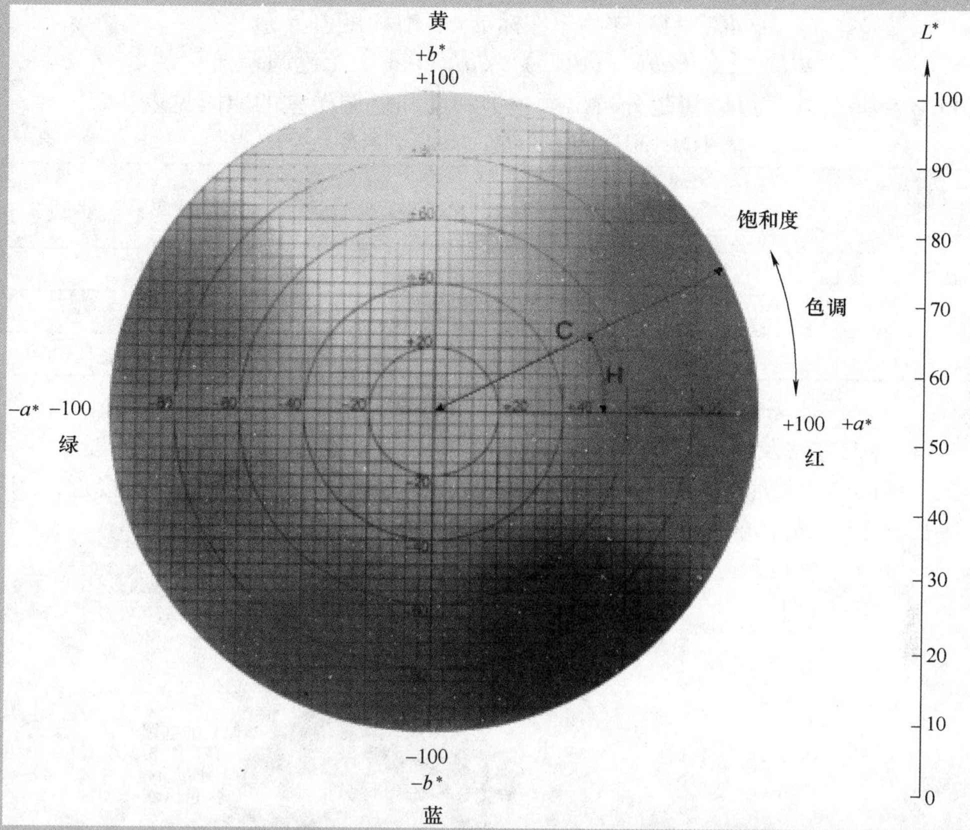

图 4-60　LCH 颜色模型

它可以用立体色图来表示，图中央垂直轴代表了白—灰—黑系列的非彩色的明度变化，底端是黑色，中间为由深到浅的灰色，过渡到顶端为白色。中央水平面圆周上代表了各种彩色，圆心为中灰色，从圆心向圆周过渡表示彩度逐渐提高。此圆周上的点与黑白垂直轴组成的三角形平面称为等色调面，所有彩度不同、明度不同但色调相同的颜色都在同一等色调面上。各水平面是等明度面，所有彩度和色调不同而明度相同的颜色都在同一等明度面上，这样就把颜色三种特性间的关系形象地表示出来了。两个颜色如果色调、明度和彩度都相等，我们说这两个颜色是完全相同的。

彩度（C^*）和色调（H^*）与 a^*、b^* 值的关系：

$$C^*=[(a^*)^2+(b^*)^2]^{1/2}$$

$$H^*=\arctan(b^*/a^*)$$

CIELCH 以标准为中心，然后给予个别 L、C、H 值，规定正负误差范围，如图 4-61 所示。

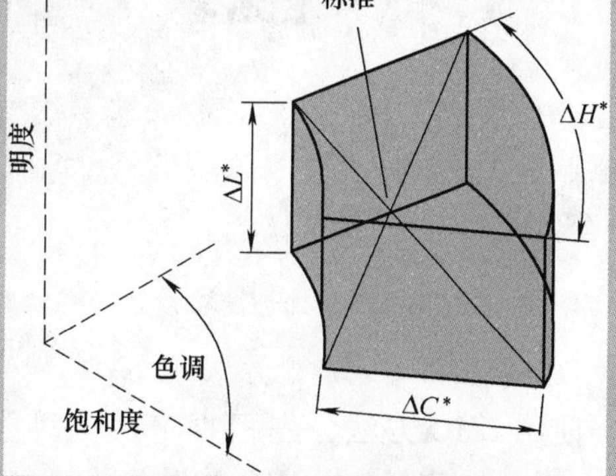

图 4-61　CIELCH 色空间

$$dL^* = L^* 样品 - L^* 标准 \quad （明度差异）$$

$$dC^* = C^* 样品 - C^* 标准 \quad （饱和度差异）$$

$$dH^* = [(dEab)^2 - (dC^*)^2 - (dL^*)^2]^{1/2} \quad （色调差异）$$

从 LCH 色差公式，可以清楚分析出颜色饱和度和色调误差的原因见表 4-21。

表 4-21　通过 dL^*、dC^*、dH^* 判断颜色变化

对比项＼正负值	正	负
dL^*	偏浅	偏深
dC^*	偏鲜	偏土
dH^*	偏逆时针方向色调	偏顺时针方向色调

5. CMC 容差方法及色差公式

它是用椭圆作为视觉对色差的范围，如图 4-62 所示。得出结果与人眼接近，因而许多工业认为 CMC 对色差的表示方法比其他表示方法更精确。

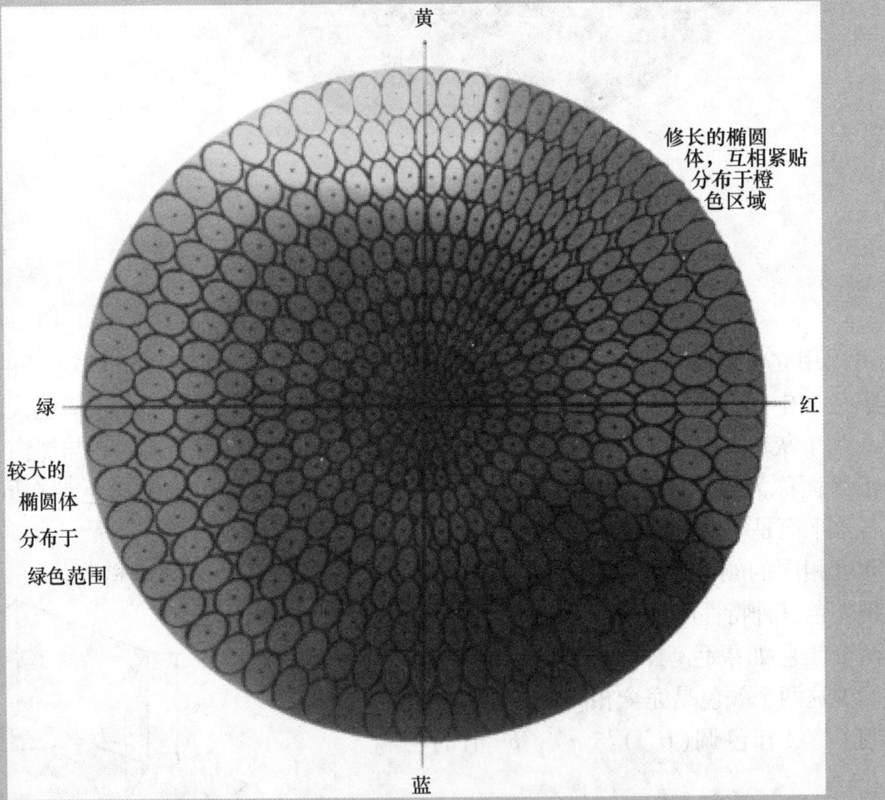

图 4-62　容体色差

使用 CMC 方法，先根据产品的种类，设定公式内的 λ 和 γ 两个常数。若设定为 $\lambda : \gamma = 2 : 1$，则其 $dECMC$ 的误差范围会较 $\lambda : \gamma = 1.4 : 1$ 宽松。

6. 人眼评色与各容差方法的接近程度

各类色差公式精确性比较见表4-22。

表4-22 人眼评色与各容差方法的接近程度

容差方法	与人眼相似程度
CIELAB	75%
CIELCH	85%
CMC(2:1)	95%

三、任务实施

颜色测定是配色中的关键步骤，目前颜色的测定有两种方法：目测法和仪器测量。

1. 目测法

在汽车涂料工业中，还有很多的沿用传统目测法的手段来进行配色，它规定按与样板相同的条件下将涂料制板，在日光下或标准光源下与标准板进行平行比较。这种目测法如果做得粗糙一些是简单易行的，也不需要多少理论基础，也不必经过技术培训和特殊设施。但若需要精确，就要具备一定的观测条件，由具有一定色度学知识和经验的观测者来检测。在严格规定的比色条件下，如试验设备、光源条件、观测环境，观测者凭肉眼观察颜色也很直观、简易和敏锐，而且分辨率高。

2. 仪器测量

目测法仍存在一定的局限性，对于不同色调饱和度的细微观测往往无能为力，而且目测法对色调或明度的比较结果只能做文字评述，很难做到准确，对于颜色的观测结果，作为一种资料保存下来更为困难。因此仪器测量就显得很重要和实用，它可使颜色的各种参数数字化，将颜色描述得更加准确，也便于保存资料，目前汽车涂料领域内尤其是轿车工业多采用仪器测量配色。

3. 侧色仪

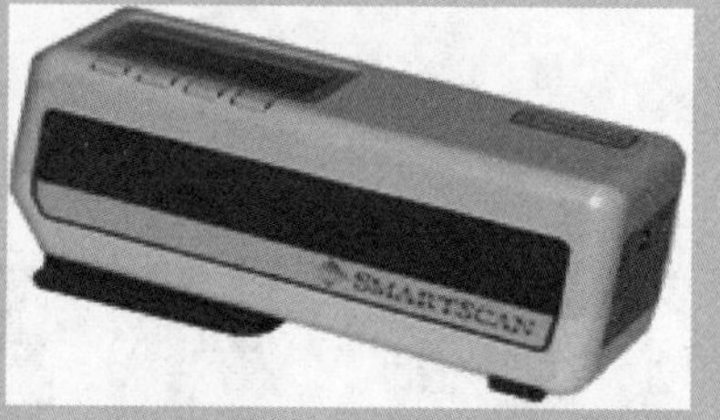

图4-63 测色仪

汽车涂料领域最常用的颜色测量仪器是分光光度测色仪(又称分光光度计,图4-63)，它可以制成数字显示式的，或加配电子计算机，使测定结果自动打印输出。通过仪器对样板测量可得出x、y和Y，即色度坐标和亮度因数，通过色度图可以知道所测色在色度图所处的位置。为了使颜色空间更符合视觉观察的颜色差异，通过一系列转换将x、y、Y变成a、b、L值，其中a值的大小代表红绿相(正值为红)，b值代表黄蓝相(正值为黄)，L值代表亮度，即黑白相(0为黑,100为白)。这样每个颜色都表现出一组相应的a、b、L值，两个不同的颜色表现出不同的a、b、L值，这样就可得到Δa、Δb、ΔL，通过色度之间的差距和明度上的差距可以计算出两者之间的总色差，以ΔE表示，$\Delta E=(\Delta a^2+\Delta b^2+\Delta L^2)^{1/2}$。测定仪可将两个颜色的$a$、$b$、$L$数据打印出来，并通过计算机系统直接打印$\Delta E$值，即色差。

简易型只可计算色差，不能计算混合颜色的配比。高级的还可以有多种功能，进行生产控制，除控制颜色外，还可控制配方，进行称量等。

随着金属闪光漆进入汽车涂料领域，产生了颜色的随角异光异色效果，就要求金属闪光漆颜色质量控制用多角度分光光度计。

（1）测量照射光源

D_{65}日光光源（即北半球日光，色温为6500K）。

（2）仪器观察角度

素色漆只有45°，如图4-64a所示；金属漆有15°、25°、45°、75°、110°共五个角度，如图4-64b所示。

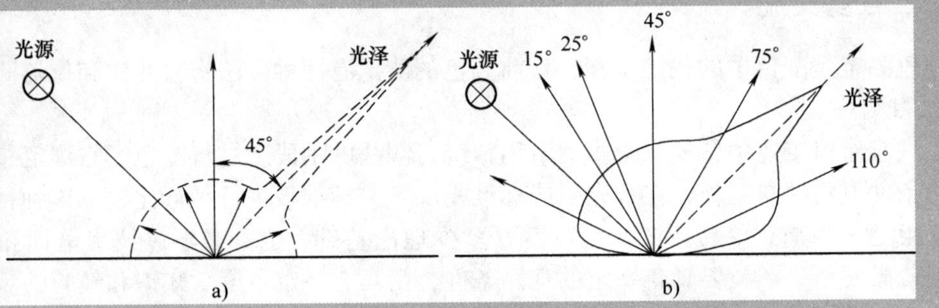

图4-64　测量计算角度

（3）仪器测量原理

测量待测光源L，通过单色器M照射在被测样板Pr上，反射光通过光电管Z将光信号换成电信号，通过放大器V将电信号放大，并经过电流计G测量其电流强度，从而实现对被测样板反射光即颜色绝对值的测量，如图4-65所示。

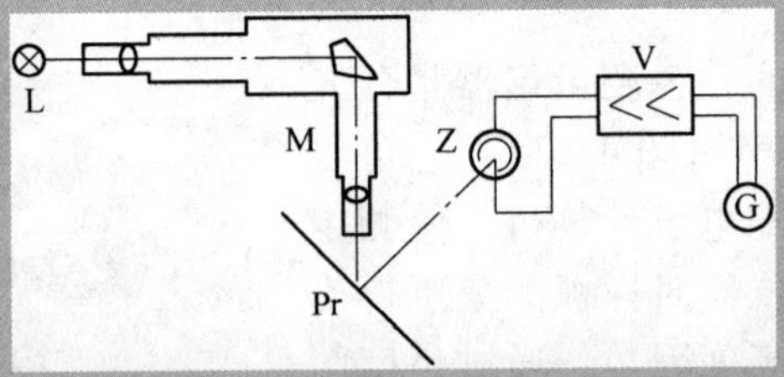

图4-65　测色仪测量原理

L—光源　M—单色器　Pr—样板

Z—光电管　V—放大器　G—电流计

（4）仪器校正

一般色差仪出厂配备两块校正板，白板（100%反射光）和黑板（零反射光），每套仪器的白板及黑板同该仪器配套专用，不能仪器间混用，一般每天校正一次。仪器用四种标准板校正，这四种标准校正板由指定公司提供。每天校正，用绿板、银灰板共两块，若有一块$\Delta E>1.7$，则仪器停用。每周校正，用绿板、银灰板、黄板、红板共四块，若有两块板$\Delta E>1.7$，则仪器停用。

4. 影响色差的因素

（1）涂装材料遮盖力的影响

一般金属漆施工厚度为空气喷涂 4~5μm，总的底色漆厚度 12~15μm。当材料工艺遮盖力厚度大于 15μm，也就是说底色涂膜厚度达到 12~15μm，还不能完全遮盖底材，则车身外观将产生质量缺陷，如涂膜发花，色差超值。图 4-66 为不同涂膜厚度其色差变化图，从图中可见，当涂层膜厚达到遮盖厚度时，其色差稳定，不再有较大波动。

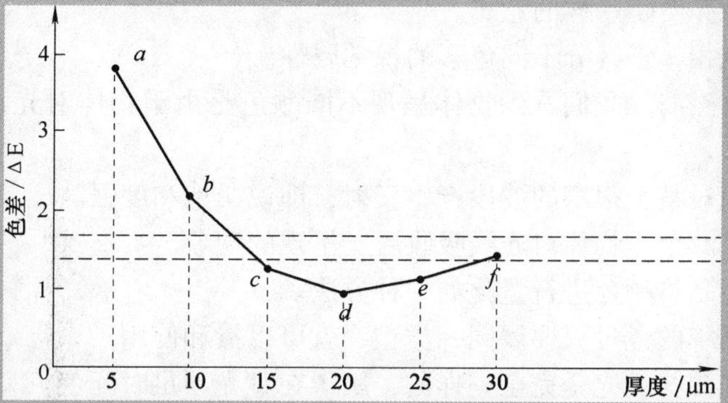

图 4-66 糖果白不同喷涂厚度的色差变化曲线

可见，当涂膜厚度达到 20μm 时，糖果白色差最佳。

（2）施工参数对色差的影响

1）对于金属材料，尤其是银灰色金属漆，喷涂设备施工参数对 dL^* 值影响很大。

漆量↑（大）→涂膜厚度↑→涂膜更湿→dL^*↓（暗）。

雾化空气↑（大）→涂膜更干→dL^*↑（亮）。

成型空气↑（大）→涂膜更干→dL^*↑（亮）。

空气下移速度↑（大）→涂膜更干→dL^*↑（亮）。

2）施工黏度对 dL^* 的影响，如亮银金属涂料施工黏度降低，涂膜表面更湿润，则 dL^*↓（暗）。

3）添加剂加入量对 dL^* 的影响，如玛瑙灰金属涂料，添加剂量由 1%→3%，涂膜表面更湿润，则 dL^*↓（暗）。

4）现场施工环境温度高，则金属漆闪干速度快，涂膜更干，则 dL^*↑（亮）。故夏季涂料材料施工中都添加高沸点溶剂，降低其挥发速度，改善涂膜流平性，使其更湿，dL^*↓（暗）。

项 目 考 核

一、理论考核

（一）判断题（每题 2 分，共 30 分）

1. 明度和光源亮度是一样的意思。（　）

2. 色调又称色相，是区分不同色彩的视觉属性。（　）

3. 光是一种电磁波，我们看到物体呈现不同颜色是由于物体对光波的反射率不同而形成的。（　）

4. 物体只单独对某个很窄的波段产生反射，即说明饱和度强。（　）

5. 我们看到的颜色是物体对光线吸收后所呈现的现象。（　）

6. 颜色定位就是将颜色进行量化的一种方法。（　）

7. 不同颜色品牌的色母只要属同一类型，就可以掺和使用。（　）

8. 配色灯的光源与日光是完全一样的，用于在日光不足时配色。（　）

9. 当一对颜色在某种光源下，呈现的颜色是相同的，但在另外的光源下颜色产生差异，称“同色异谱”或“颜色异构”。（　）

10. 色母指南中色卡的作用是让调色人员能够明确直观地了解该色品的特性，方便调色。（　）

11. 调配素色漆时，要选用色度和明度比车身颜色低的色卡配方为基础作调整。（　）

12. 调配金属色漆时，要选用正面暗、侧面较亮的色卡配方为基础作调整。（　）

13. 在计量调色中，累计称量比单独称量的误差要小。（　）

14. 喷涂人员可利用改变喷涂手法的手段达到微调色泽的目的。（　）

15. 在金属色涂料中，色彩的效果与金属颗粒在涂层中的位置有关。（　）

（二）单项选择题（每题 2 分，共 20 分）

1. 可见光的范围是（　　）nm。

A. 300～600　　B. 400～700　　C. 400～700

2. 色母在搅拌架上的保持期一般不超过（　　）。

A. 3 个月　　B. 6 个月　　C. 1 年　　D. 2 年

3. 一滴漆的质量在（　　）g 之间。

A. 0.1～0.3　　B. 0.01～0.03

C. 1～3　　D. 0.02～0.05

4. 搅拌架上的色母每天要开动搅拌架（　　）次。

A. 1　　B. 2　　C. 3　　D. 4

5. 搅拌架每次要搅拌的时间是（　　）min。

A. 5～10　　B. 10～15　　C. 15～20

6. 人眼可以分辩（　　）nm 波长变化引起的颜色变化。

A. 1～2　　B. 5～6　　C. 8～10

7. 称量色母的电子秤要求精度为(　　)g。

A. 0.001　B. 0.01　C. 0.1　D. 1

8. 施工环境会对金属漆色泽带来影响，使颜色比较浅的是(　　)。

A. 环境温度高　B. 环境温度低

C. 湿度大　D. 空气对流小

9. 配色时喷涂试板的尺寸为(　　)。

A. 5cm×10cm　B. 10cm×10cm　C. 5cm×5cm　D. 10cm×15cm

10. 在颜色配方中，珍珠色母的量占(　　)，就无法将侧光调暗。

A. 40%　B. 30%　C. 20%　D. 10%

(三) 多项选择题(每题 5 分,共 50 分)

1. 感知颜色需(　　)等要素。

A. 光　B. 视觉感官　C. 时间　D. 物体　E. 听觉器官

2. 颜色的重要特性有(　　)。

A. 质量　B. 色调　C. 容量　D. 明度　E. 彩度

3. 下列的颜色中，(　　)是非彩色类。

A. 红　B. 灰　C. 黄　D. 黑　E. 白

4. 调色中需要用的设备有(　　)。

A. 色母　B. 调色架　C. 电子秤

D. 配色箱　E. 喷涂样板设备　F. 色卡资料

5. 色母搅拌浆盖出漆口涂料应及时清除，不然会引发的问题有(　　)。

A. 造成安全隐患　B. 影响称重精确

C. 影响调色准确度　D. 影响色母滴加的可控性

6. 在金属色涂料中，色泽效果与(　　)等情况有关。

A. 金属颗粒的位置　B. 金属颗粒排列角度

C. 金属颗粒的大小　D. 光油层厚度

E. 光线的照射角度　F. 人员观察角度

7. 使用电子秤称重色母的要求有(　　)。

A. 避免振动　B. 称重轻拿轻放　C. 定期校正

D. 避免气流影响　E. 不可在秤上搅拌　F. 保持清洁

8. 调整金属色侧视效果的手段主要有(　　)。

A. 改变基调色母间比例　B. 合适的银粉组合

C. 使用银粉控色剂　D. 通过白色色母

E. 使用青黄或鲜黄色母　F. 多使用透明色母

9. 在判断试板与修补区色差时，会影响正确判断的因素有(　　)。

A. 修补区域的光线　B. 修补区域的周围环境

C. 比色区原涂膜的老化层　D. 比色区与试板的角度一致性

E. 长时间的盯视

10. 调配颜色前要做好(　　)等准备工作。

A. 色母已搅拌均匀　B. 色母的数量能满足

C. 调色罐是干净的　D. 电子秤已校准

E. 搅拌尺已准备好

二、实操考核

教师在考核前调配某种颜色的素色漆，记好配方(不能提供给学生)，并喷涂好目标颜色样板。考核时为学生提供目标颜色油漆和目标颜色样板，同时还要准备好色母卡、色母挂图、色母特性表等工具。教师对学生操作全程记录、打分，并把学生实训记录单的成绩计入本次考核的成绩中。

实操考核记录单

实训项目三　汽车涂料调色					
序号	考核内容	配分	考核记录	扣分	得分
1	安全与卫生习惯	10	1. 未着工装及防护 2. 工具摆放不整齐 3. 结束操作未整理现场 4. 有自伤事故 5. 野蛮操作或损坏设备		
2	工具的正确选用、使用	10	1. 调色架的使用 2. 电子秤的使用 3. 喷枪的使用 4. 其他工具的使用		
3	操作流程	40	1. 调色配方的确定 2. 色母的添加 3. 样板的喷涂和干燥 4. 颜色的对比与微调		
4	效果评价	30	1. 最终调配颜色与目标颜色匹配程度 2. 学生配方与教师配方差异		
5	学生实训记录单	10			
6	得分合计				

考核教师：________　　　　　____年____月____日

项目五

面漆的喷涂

喷涂面漆是一项技术性很强的工作，需要喷漆技师有良好的喷涂技术和丰富的喷涂经验。当今汽车尤其是轿车车型复杂，车身颜色和涂膜种类繁多，车身损伤情况更是不可确定。这些都需要维修人员在实际操作时，根据实际情况制定出合理的维修工艺，在保证维修质量的前提下，尽可能将受损车辆恢复到原车状态。

任务一　单工序面漆的喷涂

学习目标

1. 学会使用涂料的技术说明资料。
2. 能够正确选择和使用稀释剂与固化剂。
3. 掌握面漆喷涂的基本手法。
4. 能够正确调配面漆涂料。
5. 能够进行面漆的整板喷涂操作。
6. 能够进行正确的安全防护。

一、任务分析

所谓整板喷涂是指整个板件全部重新喷涂，同一个板件上没有修补，比如整个叶子板、整个车门、整个发动机舱盖等。车身上所有有涂料覆盖的板件都做整板喷涂的情况，称为整车喷涂。

二、相关知识

1. 面漆涂料的技术说明

涂料是一种富有黏性的液体，对于空气喷涂来说，它的黏度过高，需要加入稀释剂来调整到适合喷涂的黏度。同时，有些双组分的涂料还需要加入固化剂才能成膜。为了提高涂料的施工性能和获得良好的涂膜，有时还要加入各种助剂。

（1）素色面漆涂料的技术说明

这里以德国鹦鹉牌22系列素色汽车面漆为例，素色汽车修补面漆技术状况见表5-1。

表5-1　德国鹦鹉牌22系列单工序素色汽车修补面漆技术说明

原　料	工艺数据	
油漆 22-系列素色面漆	混合比例 2：1：10%	
	油漆	100份 22
固化剂　929-71　快速	固化剂	50份　929-71、73、74
929-73　一般	稀释剂	10份 352-91、50、216
929-74　慢速	活化寿命(20℃)	2~3h
	喷涂黏度(DIN4/20℃)	20~22s

（续）

原　料	工艺数据			
稀释剂 352-50 快速	喷枪口径/重力式	HVLP：1.2~1.3mm		一般：1.3~1.4mm
352-91 一般	喷枪口径/吸上式式	HVLP：1.8 mm		一般：1.7mm
352-216 慢速	喷涂气压	HVLP：2.0~3.0bar		一般：4.0bar
	喷涂道数	2		
可以选用的添加剂：	间隔时间(20℃)	层间，至少 5min		
柔软添加剂 522-111	膜厚	50~70μm		
减光剂 522-300	刷涂	按 4：1 与 929-13 混合，并且添加 5%的 521-78		
纹理添加剂 5231-40	不同固化剂干燥	929-71	929-73	929-74
刷涂添加剂 521-78	干燥(20℃)	6h	8h	10h
防油矽添加剂 580-100	干燥(60℃)	20min	30min	35min
	红外线(短波)	7min	7min	7min
	红外线(长波)	10min	10min	10min

注：1bar=0.1MPa。后同。

（2）稀释剂

稀释剂不同于涂料中的溶剂，溶剂是液态涂料的一个重要组成部分，它可以在涂料制造过程中溶解树脂，并且促进涂料中的颜料和树脂混合。稀释剂用于将涂料稀释至适合喷涂的黏度，主要用于涂料的喷涂过程中，它不能溶解树脂。溶剂和稀释剂在涂料的干燥过程中蒸发，不会留在涂层中。

涂料中使用各种各样的树脂，每种树脂都有其特别的稀释剂，该稀释剂是该涂料的专用稀释剂，它由几种不同的溶剂组成见表 5-2。所以，在使用稀释剂时一定要跟涂料配套，不能随便使用，产生各种涂膜缺陷。比如德国鹦鹉牌汽车修补涂料底漆和面漆使用的配套稀释剂为 352 系列稀释剂。稀释剂按其所含的溶剂及其比例不同，会有不同的蒸发速度，用户可以根据工作环境周围的温度和工作的实际情况，选用最合适该温度的蒸发速度的稀释剂。夏季大多选用慢干稀释剂，冬季选用快干稀释剂；整车喷涂选用慢干稀释剂，小修补选用快干稀释剂。德国鹦鹉牌汽车修补涂料用 352 系列稀释剂的性能见表 5-3。

表 5-2　稀释剂的主要成分

溶剂类别	溶剂特性
真溶剂	能溶解树脂和纤维剂的溶剂
潜溶剂	自己不能溶解树脂和纤维剂，但当与真溶剂联用时可以提供溶解性
稀料	用于稀释涂料但不能溶解树脂和纤维剂

表 5-3　德国鹦鹉牌汽车修补涂料用 352 系列稀释剂的性能

产品型号	特　性	配套涂料（鹦鹉牌汽车修补涂料）
352-50	快速	底漆、面漆
352-91	中速	底漆、面漆
352-216	慢速	面漆
352-319	特慢速	面漆
352-400	驳口专用	面漆

（3）固化剂

当使用双组分涂料时，要加入适当比例的固化剂。涂料中主要成分的分子与固化剂反应，形成更大的分子，如图 5-1 所示。在聚氨酯涂料中，三聚异氰酸酯化合物作固化剂。

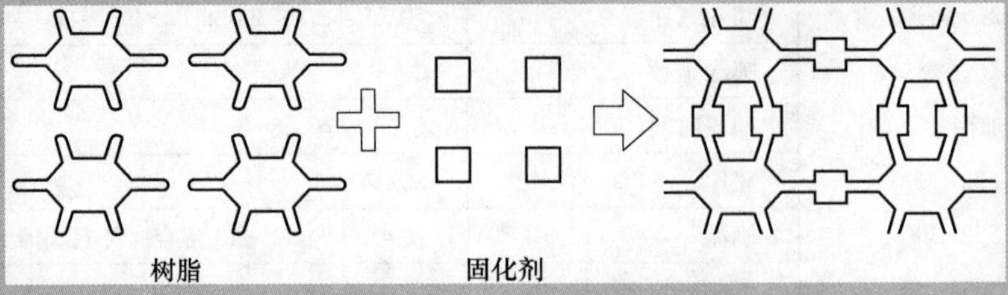

图 5-1　固化剂与树脂分子反应

固化剂也有不同的反应速度，用户可以根据工作环境周围的温度和工作的实际情况，选用最合适该温度反应速度的固化剂。夏季大多选用慢干固化剂，冬季选用快干固化剂；整车喷涂选用慢干固化剂，小修补选用快干固化剂。德国鹦鹉牌汽车修补涂料用 929 系列固化剂的性能见表 5-4。

表 5-4　德国鹦鹉牌汽车修补涂料用 929 系列固化剂

产 品 型 号	特　　性	配套涂料（鹦鹉牌汽车修补涂料）
929-28/2	特快速	底漆
929-29	中速	底漆
929-29/1	慢速	底漆
929-71	特快速	面漆。小修补、快速修补或低温下使用
929-73	中速	面漆。小修补或大面积喷涂均可用
929-74	慢速	面漆。大面积或全车喷涂均可、以及施工温度高于 30℃以上使用
929-13	特别用途	面漆。适用于 22 系列面漆和 923 清漆。作刷子刷涂方式使用

（4）涂料黏度

将调好色的涂料按所需要的量取出，按比例加入固化剂和稀释剂，搅拌均匀。实际工作中由于环境温度不是恒定的（20℃），需要根据环境实际温度适当调整黏度，达到施工要求。涂料黏度并非常量，随温度而发生变化。即同一种涂料，冬季比夏季显得稠。黏度越高的涂料，随温度而变化的特征越明显，因此，即使加入相同量的稀释剂，夏季的黏度为 13~14s，冬季黏度就为 20s 左右。

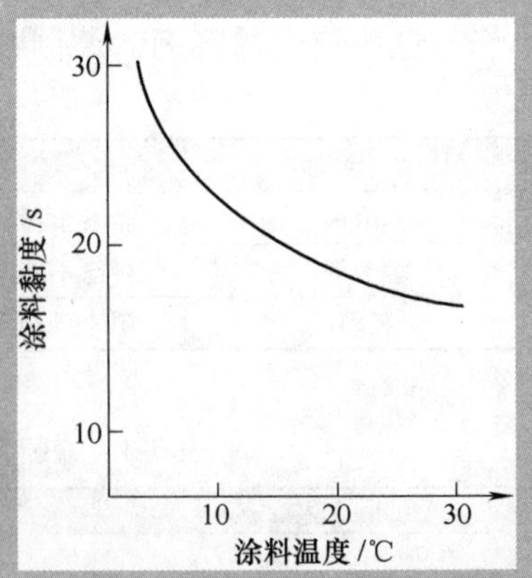

图 5-2　涂料黏度与温度的关系

从根本上讲，同一种涂料应以相同的稀释剂量涂装，比如夏季气温为 30℃，以黏度 14s 进行涂装，到了冬季，气温为 5℃时，就应以黏度 20s 进行涂装，所以应养成根据气温改变喷涂黏度的习惯。用稀释剂稀释好的涂料，其黏度随气温的变化规律如图 5-2 所示。

2. 面漆喷涂的手法

(1) 干喷

指喷涂时选择的溶剂要快干，气压较大，漆量较小，温度较高等，喷涂后漆面较干。

(2) 湿喷

指喷涂时选择的溶剂要慢干，气压较小，漆量较大，温度较低等，喷涂后漆面较湿。

(3) 湿碰湿

一般讲湿碰湿同上面讲的湿喷有相似一面，都是不等上道漆中溶剂挥发继续喷涂下一道漆。

(4) 虚抢喷涂

将大量溶剂或固体分调整得极低的涂料喷涂在面漆上的操作称为虚抢喷涂。

(5) 雾化喷涂

俗称飞雾法喷涂，又叫飞漆，一般用于金属漆的施工。金属漆与素色漆喷涂方式大不相同，金属漆由于漆中有金属颗粒，有的为云母、珍珠等，比重大，所以喷金属漆时一般用飞雾法像散花状喷涂，同虚抢喷涂有些相似。

三、任务实施

教师在实训前应为每组准备好如下工具与设备：

1) 实验用车一台(或每人两块车身板件)、喷漆间。

2) 喷枪(面漆喷枪)、喷枪拆装工具盒、毛刷。

3) 防护眼镜、防毒面具、胶手套、喷漆用工作服。

4) 单工序素色油漆(及其配套的固化剂、稀释剂)。

4) 调漆比例尺、调漆容器、过滤漏斗、电子秤。

5) 遮蔽纸、纸胶带、除油剂、擦拭纸、气枪。

操作前，学生必须牢记以下劳动安全事项：

1. 防火安全措施

1) 每个工作人员应会使用防火设备，懂得各种灭火方法。

2) 涂装场地严禁烟火，不准携带各种火种进入施工现场。

3) 擦拭涂料用过的擦拭纸等物品应集中，并应妥善存放在储有清水的密封桶中，不要放置在暖气管或烘房附近，以免引起火灾。

4) 清洗工具用后的稀释剂，应集中存放，不得倒入下水道或随意乱倒。

5) 各种电器设备开关非经老师允许，不得随意操作，有专人定期检查和维修。

2. 防毒措施

1) 操作人员在涂装时应穿戴好各种防护用品。

2) 若皮肤上沾有涂料时，不要用稀释剂擦洗，要用专用洗手膏、去污粉、肥皂擦洗，再用清水冲洗干净。

3) 要注意清洁卫生，每次工作完成后及时洗手，每天工作后应洗澡，工作服要勤换洗，经常更换失效口罩。

(一) 涂料的准备

1. 涂料的混合

1) 根据涂料说明书建议的各成分比例(主剂、固化剂和稀释剂)选择合适的比例尺。

2）选择合适的容器。要求干净、体积上下一致。

3）将比例尺垂直放置于调漆容器内，用手扶正。然后按比例加入涂料。

4）一定要充分搅拌均匀。

以单工序素色漆的调配比例为 2∶1∶10%（主剂:固化剂:稀释剂）为例，操作流程如下：

1）首先选择比例尺 2∶1 的一面，如图 5-3 所示。

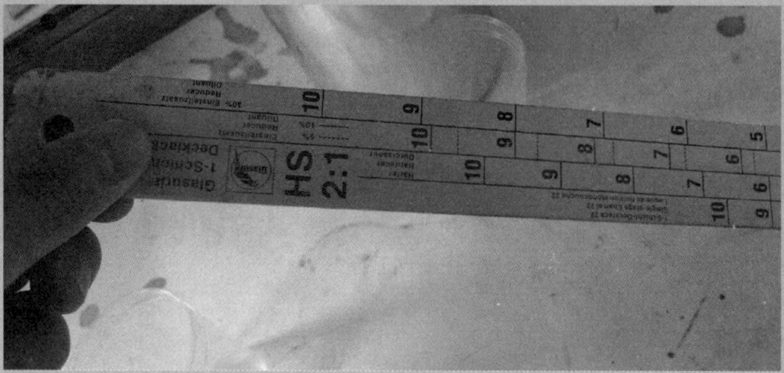

图 5-3　按涂料配比要求选择比例尺

2）假设单工序素色漆的用量为 2，首先把单工序素色漆缓慢地倒进容器，注意不要倒在比例尺和容器的内壁上。如图 5-4 所示。单工序素色漆加入至比例尺第一列标尺刻度的“2”处，如图 5-5 所示。

图 5-4　加单工序素色漆

图 5-5　检查单工序素色漆加入量

3）继续向容器中加入与单工序素色漆配套的固化剂，依然要缓慢加入，防止过快、过猛造成飞溅。如图 5-6 所示。固化剂加入至比例尺第二列标尺刻度的“2”处，如图5-7所示。

4）最后加入配套的稀释剂。由于稀释剂的包装容器较大，不便于倾倒，可以事先将稀释剂加入专用的塑料容器内，然后再进行添加。如图 5-8 所示。稀释剂加入至比例尺第三列标尺刻度的“2”处，如图 5-9 所示。各成分加好后，比例刚好是 2∶1∶10%。

图 5-6　加单工序素色漆固化剂

图 5-7　检查固化剂的加入量

图 5-8　加入单工序素色漆稀释剂

图 5-9　检查稀释剂的加入量

5）各个组分按比例添加完成后，搅拌均匀。

2. 测试黏度

1）将黏度计直接浸入调好的漆料中灌满漆液，提起黏度计。待仪器脱离液面的同时立即开动秒表，观察黏度计底部的流孔，待漆料快流完且出现断流时，快速关闭秒表，其表上的数据即为测试的黏度，如图 5-10 所示。

2）一般需要测试三次，取其平均值，做好记录。

3）单工序素色漆的喷涂黏度一般为 20～22s（DIN4/20℃）。若测定的黏度不符合喷涂要求，通过加减稀释剂来进一步调整，直到符合要求为止。

4）选择合适的面漆喷枪，将调整好黏度的单工序素色漆通过漏斗过滤后装入喷枪漆罐内，如图 5-11 所示。

（二）单工序素色面漆的喷涂

1. 板件准备

1）用压缩空气清除表面的粉尘，并除油，如图 5-12 所示。

2）将不需要喷涂的部位进行遮护。

3）用粘尘布进行再次除尘，如图 5-13 所示。

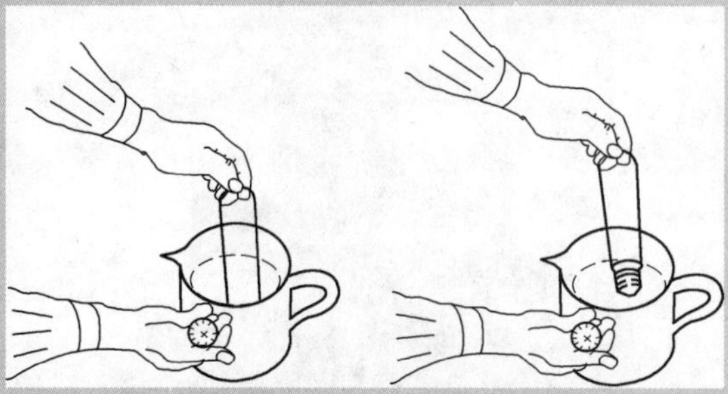

图 5-10　测试油漆黏度

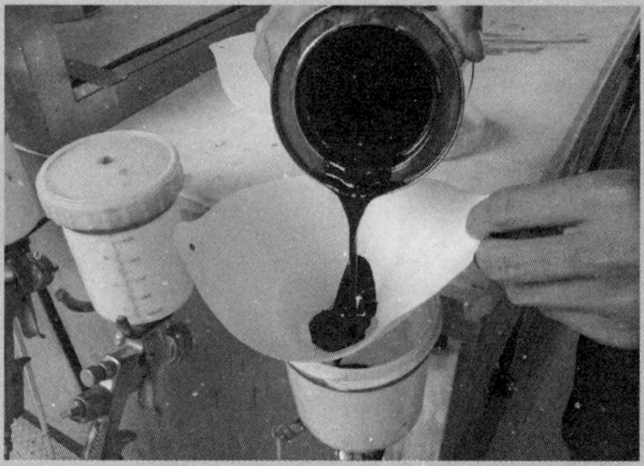

图 5-11　过滤后加入喷枪

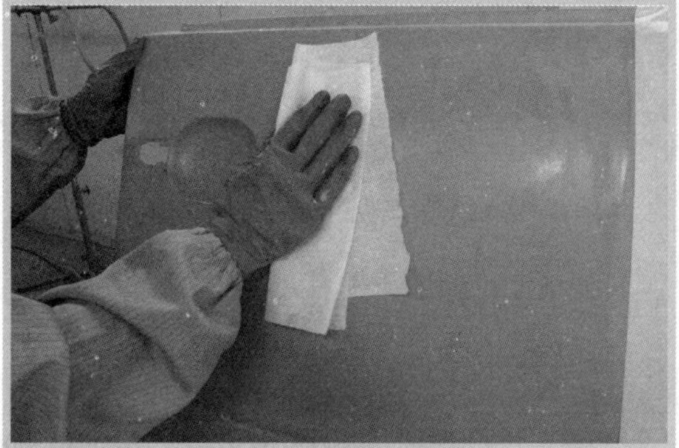

图 5-12　对板件除油

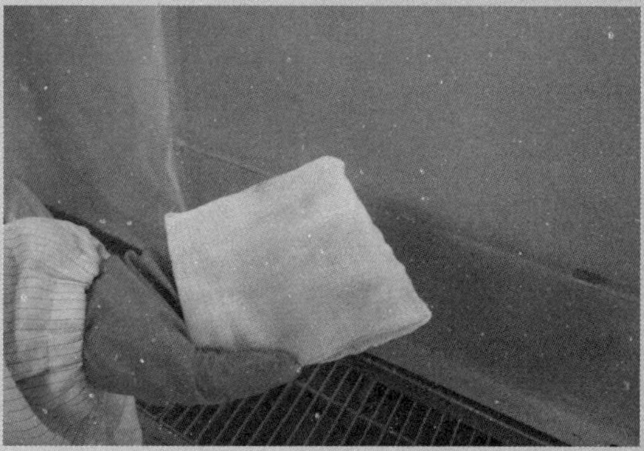

图 5-13　用粘尘布除尘

2. 喷涂操作

(1) 第一道喷涂

1) 将喷枪气压调整为 2. 0bar，如图 5-14 所示。

2) 将喷枪喷幅调整为全开状态，如图 5-15 所示。

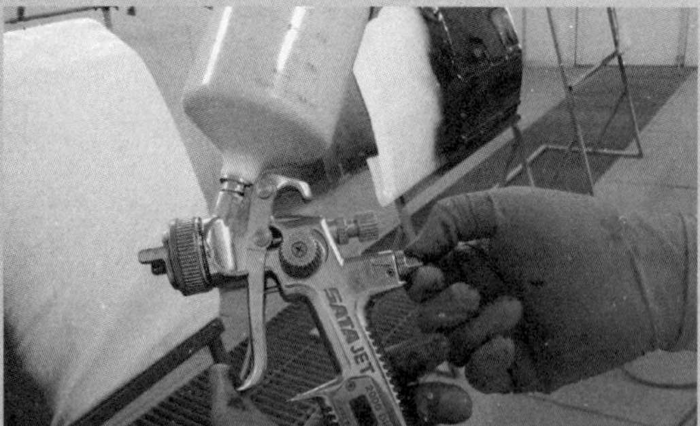

图 5-14　气压调整为 2. 0bar

图 5-15　喷幅调整为全开

3）将喷枪喷漆流量调整为 1/2~2/3 开度，如图 5-16 所示。

4）喷涂时，要求喷枪与板件之间的距离为 10~15cm（HVLP 喷枪），并保证喷嘴与板件之间总是保持垂直状态，如图 5-17 所示。

图 5-16　调整出漆量

图 5-17　第一道喷涂

5）保证喷幅之间有 1/4~1/2 的搭接，并且要控制好喷涂的速度。

6）第一道喷涂完成后要达到遮盖力 50%~70%，不可喷涂过厚，板件表面稍有光泽。提高涂料与旧涂膜的亲和力，同时确认有无排斥涂料的部位，如果有就在该部位稍加大气压喷涂，覆盖住涂料排斥部位。

（2）闪干

1）第一道喷涂完成后不要马上进行下一道的喷涂，闪干至少 5min（20℃），保证涂膜中的溶剂有一定量的挥发，增加黏度，防止流挂。

2）比较实用的测试方法为，用手指按与板件最近的遮蔽纸上喷涂的油漆，当感觉粘手指时即可进行下一道的喷涂了。

（3）第二道喷涂

1）将喷枪气压调整为 2. 0bar。

2）将喷枪喷幅调整为全开状态。

3）将喷枪喷漆流量调整为 2/3~3/4 开度。

4）喷涂时，要求喷枪与板件之间的距离为 10~15cm（HVLP 喷枪），并保证喷嘴与板件之间总是保持垂直状态，如图 5-18 所示。

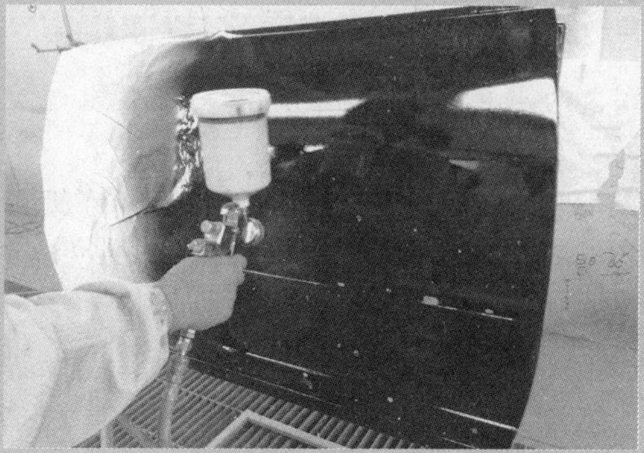

图 5-18　第二道喷涂

5）保证喷幅之间有1/2~2/3的搭接，并且要控制好喷涂的速度。

6）第二道喷涂完成后要达到：完全将底色遮盖，膜厚要达到50~70μm，涂膜表面光亮，纹理均匀，无流挂等涂膜缺陷。

注意：

如果涂膜质量不好可以进行第三道喷涂。

（三）单工序素色面漆的干燥和修整

1. 干燥

（1）常温干燥

参考涂料说明书建议的常温干燥时间规定，将板件置于喷漆间密封干燥，避免涂膜表面粘附灰尘或者被意外磕碰。

（2）加温干燥

1）对于单工序素色面漆喷涂面积较小的情况，采用红外线烤灯烘烤干燥方便快捷。

注意：在使用红外烤灯时，一定要注意车身其他非烘烤部位的保护。比如，烘烤部位附近的车灯、车轮、保险杠蒙皮等，可以用锡箔纸或湿毛巾进行遮护，防止过渡受热而变形。

2）如果单工序素色面漆喷涂面积较大，分布的位置较多，可以利用喷烤房烘烤干燥，一定要参阅所使用烤房的使用说明书的规定操作（一般标准为60℃烘烤30min）。

2. 单工序素色面漆缺陷的修整

维修后的面漆表面避免不了会有灰尘、光泽不均匀、与其他板件感官差异，甚至流挂等缺陷，因此新喷涂的面漆要进行抛光处理。

1）缺陷的打磨。对于涂面有粗粒、细微砂纸痕、流痕等缺陷，在抛光前先用1500号或2000号水砂纸，沾水包小橡胶衬块于内，对其轻轻打磨至平整，如图5-19所示。

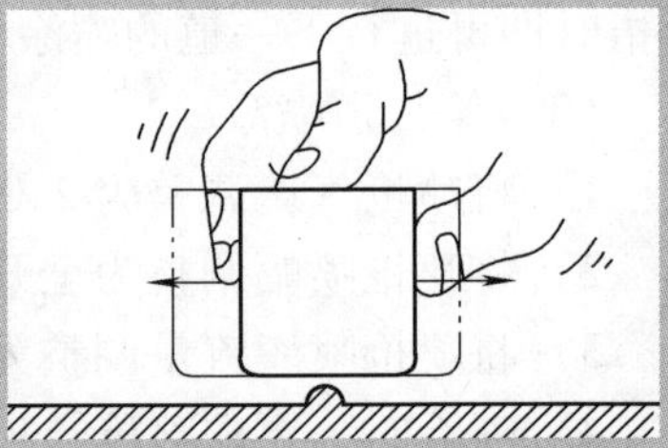

图5-19　涂膜缺陷的处理

注意：

由于单工序素色面漆的颜色跟涂膜厚度有关，不能过度打磨，将缺陷处理掉即可。

2）粗抛光。将适量的抛光蜡均匀涂抹于要抛光表面，选择好抛光轮抛光。抛光完成后，涂膜表面光亮，美容砂纸的打磨痕迹完全消除。

3）上保护蜡。抛光结束后，立即把抛光部位全部上保护蜡，形成一层保护膜。再擦净多余的上光蜡，使漆面光亮似镜、艳丽夺目。或者进行涂膜封釉，效果更好。

实训记录单

班级学号		姓名	

1. 请将使用的单工序面漆调配情况记录在下面：

2. 请将单工序面漆喷涂情况记录在下面：

3. 请将涂膜表面的缺陷记录如下：

4. 请将涂膜缺陷的处理情况记录在下面：

5. 实训中出现的问题、原因及解决办法：

6. 个人技能掌握程度：非常熟练□　比较熟练□　一般熟练□　不熟练□

教师评语：

实训记录成绩________分

____年____月____日

任务二　双工序面漆的喷涂

学习目标

1. 掌握金属底色与罩光漆的技术说明。
2. 能够进行金属底色与罩光漆的调配操作。
3. 掌握双工序面漆的喷涂操作。
4. 掌握面漆的干燥和修整技能。
5. 能够进行正确的安全防护。

一、任务分析

双工序面漆首先需要喷涂底色漆，然后在底色漆上喷涂罩光层。底色漆赋予涂膜色彩，罩光层赋予涂膜光泽，并主要有起到保护面漆的作用。双工序面漆的底色漆以金属底色漆居多，喷涂工艺复杂，要求更严格，与单工序面漆喷涂相比对施工人员的技术要求更高。

二、相关知识

1. 金属底色漆技术说明

德国鹦鹉牌 55 系列金属色汽车底色技术状况见表 5-5。

表 5-5　德国鹦鹉牌 55 系列双工序底色面漆技术说明

原　料	工 艺 数 据		
	混合比例 2：1		
	油漆	100 份 55-	
	稀释剂	50 份 352-91、50、216	
油漆 55-系列双工序底色面漆	活化寿命(20℃)	混合后在 48h 内用完	
	喷涂黏度(DIN4/20℃)	18~22s	
稀释剂　352-50　快速	喷枪口径(重力式)	HVLP：1.2~1.3mm	一般：1.3~1.4mm
352-91　一般	喷枪口径(吸上式)	HVLP：1.7 mm	一般：1.7mm
352-216 慢速	喷涂气压	HVLP：2.0~3.0bar	一般：4.0bar
	喷涂道数	2~2.5	
	间隔时间(20℃)	间隔 10min，至表面暗淡	
	膜厚	15~20μm	
	备注：要遵守喷涂涂层的间隔时间：喷第一道湿的涂层后，间隔时间至漆膜哑光后，再喷涂第二层漆 金属色漆表面要喷涂清漆：923-255 或 923-155 或 923-57		

2. 罩光漆技术说明

德国鹦鹉牌923系列汽车修补罩光漆技术状况见表5-6。

表5-6　德国鹦鹉牌923系列汽车修补罩光漆技术说明

原　料	工 艺 数 据			
高浓度罩光漆　923-255	混合比例2：1：10%			
中浓度罩光漆　923-155	油漆	100份 22-		
柔软哑光罩光漆　923-57	固化剂	50份　929-71、73、74		
	稀释剂	10份 352-91、50、216		
固化剂　929-71　快速	活化寿命(20℃)	3~4h		
929-73　一般	喷涂黏度(DIN4/20℃)	16~20s		
929-74　慢速	喷枪口径/重力式	HVLP：1.2~1.3mm	一般：1.3~1.4mm	
	喷枪口径/吸上式式	HVLP：1.8 mm	一般：1.7mm	
稀释剂　352-50　快速	喷涂气压	HVLP：2.0~3.0bar	一般：4.0bar	
352-91　一般	喷涂道数	2		
352-216 慢速	间隔时间(20℃)	层间闪干3~5min		
	膜厚	50~70μm		
罩光漆用于2涂层喷漆作业，湿碰湿工艺	不同固化剂干燥	929-71	929-73	929-74
	干燥(20℃)	1h	2h	3h
	干燥(60℃)	20min	30min	35min
923-57适用于保险杠等喷涂，不能加柔软添加剂	红外线(短波)	7min	7min	7min
	红外线(长波)	10min	10min	10min

三、任务实施

教师在实训前应为每组准备好如下工具与设备：

1）实验用车一台(或车身板件一件/人)、喷漆间。

2）喷枪(面漆喷枪)、喷枪拆装工具盒、毛刷。

3）防护眼镜、防毒面具、胶手套、喷漆用工作服。

4）双工序金属漆、罩光漆(及其配套的固化剂、稀释剂)。

5）调漆比例尺、调漆容器、过滤漏斗、电子秤。

6）遮蔽纸、纸胶带、除油剂、擦拭纸、气枪。

操作前，学生必须牢记以下劳动安全事项：

1. 防火安全措施

1）每个工作人员应会使用防火设备，懂得各种灭火方法。

2）涂装场地严禁烟火，不准携带各种火种进入施工现场。

3）擦拭涂料用过的擦拭纸等物品应集中，并应妥善存放在储有清水的密封桶中，不要放置在暖气管或烘房附近，以免引起火灾。

4）清洗工具用后的稀释剂，应集中存放，不得倒入下水道或随意乱倒。

5）各种电器设备开关非经老师允许，不得随意操作，有专人定期检查和维修。

2. 防毒措施

1）操作人员在涂装时应穿戴好各种防护用品。

2）若皮肤上沾有涂料时，不要用稀释剂擦洗，要用专用洗手膏、去污粉、肥皂擦洗，再用清水冲洗干净。

3）要注意清洁卫生，每次工作完成后及时洗手，每天工作后应洗澡，工作服要勤换洗，经常更换失效口罩。

（一）涂料的准备

1. 双工序底色漆的准备

以金属底色漆的调配比例为2∶1(主剂∶稀释剂)为例，操作流程如下：

1）根据涂料说明书建议的各成分比例(主剂和稀释剂)选择比例尺2∶1的一面。

2）选择合适的容器。要求干净、体积上下一致。

3）将比例尺垂直放置于调漆容器内，用手扶正。然后按比例加入涂料。

4）各个组分按比例添加完成后，搅拌均匀。

5）双工序色漆的喷涂黏度一般为18~22s(DIN4/20℃)。若测定的黏度不符合喷涂要求，通过加减稀释剂来进一步调整，直到符合要求为止。

6）选择合适的面漆喷枪，将调整好黏度的金属底色漆通过漏斗过滤后装入喷枪漆罐内。

2. 罩光漆的准备

罩光漆的调配方法与单工序素色面漆基本一致，参考单工序素色漆调配方法。

（二）双工序底色漆的喷涂

1. 板件准备

1）用压缩空气清除表面的粉尘，并除油。

2）将不需要喷涂的部位进行遮护。

3）用粘尘布进行再次除尘。

2. 喷涂操作

（1）第一道喷涂

1）将喷枪气压调整为2.0bar。

2）将喷枪喷幅调整为全开状态。

3）将喷枪喷漆流量调整为1/2~2/3开度。

4）喷涂时，要求喷枪与板件之间的距离为10~15cm(HVLP喷枪)，并保证喷嘴与板件之间总是保持垂直状态，如图5-20所示。

5）保证喷幅之间有1/4~1/2的搭接，并且要控制好喷涂的速度。

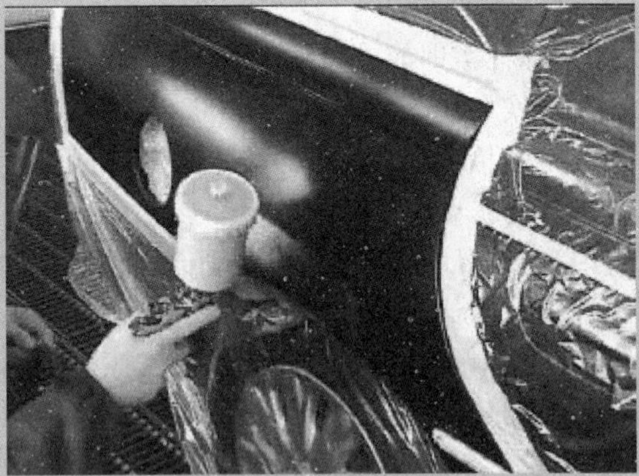

图5-20　第一道喷涂

6）第一道喷涂完成后要达到遮盖力50%~70%，不可喷涂过厚。

（2）闪干

1）第一道喷涂完成后不要马上进行下一道的喷涂，闪干至少10min(20℃)，保证涂膜中的溶剂挥发，表面哑光状态。

2）涂膜干燥后，若表面粘有灰尘、纤维等杂物，可以用粘尘布清除。

注意：用粘尘布清理时，不要过分用力，以免损伤金属底色漆涂层。

（3）第二道喷涂

1）将喷枪气压调整为2.0bar。

2）将喷枪喷幅调整为全开状态。

3）将喷枪喷漆流量调整为1/2~2/3开度。

4）喷涂时，要求喷枪与板件之间的距离为10~15cm（HVLP喷枪），并保证喷嘴与板件之间总是保持垂直状态。

5）保证喷幅之间有1/2~2/3的搭接，并且要控制好喷涂的速度。

6）第二道喷涂完成后要达到：完全将底色遮盖，涂膜丰满，表面颜色一致，无流挂等缺陷。如图5-21所示。

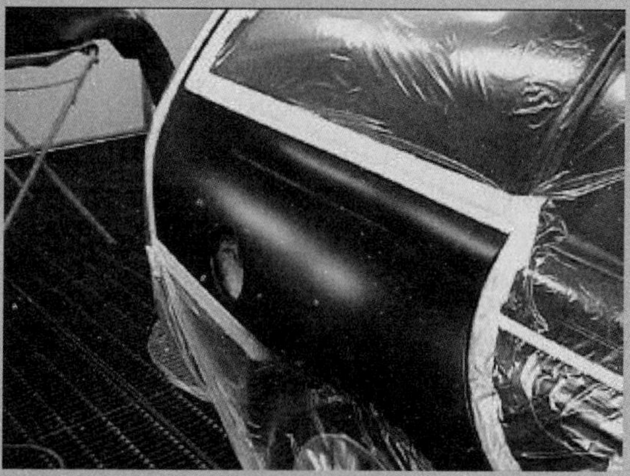

图5-21 第二道喷涂

（4）闪干

1）闪干至少10min（20℃），保证涂膜中的溶剂挥发，表面哑光状态。

2）涂膜干燥后，表面颜色一致，无发花等缺陷。

（5）第三道喷涂

1）将喷枪气压调整为2.0bar。

2）将喷枪喷幅调整为全开状态。

3）将喷枪喷漆流量调整为1/2~2/3开度。

4）喷涂时，要求喷枪与板件之间的距离为20~30cm（HVLP喷枪），并保证喷嘴与板件之间总是保持垂直状态。

5）保证喷幅之间有1/4~1/2的搭接，并且要提高喷涂的速度。

6）第三道喷涂完成后要达到：膜厚要达到15~20μm，涂膜表面有金属质感。

（6）闪干

闪干至少5min（20℃），保证涂膜中的溶剂挥发，表面哑光状态。

（三）罩光漆的喷涂、干燥和缺陷修整

1. 罩光漆的喷涂和干燥

1）罩光漆的喷涂和干燥与单工序素色漆施工方法相同，参考单工序素色漆部分，如图5-22所示。

2）罩光漆喷完后涂膜光亮如镜，纹理均匀，无流挂等涂膜缺陷。

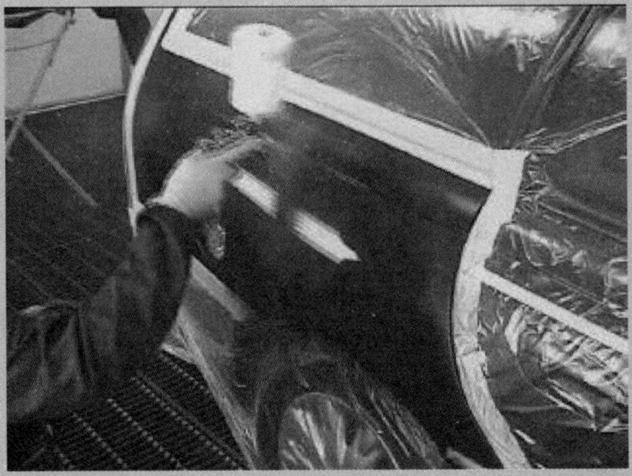

图 5-22　喷涂罩光漆

2. 面漆缺陷的修整

维修后的面漆表面避免不了会有灰尘、光泽不均匀、与其他板件感官差异，甚至流挂等缺陷，所以新喷涂的面漆要进行抛光处理。

（1）缺陷的打磨

1）对于涂面有划痕、粗粒、细微砂纸痕、流痕等缺陷（图 5-23），在抛光前先用 1500 号或 2000 号水砂纸，沾水包小橡胶衬块于内，对其轻轻打磨至平整（注意不能磨穿漆层）。有干磨条件的，可以用干磨软垫进行抛光前处理。

2）打磨完成后，涂膜表面缺陷基本被处理掉，外观完全哑光状态，不能产生大的磨痕。

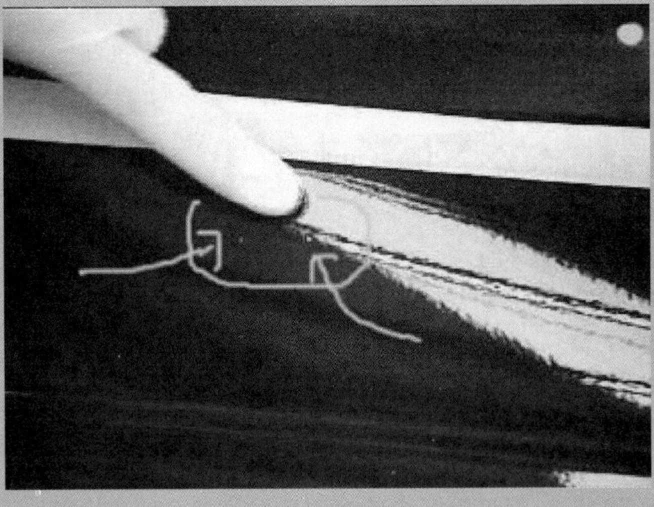

图 5-23　涂膜缺陷

（2）粗抛光

1）将适量的粗抛光蜡均匀涂抹于要抛光表面，选择粗抛光轮，将抛光机放到需要抛光的表面上，调好转速，起动抛光机进行粗抛光，如图 5-24 所示。

图 5-24　粗抛光

2）粗抛光完成后，涂膜表面光亮，美容砂纸的打磨痕迹完全消除。

3）清理粗抛光结束后板件上的粗蜡粉。

（3）精细抛光

1）将适量的细抛光蜡均匀涂抹于要抛光表面，选择细抛光轮，将抛光机放到需要抛光的表面上，调好转速，起动抛光机进行精细抛光，如图 5-25 所示。

2）精细抛光完成后，涂膜表面光泽进一步提高，粗抛光产生的光晕完全消除，涂面要达到光可照人的程度。

3）清理精细抛光结束后板件上的细蜡粉。

图 5-25　精细抛光

（4）上保护蜡或封釉

抛光结束后，立即把抛光部位全部上保护蜡，形成一层保护膜。再擦净多余的上光蜡，使漆面光亮似镜、艳丽夺目。或者进行涂膜封釉，效果更好。

实训记录单

班级学号		姓名	

1. 请将使用的金属底色漆调配情况记录在下面：

2. 请将金属底色漆喷涂情况记录在下面：

3. 请将罩光漆喷涂后涂膜表面的缺陷记录如下：

4. 请将罩光漆涂膜缺陷的处理情况记录在下面：

5. 实训中出现的问题、原因及解决办法：

6. 个人技能掌握程度：非常熟练□　比较熟练□　一般熟练□　不熟练□

教师评语：

实训记录成绩____分

____年____月____日

任务三　局部修补与过渡喷涂

学习目标

1. 掌握局部修补的类型。
2. 掌握过渡喷涂的要求。
3. 掌握局部修补施工工艺。
4. 掌握过渡喷涂施工工艺。
5. 掌握小修补操作。
6. 能够进行正确的安全防护。

一、任务分析

与整板喷涂不同，局部修补喷涂是在一块板件上做修补喷涂操作。在同一个板件上作修补一定会产生一个分界区域，如果不采取适当的工艺消除，很容易被看出，如图5-26所示。过渡喷涂工艺的难点在于，如何使修补的部位与板件的原有部位之间的差异，减小到肉眼无法分辨的程度。有时由于车身涂层颜色很难调出，在整板喷涂时必然会形成色差，这时要采用过渡喷涂技术来弥补涂料调色的影响。

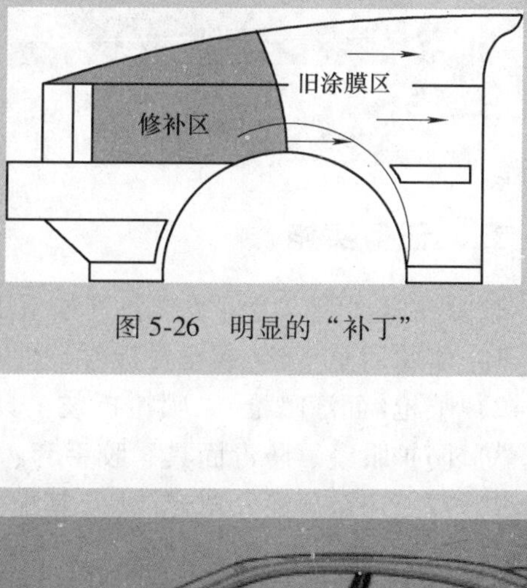

图5-26　明显的“补丁”

二、相关知识

1. 局部修补

局部修补喷涂是指在车身维修时，如果一块板件上出现了损伤，但是损伤的面积较小，同时位置靠近边缘，为了节省时间和材料，而进行的修补涂装工艺。如图5-27所示，车辆的左前叶子板做的局部修补。

图5-27　局部修补

（1）单工序素色漆的局部修补喷涂

由于是单工序操作的，只要将面漆进行局部喷涂。

（2）双工序面漆的局部修补喷涂

1）局部喷涂底色漆，整板罩光漆。

2）局部喷涂底色漆，局部板罩光漆。

2. 过渡喷涂

过渡喷涂是指在车身维修时，为了弥补修补板件的某些缺陷（主要是新涂料颜色差异）的影响，而将维修区域向相邻的板件扩展的方法。如图 5-28 所示，车辆的左前叶子板需要修补，如果只对它进行维修，有可能会形成色差、新旧差异等缺陷。如果车身颜色是浅颜色的金属漆，由于调色和喷涂操作等因素的影响，一定会有色差存在。为了消除这种视觉上的差异，就要向左前门作过渡喷涂。过渡喷涂要求底色漆必须局部过渡喷涂，清漆最好整板喷涂。

图 5-28　过渡喷涂

三、任务实施

教师在实训前应为每组准备好如下工具与设备：

1）实验用车一台（或车身板件一件/人）、喷漆间。

2）喷枪（面漆喷枪）、喷枪拆装工具盒、毛刷。

3）防护眼镜、防毒面具、胶手套、喷漆用工作服。

4）双工序金属漆、罩光漆（及其配套的固化剂、稀释剂）。

5）调漆比例尺、调漆容器、过滤漏斗、电子秤。

6）遮蔽纸、纸胶带、除油剂、擦拭纸、气枪。

操作前，学生必须牢记以下劳动安全事项：

1. 防火安全措施

1）每个工作人员应会使用防火设备，懂得各种灭火方法。

2）涂装场地严禁烟火，不准携带各种火种进入施工现场。

3）擦拭涂料用过的擦拭纸等物品应集中，并应妥善存放在储有清水的密封桶中，不要放置在暖气管或烘房附近，以免引起火灾。

4）清洗工具用后的稀释剂，应集中存放，不得倒入下水道或随意乱倒。

5）各种电器设备开关非经老师允许，不得随意操作，有专人定期检查和维修。

2. 防毒措施

1）操作人员在涂装时应穿戴好各种防护用品。

2）若皮肤上沾有涂料时，不要用稀释剂擦洗，要用专用洗手膏、去污粉、肥皂擦洗，再用清水冲洗干净。

3）要注意清洁卫生，每次工作完成后及时洗手，每天工作后应洗澡，工作服要勤换洗，经常更换失效口罩。

（一）局部修补技术

1. 局部修补边界的选择

局部修补边界选择很重要，能使修补后的涂层与原涂层差异减小，让人基本看不出曾经被修补过。边界选择要求：

1）选在车身板件面积较窄处，比如A柱、B柱、C柱等处。

2）选在车身拐角部位，比如保险杠蒙皮拐角处等。虽然是同一个板件但是处在空间的两个面上，对观察者来说对比性要小很多。

3）板件的棱线部位。车身板件的棱线也是驳口过渡喷涂边界很好选择，因为大多数车身棱线分界的两个面都是不在同一平面个面上的，所以对比性要小。

4）不适合进行驳口过渡喷涂的部位。发动机舱盖在车辆的最显眼的位置，并且处在水平面上，最好不要在上面“打补丁”。因为再好的修补也不是完美无缺的。同理，行李箱也不适合做驳口修补。

2. 局部修补对底材处理要求

要求在整板喷涂的基础上，要对过渡区域作更精细的处理，如图5-29所示。

1）过渡区域的范围一定要达到要求，尽可能扩大些。

2）在扩大的过渡区域要用2000号美容砂纸或与之相当的研磨材料，对原漆面进行研磨处理。

3. 单工序素色漆的局部修补涂装

单工序素色漆的局部涂装工艺如图5-30所示。

1）修补涂装的气压力一般为2.0bar，喷幅开度和出漆流量应根据修补面积大小调整。如果面积小，喷幅开度应减小，出漆流量也应减少。

2）第一次喷涂薄薄的一层，以提高底层和旧涂膜与涂料的亲和力。

3）第二次喷涂比第一次喷涂稍宽一些，并在湿的状态下定出色彩。

4）第三次喷涂比第二次要喷得更宽些。要稍加一些稀释剂，将黏度降低到13～14s，以获得高质量的表层。要注意色调应与旧涂膜相吻合。

5）晕色处理。用驳口水进行过渡处理，或者用30%调配好的油漆，再加入70%稀释剂，薄薄喷涂一层，此时如果喷得过多就会出现垂挂。

4. 双工序金属漆的局部修补涂装

双工序金属漆的局部修补涂装方法如图5-31所示。

（1）金属闪光层的喷涂

1）第一次喷涂以能遮盖住二道浆涂层为准，在较宽的范围内薄薄地喷涂一层。

2）第二次喷得稍厚一些，以决定涂膜色调。

3）第三次薄薄地喷涂，以消除金属斑纹，调整金属感，同时进行与旧涂层的晕色处理。

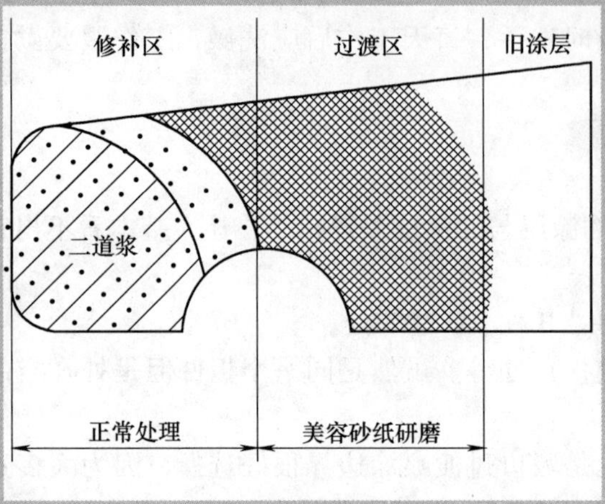

图 5-29　修补前的底材处理

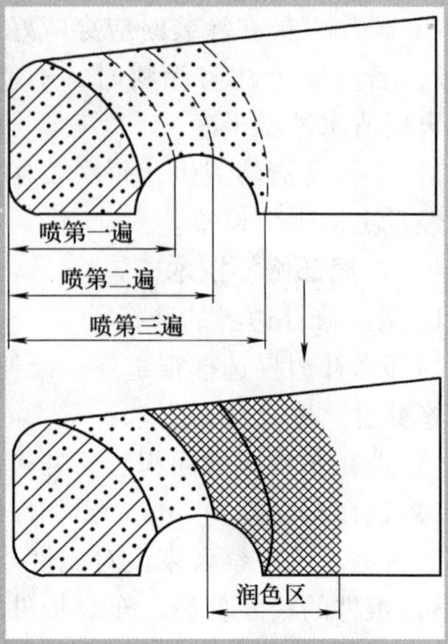

图 5-30　单工序素色漆局部涂装

（2）罩光漆的喷涂

1）第一次喷涂以有光泽为准，喷得要薄。

2）第二次稍厚一些，以形成光泽。

3）透明层应进行晕色处理，可以用接口水进行处理。也可以在罩光漆中按 3∶7 的比例加入稀释剂，进行晕色处理。

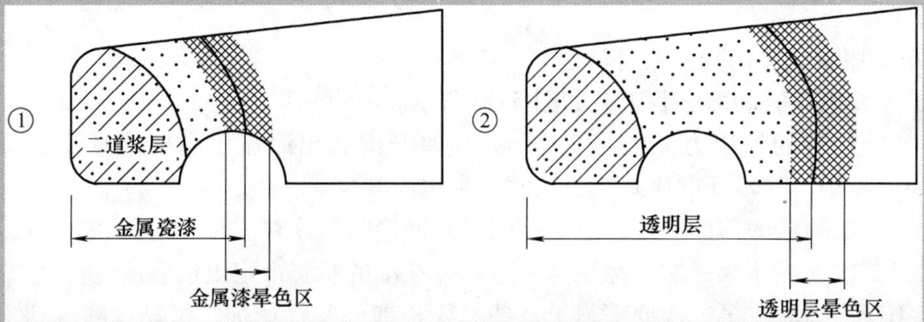

图 5-31　双工序金属漆的局部修补

（二）过渡喷涂

1. 打磨与清洁

1）P400 干打磨或 1000 号水磨，左前叶子板。

2）用驳口蜡和百洁布打磨或者用 1500 号美容砂纸打磨左前门和左前叶子板。

3）除硅清洁。

4）将不需要喷涂的部位进行贴护。

2. 喷涂金属底色漆

1）金属底色漆的调配。按油漆产品使用说明调配底色漆。

2）喷枪要求。1.3mm 口径环保面漆枪，枪尾气压调整为 2.0bar，喷幅调整为最大。

3）在左前翼子板上薄喷第一道底色漆，闪干至哑光，如图 5-32 所示。

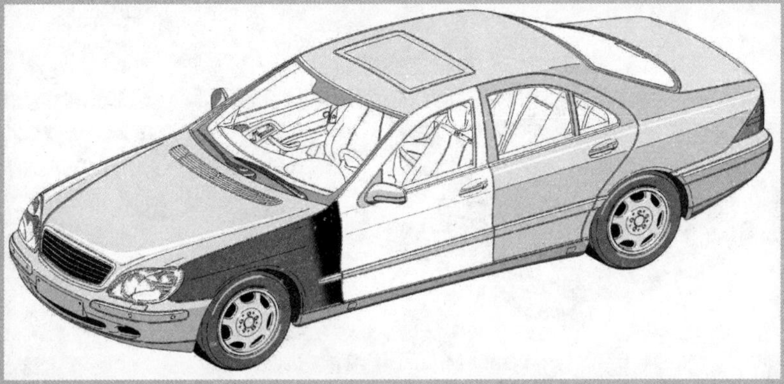

图 5-32　在维修部位喷第一道底色漆

4）用驳口渐淡法在左前翼子板和左前门相接处喷涂一道底色漆，如图 5-33 所示。

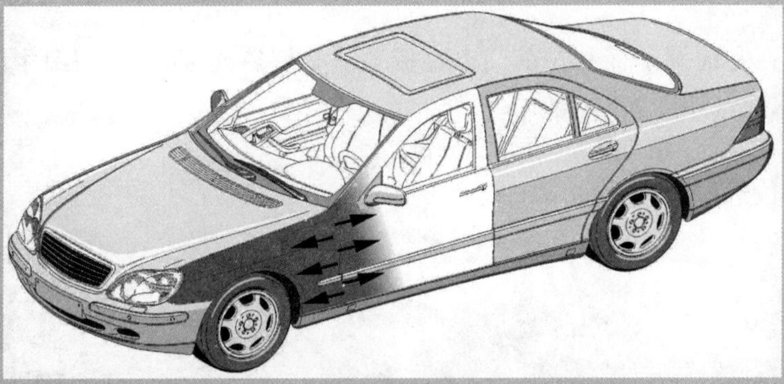

图 5-33　用渐淡法喷涂于板块相接处

5）在左前翼子板上喷第二道底色漆，完全遮盖底层颜色。闪干至哑光，如图 5-34 所示。

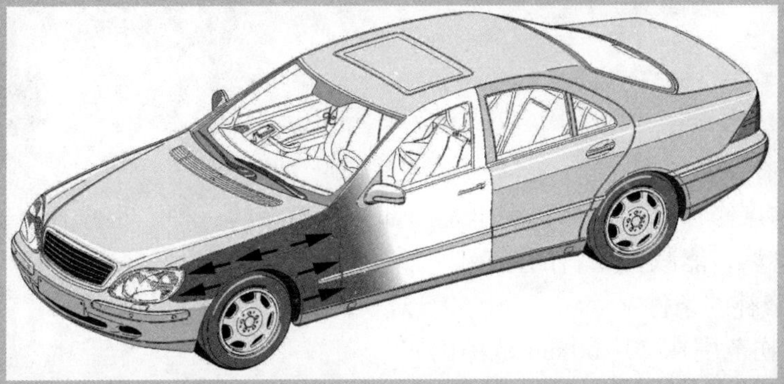

图 5-34　在左前翼子板上喷涂第二道底色漆

6）降低气压喷涂过渡涂层。降低气压到 0.8～1.5bar，喷涂 1/2 层，驳口渐淡法喷涂于左前翼子板和左前门相接处，无需闪干，如图 5-35 所示。

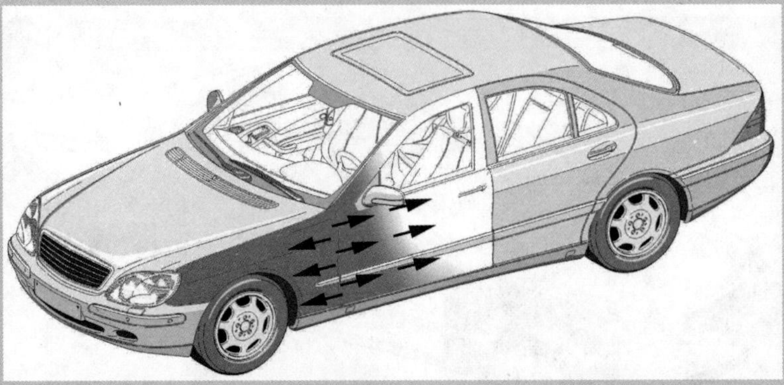

图 5-35 降低气压喷涂过渡涂层

3. 喷涂罩光漆涂层

1）按产品说明调配罩光漆，按比例向罩光漆内加入固化剂和稀释剂。

2）喷枪要求。1.3mm 口径环保面漆枪，枪尾气压调整为 2.0bar，喷幅调整为最大。

3）喷涂。在左前翼子板和左前门上整板喷涂 2 层罩光漆，第一层闪干到罩光漆发黏后，再喷涂第二层，如图 5-36 所示。

4）干燥。在 60°C 条件下，干燥 30min。

5）维修部位进行抛光处理。

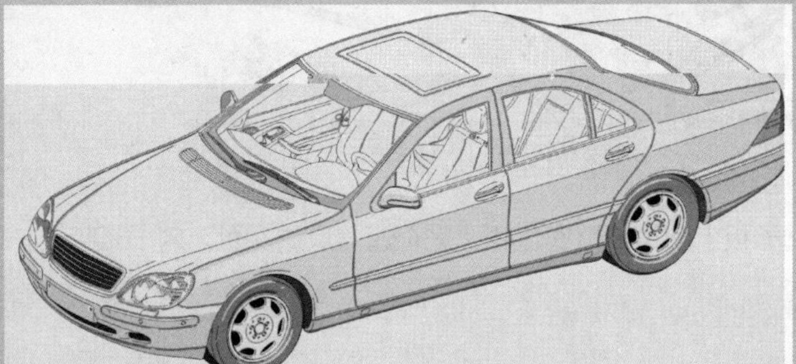

图 5-36 喷涂罩光漆

（三）小修补实例

小修补又称点修补、巧修补，它也是局部修补喷涂的一种。小修补修复快、漆面驳口好、颜色过渡自然，能减少涂料的用量。

1. 进行小修补的条件

1）油漆损伤范围在 20～50mm 范围内。

2）损伤部位在车体适合作巧修的位置。

3）腻子填补范围在 25mm 范围内，完工区域在 20cm×30cm 范围内。

4）修补区内对底色漆和罩光漆驳口。

5）修补工作能在90min内完成。

2. 小修补工艺

今有一块翼子板油漆损伤5cm范围内的轻微划痕，板件无变形，不需要刮腻子，靠近板块的边缘，确定适合小修补。

（1）打磨

1）用P240干磨砂纸或P400水磨砂纸在旧漆膜上打磨，如图5-37所示。将油漆损坏的部位打磨平整。

2）确定需要喷涂中涂底漆的范围，用P320干磨砂纸或P600水磨砂纸进一步处理。

（2）喷中涂底漆

1）打磨完成后，用除油剂清洁，将不需喷涂部位进行贴护，然后喷中涂底漆。尽量控制中涂底漆在较小的范围，并注意边缘位置要渐淡，不要形成台阶状，如图5-38所示。

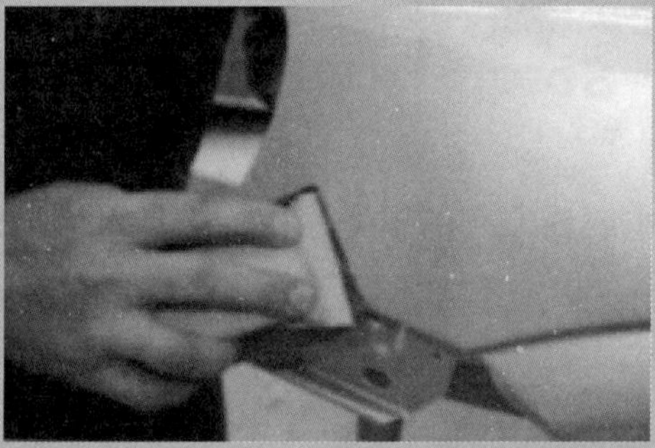

图5-37 打磨损伤部位

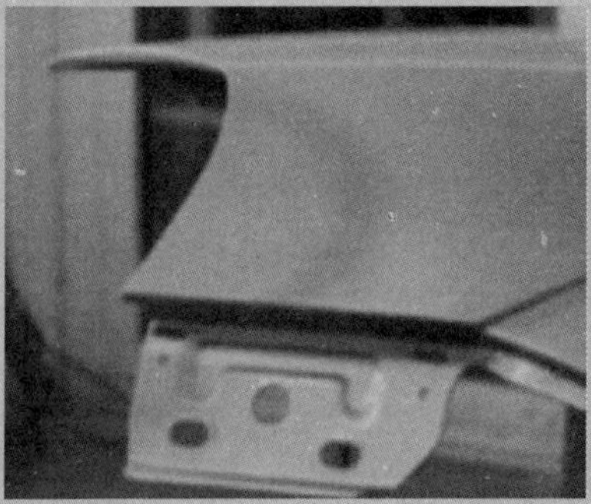

图5-38 喷中涂底漆

2）待中涂底漆干燥后，用P400干磨砂纸或P800～P1000水磨砂纸打磨。最后用P2000水磨砂纸或相当的研磨材料打磨要喷涂面漆的范围，打磨范围要扩大。

（3）喷涂底色漆

1）用除油剂清洁整个板件，用粘尘布进行喷涂前除尘作业。

2）使用小修补喷枪，调整好喷幅、出漆量和喷涂气压喷涂底色漆。先以低气压(0.7～1.2bar)，遮盖中涂底漆范围，喷涂时从内向外喷涂，如图5-39所示。每一层色漆干燥

图5-39 喷涂底色漆

后，用粘尘布除去多余的银粉后再喷下一层，直至中涂底漆完全被遮盖。

3）把喷枪气压调高到1.5~2.0bar，把握喷涂范围一层比一层稍宽以作过渡，从外至内喷涂，每层干燥后，用粘尘布除去多余银粉。喷涂底色漆直到接口位置已不明显，便可等待底色漆干燥。

（4）喷涂罩光漆

1）喷涂第一层罩光漆，完全遮盖底色漆范围。闪干5min后，喷涂第二层罩光漆，需要完全遮盖第一层罩光漆，直至预定的接口位置，如图5-40所示。

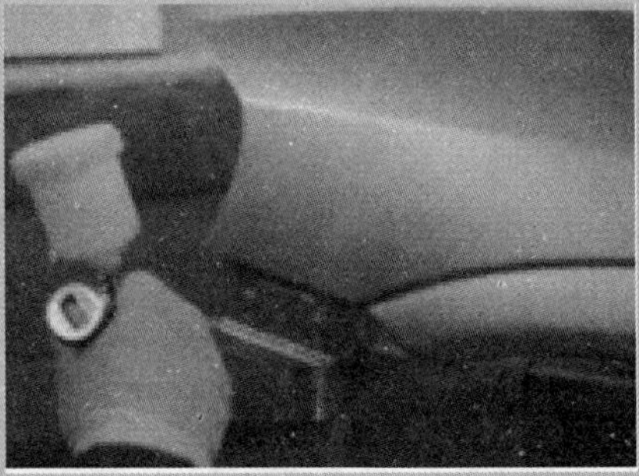

图5-40　喷罩光漆

2）驳口。完成罩光漆喷涂，立刻换上驳口水或在原有的罩光漆中加入接口添加剂或稀释剂。在罩光漆的接口位置上轻轻喷上接口水，如图5-41所示。

图5-41　喷接口水

（5）抛光

等罩光漆完全干燥后，用抛光蜡在接口位置抛光，板件恢复良好状态。至此，整个小修补工艺完成。

实训记录单

日期		姓名/学号	

1. 请将适合局部修补喷涂的板件状态记录在下面：

____

____

____

____

2. 请将局部修补喷涂前，板件的处理情况记录在下面：

____

____

____

____

3. 请将金属底色漆过渡喷涂方法记录如下：

____

____

____

____

4. 请将涂膜缺陷的处理情况记录在下面：

____

____

____

____

5. 实训中出现的问题、原因及解决办法：______________

____

____

____

____

6. 个人技能掌握程度：非常熟练□　比较熟练□　一般熟练□　　不熟练□

教师评语：

实训记录成绩______分

______年____月____日

任务四　水性漆的喷涂

学习目标

1. 掌握水性涂料的特点。
2. 掌握水性修补涂料的技术说明。
3. 掌握水性漆施工要点。
4. 能够进行水性面漆的喷涂操作。
5. 能够进行正确的安全防护。

一、任务分析

汽车涂料尤其是汽车修补漆的环保与否因其较少直接对最终消费者的健康产生影响而少人问津。其实，无论是民用涂料还是工业涂料，环保性能差的产品对环境和工人造成的危害是相当严重的。2007 年 3 月，香港特区政府设定了挥发性有机化合物(VOC)的减排目标，在 2010 年或以前，把排放量较 1997 年的水平减少 55%。2007 年 4 月 1 日起生效的《空气污染管制(挥发性有机化合物)规例》，禁止生产及输入挥发性有机化合物含量高于限制的产品。

溶剂型涂料即属于含有挥发性有机溶剂产品一类，减少挥发性有机溶剂的排放也是国家环保法规的要求。使用水作为溶剂的水性涂料在汽车涂装行业，尤其是在修补涂装中逐渐被接受并使用。水性底色漆与溶剂型底色漆的组成成分比例，如图 5-42 所示。在传统的有机溶剂型涂料中，金属闪光底色层释放的 VOC 量占汽车车身涂装各道工序排出 VOC 总量的 50%左右，见表 5-7。仅将传统的溶剂型金属闪光底色漆更新为水性金属闪光底色

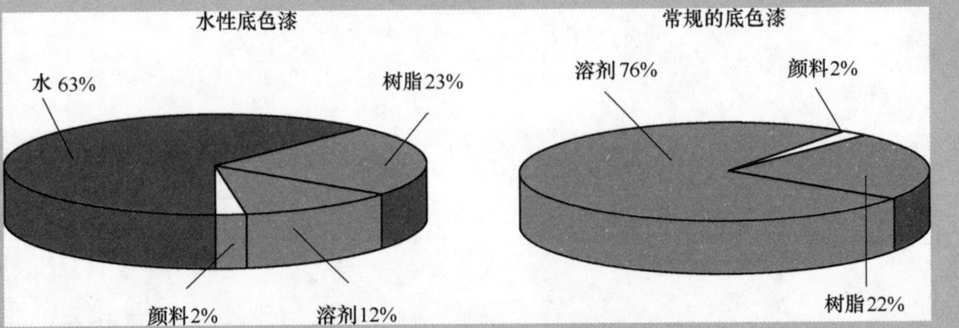

图 5-42　水性底色漆与溶剂型底色漆成分比例对比

漆，该道工序的 VOC 排放量可减少 80%以上。

表 5-7 汽车车身涂装各道工序所排出的溶剂(VOC)量

项 目	涂装面积/m^2	膜厚/μm	VOC 放出量①		VOC 放出量②/%
			kg/台	%	
电泳底漆层	80	20	0.2	2	6
溶剂型中涂层	20	35	0.9	9	17
金属闪光底色漆	25	15	5.9	59	44
溶剂型罩光漆层	25	35	2.1	21	9
其他	15		0.9	9	4
溶剂型保护蜡					14
清洗溶剂					6

① 德国 Herberts 公司资料。②日本关西涂料公司资料。

二、相关知识

1. 水性涂料的发展

传统的涂料是树脂溶解在有机溶剂中的涂料，在施工时需用有机溶剂调稀和清洗，一般简称为溶剂型涂料。在 20 世纪 50 年代开发成功水溶性(或亲水性)的合成树脂，配制成可用水调配的浸用涂料，60 年代又研制开发成功阳极电泳涂料。为进一步提高车身耐腐蚀性和泳透力，1977 年开始采用阴极电泳涂料，并形成替代阳极电泳涂料之势。这种用水全部或部分替代有机溶剂溶解水溶性成膜物质制成的，在涂膜形成之际树脂固化生成水不溶的涂膜的涂料称之为水性涂料。

进入 80 年代随环保要求逐年提高。工业先进的国家或地区，对挥发性有机化合物(VOC)的挥发量作出法规限制，又促进低公害的、VOC 量低的水性涂料的大发展，在汽车工业中更广泛地替代溶剂型涂料。如水性中涂、水性底色漆(金属闪光和本色)、水性罩光漆和水性防蚀涂料等前后获得实际应用。以车身涂装为例由底到面都采用水性涂料，可使 VOC 的释放量降到 27g/m^2(德国 1995 年的大气净化标准的 VOC 限值为 35g/m^2)。德国的欧宝公司艾森纳赫厂是全部实现水性化的第一条车身涂装线，年产 1.5 万辆“可赛”“雅诗”两种型号的欧宝轿车。该厂 1981 年采用电泳涂料替代溶剂型底漆，又经 10 多年的努力到 1992 年，中涂和面漆全部实现水性化。德国汽车工业 90 年代新建的车身涂装线都采用水性中涂和水性底色漆，有的涂装线暂采用溶剂型罩光漆，有的已采用了优质的粉末和水性罩光漆。

现在，在我国汽车修补涂装行业中，大部分高端品牌轿车修补涂装已经大量使用水性底色漆。水性面漆都采用传统的金属闪光面漆的施工工艺，即底色层加罩光层的工艺。水性底色涂层可与溶剂型罩光漆配套。

2. 水性涂料与溶剂型涂料的不同

树脂溶解在溶剂中成为溶解型，树脂分散在水中成为分散型的水性涂料。它们的性质和流动行为有较大的差别，还有水和有机溶剂也有很大的差别。在使用水性涂料的场合必须熟知这些差别是重要条件。

(1) 颜料的分散性

有机溶剂型涂料几乎都是溶解型，涂料中的树脂分子呈“人”字线形。而水性涂料多为分散型，树脂分子呈绕线团形的圆粒子状。这意味着分散粒子难吸附在颜料表面上。还有，水溶性涂料初期的光泽鲜艳性好，而在室外曝露时的光泽保持率差。现在水性涂料在经人工老化机促进试验3000h前后，能维持光泽保持率85%以上，已是最高的限值。其原因之一，是水性树脂分子附着在颜料表面上有一定的问题。

（2）表面张力

水性涂料的表面张力(720mN/m)较溶剂型涂料(290mN/m)高，在涂装时易产生下列缺陷及漆膜弊病：

1）不易扩伸入被涂物表面的小细缝中。

2）易产生针孔、缩孔、流挂等涂膜缺陷。

3）不易消泡，易产生下沉、流迹等。

（3）蒸发速度

水非常难蒸发，汽化所需蒸发潜热非常高，远远高于一般的溶剂。蒸发慢在涂装时易产生流挂，还有在涂金属闪光底色时二层和三层时的晾干时间过长，延长整个涂装时间而使作业效率变差。

（4）受温度和湿度的影响

在喷涂水性涂料时应注意的是因水蒸发得慢和水性涂料的独特的黏度特性，较溶剂型涂膜易产生流挂。另外受周围空气的温度和湿度的影响大，即湿度高了水就难蒸发。在喷漆室中涂装水性涂料，由于涂料中的水可瞬间使湿度升高。水变成水蒸气容积膨胀1244倍，因而湿度急剧上升。湿度到90%以上，在被涂物上涂好的涂膜会滴滴答答地流落下来。所以涂装水性涂料时要除湿，必须保持适合涂装湿度范围。温度也要保持在不产生流挂和流淌的一定温度范围内(如温度在15~30℃,湿度在60%~80%)。

理想的作业湿度为60%±5%，但在40%~70%时就必须采取额外的调整措施(如调整黏度或添加有机溶剂)。喷漆室的气温最好保持在23℃±3℃，才能得到相同的涂装质量。就是在这样理想条件下(喷漆室内气温23℃、相对湿度60%,风速为0.4m/s,晾干时间10min)水性底色漆在喷涂作业时溶剂挥发率远比传统的有机溶剂型金属闪光底色漆低。在晾干后残留在涂膜中的溶剂量较多(图5-43)，不能适应“湿碰湿”工艺要求(在喷涂罩光漆前底色漆膜中的溶剂残留量不能超过10%)。为使水性底色漆涂膜中的溶剂残留量不超过10%，势必延长晾干区及吹干或红外辐射及吹热风强制干燥。

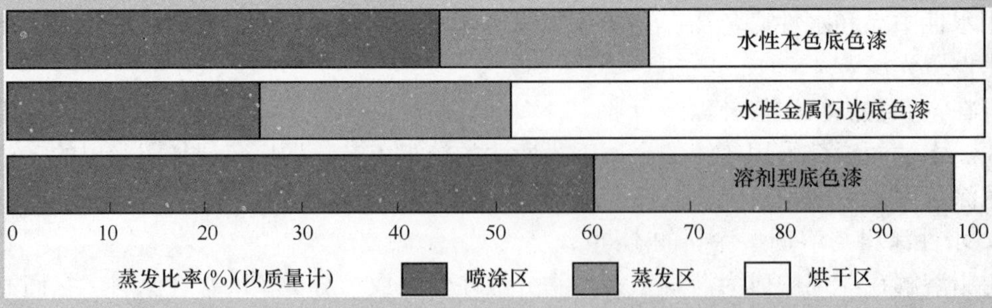

图5-43　三种底色漆在不同区域的溶剂蒸发比率

（5）水性涂料的干燥

在室外风口晾晒衣服干得快，反之通风不良，干得慢或不能干燥，空气的相对湿度大了，也干得慢。这也是水性涂料干燥的原则。因而在晾干室中设置吹热风装置，能促使水分快速蒸发，可缩短晾干时间。

水性底漆闪干区的干燥曲线如图 5-44 所示，干燥过程分为红外线烘烤 1.5min、吹热风 3min 和吹冷风 2min 三个主要步骤。最高的烘烤温度不要超过 70~75℃，最低要达到 40~45℃。

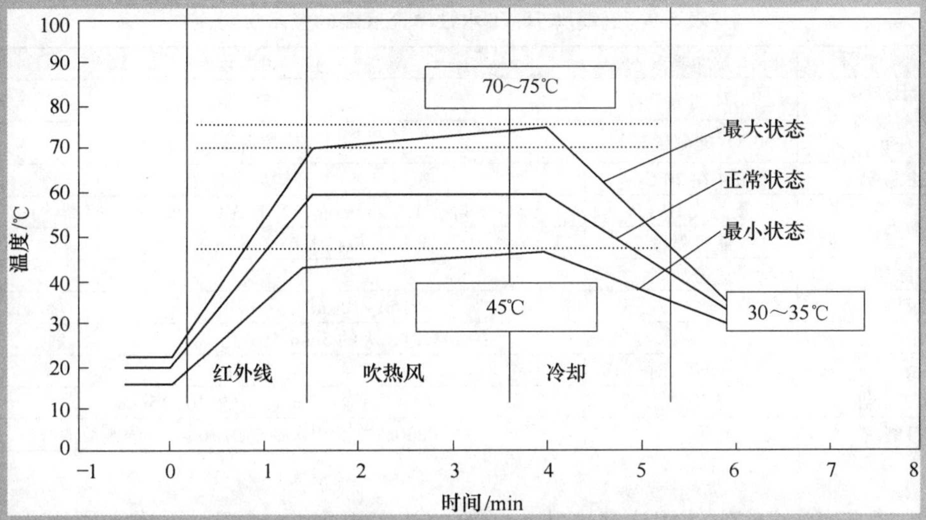

图 5-44　水性底漆闪干过程时间—温度变化曲线

3. 水性修补涂料

（1）双组分水性底漆

水性双组分防腐底漆，可作为在铁板、镀锌钢板、铝材上，1K 填充中涂漆下的防腐底漆和附着底漆。也可以作为在磨穿处上的底漆，表面上可以直接喷涂水性色漆。表 5-8 为德国鹦鹉牌 70-2 水性底漆技术说明。

表 5-8　鹦鹉牌 70-2 水性底漆技术说明

操作项目	技术要求	技　术　数　据	
		用于防腐或附着底漆	用于磨穿处，直接喷面漆
混合比例：1∶1∶30%（体积比）	70-2 水性底漆	10 份	10 份
	270-2 配套固化剂	10 份	10 份
	90-VE 配套稀释剂	3 份	3 份
喷涂粘度	DIN4 在 20℃时	16s	16s
活化时间	在 20℃时	5h	5h
喷枪	重力式 HVLP1. 3mm	2. 0~3. 0bar/0. 7bar(喷嘴处)	
喷涂层	薄层	2	2 向周边小范围渐淡喷涂
膜厚	遮盖	20~25μm	大约 20μm
闪干时间	在 20℃时		大约 10min 至哑光
干燥	在 20℃时	大约 20min 至哑光	
	在 60℃时	10min	
打磨	白色白洁布		边口粗糙区域

在高湿度及低温度的环境的中施工，需要延长闪干时间。用吹风枪可以加速闪干。再喷涂其他材料前，要确认底漆的表面已完全哑光。底漆的最长活化时间是5h，活化时间结束后，材料的黏度增加，其他性能也随之改变。

（2）单组分(1K)水性填充底漆

水性填充底漆用于固化不良的旧漆膜的封闭处理，还可以用在防腐底漆之上，做填充功用的底材处理。还可以作为指导层使用。表5-9为德国鹦鹉牌76-71水性填充底漆的技术说明。

表5-9　鹦鹉牌76-71水性填充底漆的技术说明

操作项目	技术要求	技　术　数　据
混合比例：如果需要按1：1(体积比)	76-71 水性底漆	按需要
	90-VE 配套稀释剂	按需要
喷涂黏度	DIN4 在20℃时	开罐即可使用
喷枪	重力式 HVLP	口径1.7~1.9mm，2.0~3.0bar/0.7bar(喷嘴处)
	兼容喷枪	口径1.6~1.8mm，2.0bar
喷涂层	遮盖缺陷	2
膜厚	50~70μm	
闪干时间	在20℃时，大约5min至哑光	
干燥	在60℃时	30min
	红外线	短波：8min，中波10~15min
打磨	手工	P800，之后用水或鹦鹉700-1清洁剂清洁

水性填充底漆76-71使用注意事项：最低的施工温度为15℃；干燥主要取决于温度、湿度、空气循环和膜厚；喷枪不用时，可以将枪头浸泡在水中；收集残留的油漆和废水，并按照相关技术说明，用700-7做凝结处理。当喷涂在水性防腐底漆70-2之上时，不要用红外线干燥。

（3）水性底色面漆

水性底色面漆分为水性金属底色和水性纯色底色两种，属于1K涂料，按双工序施工，表面可以喷涂水性或溶剂型罩光漆。水性底色漆遮盖力极佳，溶剂含量只有10%。表5-10为德国鹦鹉牌90系列水性底色漆的技术说明。

表5-10　鹦鹉牌90系列水性底色漆的技术说明

操作项目	技术要求	技　术　数　据
混合比例：2：1(体积比)	90系列水性底色漆	2份
	93-E3 调节剂 加入调节剂后立刻搅拌	1份
喷涂黏度	DIN4 在20℃时	18~24s
活化时间	在20℃时	混合后的涂料在塑料容器内，可以储存6个月
喷枪	重力式 HVLP	口径1.2~1.3mm，2.0~3.0bar/0.7bar(喷嘴处)
	兼容喷枪	口径1.2~1.4mm，2.0bar
喷涂层	2层遮盖，1/2效果层	
膜厚	10~15μm	
闪干时间	在20℃时，大约5min每层间	
干燥	在20℃时	中间干燥，每层间闪干至哑光
	在20℃时	用吹风筒吹干，每层间闪干至哑光
打磨	干打磨去除尘点，然后用渐淡法轻喷表面，除去磨痕	

喷涂罩光漆前要闪干表面 2~3min，至表面哑光，用合适的吹风筒可以缩短闪干时间。

（4）水性漆的储存

水性漆储存要求环境温度在+5~+30℃之间。在冬夏两季运输过程中必须加热和冷却，运输车需装备恒温系统，油漆储存间和调漆间需安装空调。盛放的容器使用防腐蚀设备不锈钢和塑料等。

4. 水性漆喷涂注意事项

（1）最佳的施工温、湿度范围

温度、湿度对水性漆施工的影响如图 5-45 所示。最佳的施工温、湿度范围为温度 23℃±1℃，相对湿度 65%±5%。

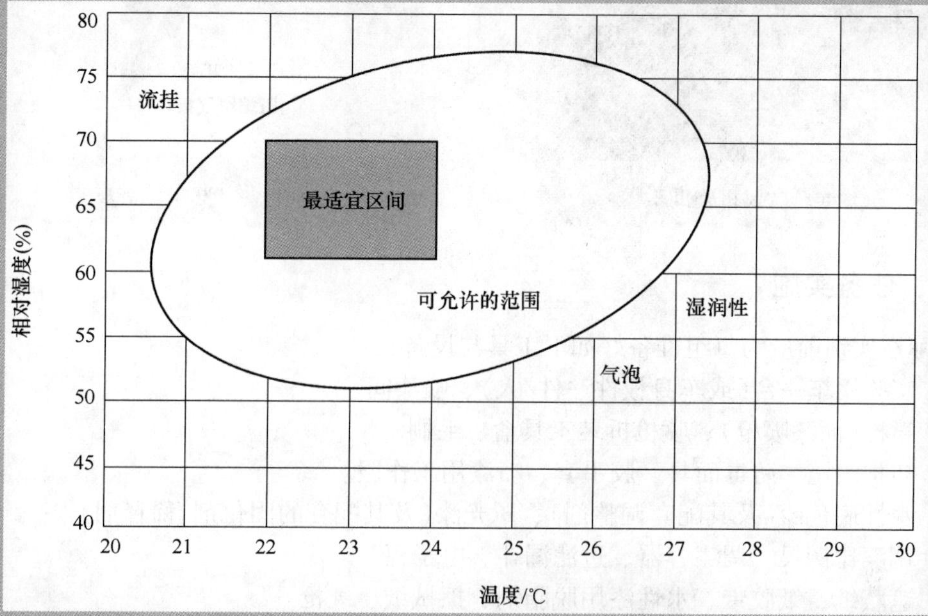

图 5-45 温度、湿度对水性漆施工的影响

（2）水性面漆的闪干

为了解决水性面漆闪干慢的问题，我们使用水性涂料吹风机，来加快水分的蒸发，保证在喷涂罩光漆前，水性底色漆中的水分必须蒸发到小于 10%，如图 5-46 所示。在进行小面积修补时（例如：车门、叶子板等），可以减少烤房的加热需要，提高工作效率。使用水性漆吹风机后干燥时间比较见表 5-11。由表中数据可以看出，用吹风枪辅助干燥的速度明显要好于烘烤和自然干燥。

表 5-11 水性漆干燥时间比较

干燥系统	在 20℃下自然风干	在烤漆房内以 60℃烘烤	在 20℃用吹风枪
第一道喷涂时间	30s	30s	30s
挥发时间	15min	9min	3min+10s
第二道喷涂时间	30s	30s	30s
干燥时间	17min	8min	3min+15s
第一道喷涂时间	32min	17min	6min+15s

注：喷涂工件为叶子板；喷房空气流量为 27000m³/h。

水性油漆吹风机的结构如图5-47所示。压缩空气从接口进入，在吹风机的头部形成文丘里效应区(当风吹过阻挡物时,在阻挡物的背风面上方端口附近气压相对较低,从而产生吸附作用并导致空气的流动,这种现象叫做文丘里效应)，外部的空气经滤网过滤后被吸进，从喷嘴喷出去吹干油漆。

图5-46　吹风机辅助干燥

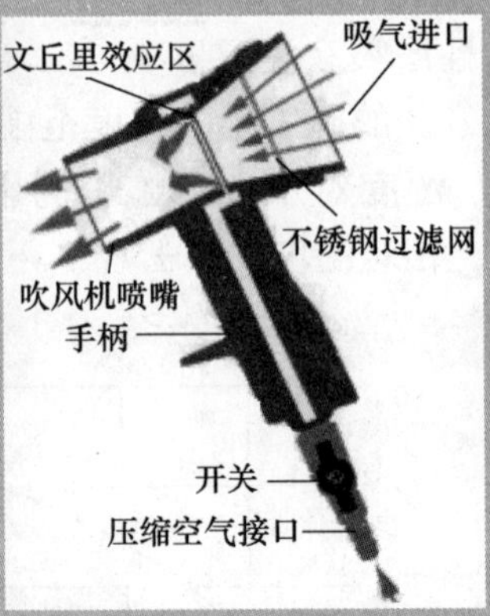

图5-47　吹干机示意图

三、任务实施

教师在实训前应为每组准备好如下工具与设备：

1）实验用车一台(或车身板件一件/人)、喷漆间。

2）喷枪(面漆喷枪)、喷枪拆装工具盒、毛刷。

3）防护眼镜、防毒面具、胶手套、喷漆用工作服。

4）水性底色漆(及其配套调整剂)、罩光漆(及其配套的固化剂、稀释剂)。

5）调漆比例尺、调漆容器、过滤漏斗、电子秤。

6）遮蔽纸、纸胶带、水性漆用脱脂剂、擦拭纸、气枪。

操作前，学生必须牢记以下劳动安全事项：

1. 防火安全措施

1）每个工作人员应会使用防火设备，懂得各种灭火方法。

2）涂装场地严禁烟火，不准携带各种火种进入施工现场。

3）擦拭涂料用过的擦拭纸等物品应集中，并应妥善存放在储有清水的密封桶中，不要放置在暖气管或烘房附近，以免引起火灾。

4）清洗工具用后的稀释剂，应集中存放，不得倒入下水道或随意乱倒。

5）各种电器设备开关非经老师允许，不得随意操作，有专人定期检查和维修。

2. 防毒措施

1）操作人员在涂装时应穿戴好各种防护用品。

2）若皮肤上沾有涂料时，不要用稀释剂擦洗，要用专用洗手膏、去污粉、肥皂擦洗，再用清水冲洗干净。

3）要注意清洁卫生，每次工作完成后及时洗手，每天工作后应洗澡，工作服要勤换洗，经常更换失效口罩。

3. 喷涂水性底色漆前板件的处理

1）喷涂水性漆前板件的打磨要求与溶剂型底色漆要求相同，板件光滑平整，无砂纸痕。同时要清除打磨灰尘。

2）板件要使用水性漆专用脱脂剂进行除油、脱脂操作。脱脂后的板件避免手掌触摸。

4. 水性底色漆的准备

以水性底色漆的调配比例为 2∶1(主剂:调整剂)为例，操作流程如下：

1）根据涂料说明书建议的各成分比例(主剂和调整剂)选择比例尺 2∶1 的一面。

2）选择合适的容器。要求干净、体积上下一致。

3）将比例尺垂直放置于调漆容器内，用手扶正。按 2∶1 体积比加入调整剂93-E3，如图 5-48 所示。

4）各个组分按比例添加完成后，立刻搅拌均匀。

5）水性底色漆的喷涂黏度一般为 18~24s(DIN4/20℃)。若测定的黏度不符合喷涂要求，通过加减调整剂来进一步调整，直到符合要求为止。

6）选择合适的面漆喷枪，将调整好黏度的水性底色漆通过漏斗过滤后装入喷枪漆罐内。

7）罩光漆的调配方法与单工序素色面漆基本一致，参考单工序素色漆调配方法。

5. 水性底色漆的喷涂

（1）板件准备

1）将不需要喷涂的部位进行遮护。

2）用粘尘布进行再次除尘。

（2）第一道喷涂

1）将喷枪气压调整为 2.0bar，喷枪喷幅调整为全开状态，喷漆流量调整为 1/2~2/3 开度。

2）喷涂时，要求喷枪与板件之间的距离为 10~15cm(HVLP 喷枪)，并保证喷嘴与板件之间总是保持垂直状态，如图 5-49 所示。保证喷幅之间有 1/4~1/2 的搭接，并且要控制好喷涂的速度。

3）第一道喷涂完成后要达到遮盖力 50%~70%，不可喷涂过厚。

4）闪干。由于水性底色漆闪干时间比较慢，可以使用水性漆吹风枪进行强制干燥，减少闪干时间。吹干时要调整好吹风枪的高度、与板件之间距离和吹风角度，如图 5-50 所示。

图 5-48　水性漆调整剂

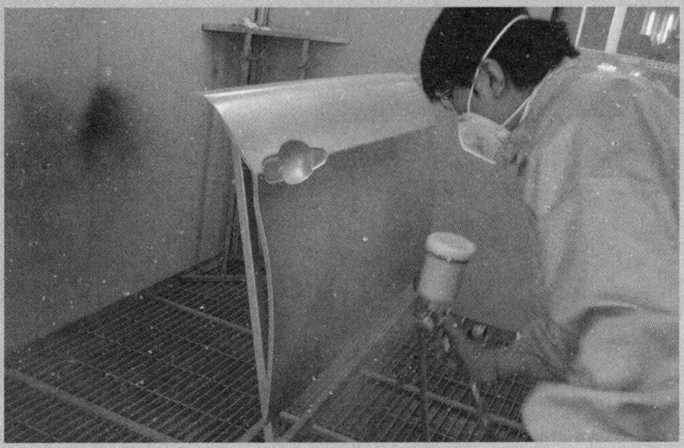

图 5-49　第一道喷涂

注意：

① 正确的吹风枪吹风角度为与板件成45°，并且稍向下倾斜。
② 吹风枪与板件的距离稍大于吹风枪支臂长度。

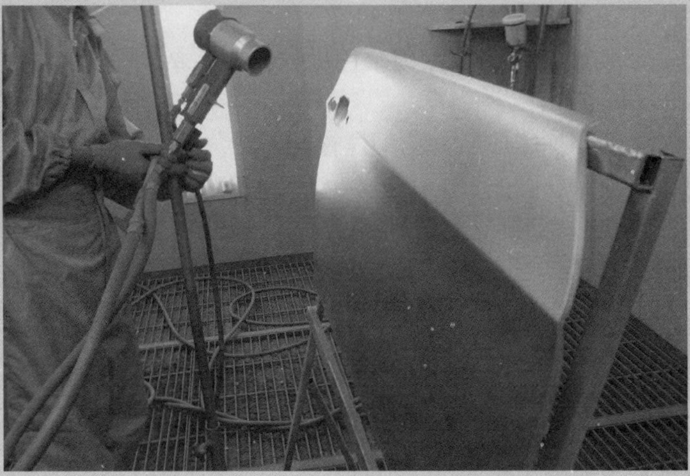

图5-50 利用水性漆吹风枪加速干燥

（3）第二道喷涂

1）将喷枪气压调整为2.0bar，喷幅调整为全开状态，喷漆流量调整为1/2~2/3开度。

2）喷涂时，要求喷枪与板件之间的距离为10~15cm（HVLP喷枪），并保证喷嘴与板件之间总是保持垂直状态。保证喷幅之间有1/2~2/3的搭接，并且要控制好喷涂的速度。如图5-51所示。

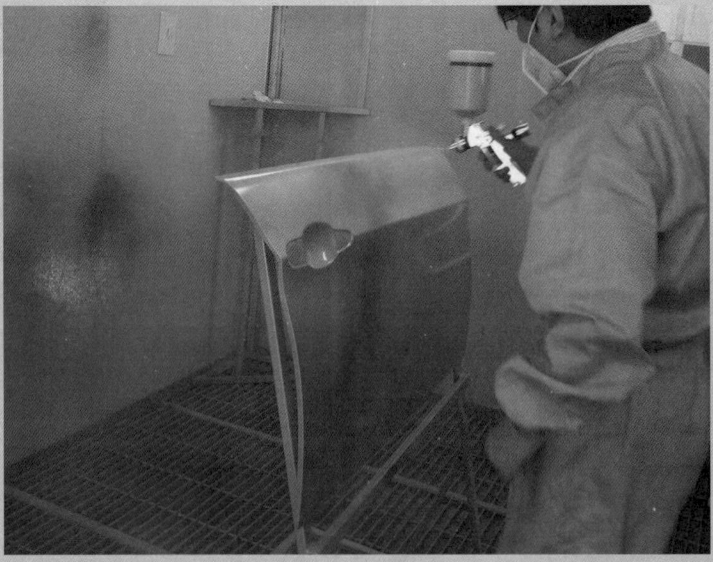

图5-51 第二道喷涂

3）第二道喷涂完成后要达到完全将底色遮盖，涂膜丰满，表面颜色一致，无流挂等缺陷。

4）闪干。使用水性漆吹风枪进行强制干燥，保证涂膜中的水性溶剂挥发，表面哑光状态，如图 5-52 所示。

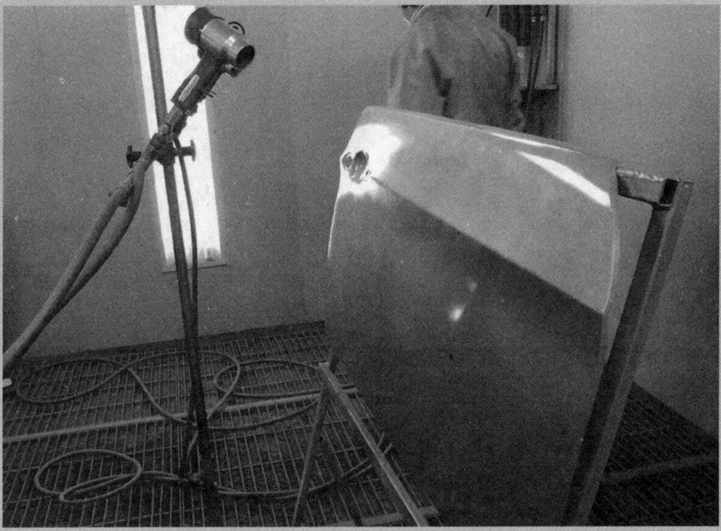

图 5-52　再次吹干

（4）第三道喷涂

1）将喷枪气压调整为 2.0bar，喷幅调整为全开状态，喷漆流量调整为 1/2～2/3 开度。

2）喷涂时，要求喷枪与板件之间的距离为 20～30cm（HVLP 喷枪），并保证喷嘴与板件之间总是保持垂直状态。保证喷幅之间有 1/4～1/2 的搭接，并且要控制好喷涂的速度。

3）第三道喷涂完成后要达到：膜厚要达到 15～20μm，涂膜表面有金属质感。

4）闪干。保证涂膜中的溶剂挥发，表面哑光状态。

6. 废弃涂料的处理

1）喷完水性底色漆的喷枪可以用自来水进行清洗，也可以用水性洗枪机进行清洗，如图 5-53 所示。

2）喷枪清洗水中要加入适用的凝结剂，如图 5-54 所示。每 10L 的废水加 1～2 勺凝结剂（大约体积比 1%），使固体残渣分离出来，这些残渣必须被作为普通废漆，进行相应处理。

3）过滤后的废水可再被循环使用。

7. 罩光漆的喷涂、干燥和缺陷修整

罩光漆的喷涂、干燥和缺陷修整与单工序素色漆施工方法相同，参考单工序素色漆部分。

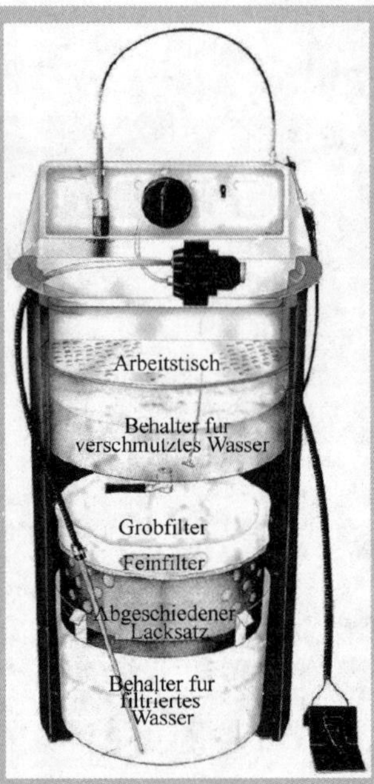

图 5-53　水性漆洗枪机

图 5-54　凝结剂

实训记录单

日期		姓名/学号	

1. 请将水性底色漆调配方法记录在下面：

2. 请将水性漆喷涂前，板件的处理情况记录在下面：

3. 请将水性底色漆喷涂方法记录如下：

4. 请将涂膜缺陷的处理情况记录在下面：

5. 实训中出现的问题、原因及解决办法：______

6. 个人技能掌握程度：非常熟练□　比较熟练□　一般熟练□　不熟练□

教师评语：

实训记录成绩______分

______年____月____日

项 目 考 核

一、理论考核

(一) 判断题(每题2分,共30分)

1. 水不能作为涂料中的溶剂。 ( )
2. 颜料的遮盖力和着色力是同一内涵的不同表达。 ( )
3. 树脂常温下是液态的，受热才能固化。 ( )
4. 颜料是一种不溶于水或油的细微粉末。 ( )
5. 一般颜料颗粒越小，色调越深，亮度越大。 ( )
6. 一般无机颜料的耐溶剂性比有机颜料好。 ( )
7. 稀释剂的选配不当会造成很多缺陷。 ( )
8. 固化剂是一种具有催化作用的化合物。 ( )
9. 单工序颜色比较单调，多工序效果比较丰富。 ( )
10. 面漆工序越多，喷涂与修补越复杂。 ( )
11. 给车身涂好上光蜡，等蜡完全干后再擦净，便于蜡质渗透。 ( )
12. 每一类树脂在各种不同溶剂中的溶解力是不同的。 ( )
13. 塑料具有良好的防腐蚀能力，故在涂装中不需对塑料进行防腐处理。 ( )
14. 每喷一层金属漆后，再次喷涂前都要搅拌均匀，防止颜料沉淀。 ( )
15. 在面漆的涂饰中，纯色漆只能做单工序施工。 ( )

(二) 单项选择题(每题2分,共20分)

1. 在60℃时，双组分涂料完全固化需要( )。

A. 16min　　B. 30min　　C. 40min　　D. 45min

2. 双组分面漆喷涂时，喷涂第二层的最佳时机为( )。

A. 距喷涂第一层20min以后

B. 距喷涂第一层15min以后

C. 待涂面不沾尘

3. 底色漆的喷涂标准为( )。

A. 2~3层　　B. 3~4层　　C. 4~5层　　D. 均匀覆盖

4. 新车封蜡( )以上，在开蜡后需要进行抛光处理。

A. 6个月　　B. 1年　　C. 2年　　D. 3年

5. 下列成膜方法中，成膜分子结构无显著化学变化的是( )。

A. 溶剂挥发型　　B. 氧化聚合型

C. 烘烤聚合型　　D. 固化剂成膜型

6. 涂膜的流平过程与膜厚有关，厚度减少一半，流平时间要增加( )倍。

A. 1　　B. 2　　C. 4　　D. 8

7. 涂料中加入增塑剂，( )性能有所下降。

A. 耐冲击强度　　B. 附着能力　　C. 耐热性　　D. 抗弯曲性

8. 银粉色母的基质是( )。

A. 铜粉　　B. 铝粉　　C. 锌粉

9. 涂料的许多特性，主要取决于(　　)的性能。

A. 树脂　B. 颜料　C. 添加剂　D. 溶剂

10. 我国涂料基本名称代号共有(　　)种。

A. 66　B. 77　C. 88　D. 99

(三)多项选择题(每题5分,共50分)

1. 在下列涂料的组分中，形成涂膜后仍存在的物质是(　　)。

A. 树脂　B. 颜料　C. 助剂　D. 溶剂

2. 涂料具有的功能是(　　)。

A. 保护　B. 装饰　C. 绝缘

D. 导电　E. 示温　F. 隐身

3. 在实际施工中，涂料的烘干时间与(　　)等因素有关。

A. 涂料的颜色　B. 工件的形状　C. 工件的材质

D. 工件的厚度　E. 工件的质量

4. 对溶剂的技术要求是(　　)。

A. 色浅　B. 透明　C. 化学性能稳定

D. 毒性小　E. 来源稳定

5. 涂料的流平性与(　　)因素有关。

A. 涂层厚度　B. 涂料黏度

C. 表面张力　D. 溶剂的挥发

6. 涂料中加入增塑剂后，(　　)性能有所下降。

A. 抗张强度　B. 硬度　C. 耐热性

D. 延伸性　E. 附着力

7. 轿车车身涂层对(　　)性能要求很高。

A. 装饰性　B. 耐久性　C. 保护性　D. 保光性

8. 主要靠面漆来实现的性能有(　　)。

A. 耐候性　B. 装饰性　C. 耐湿性

D. 抗污性　E. 防腐性

9. 罩光漆的作用是(　　)。

A. 保护底色漆　B. 防止金属颜料氧化　C. 抗紫外线

D. 提高光泽　E. 提高饱满度　F. 显示艳丽色彩

10. 抛光的作用是(　　)。

A. 增加漆膜光泽　B. 消除粗粒划痕　C. 消除流痕桔皮

D. 清除泛白泛色　E. 清除老化层　F. 去除修补区新旧涂层交界痕迹

二、实操考核

教师在考核前为学生提供车身板件、油漆及其配套固化剂或稀释剂。要求学生独立进行板件的处理和油漆的调配，按要求进行喷涂操作。教师对学生操作全程记录、打分，并把学生实训记录单的成绩计入本次考核的成绩中。

实操考核记录单

实训项目四　面漆喷涂					
序号	考核内容	配分	考核记录	扣分	得分
1	安全与卫生习惯	10	1. 未着工装及防护 2. 工具摆放不整齐 3. 结束操作未整理现场 4. 有自伤事故 5. 野蛮操作或损坏设备		
2	工具的正确选用、使用	10	1. 比例尺的使用 2. 电子秤的使用 3. 喷枪的使用 4. 其他工具的使用		
3	操作流程	40	1. 板件的表面处理 2. 油漆的调配 3. 板件的喷涂和干燥 4. 涂膜表面缺陷的修整		
4	效果评价	30	1. 板件喷涂完成后的效果 2. 抛光处理后的效果		
5	学生实训记录单	10			
6	得分合计				

考核教师：____________　________年______月______日

项目六

汽车涂料和涂膜性能检测

我国的标准分为国家标准、行业标准、地方标准和企业标准。对需要在全国范围内统一的技术要求，应当制定国家标准。国家标准由国务院标准化行政主管部门制定。对没有国家标准而又需要在某个行业范围内统一的技术要求，可以制定行业标准。行业标准由国务院有关行政主管部门制定，并报国务院标准化行政主管部门备案，在公布国家标准之后，该项行业标准即行废止。对没有国家标准和行业标准而又需要在省、自治区、直辖市范围内统一的工业产品的安全、卫生要求，可以制定地方标准。企业生产的产品没有国家标准和行业标准的，应当制定企业标准，作为组织生产的依据。企业标准应报当地政府标准化行政主管部门和有关行政主管部门备案。已有国家或行业标准的，国家鼓励企业制定严于国家标准或行业标准的企业标准，以推动产品质量的升级提高。随着对外开放的不断发展和外资企业的进入，目前还有许多其他国家的多种技术标准在国内企业间执行着，如ISO(国际标准化组织标准)、IEC(国际电工委员会标准)、DIN(德国工业标准)、ASTM(美国材料试验学会标准)等。

任务一　汽车涂料性能检测

学习目标

1. 了解汽车涂料性能检验的项目和国家标准。
2. 掌握涂料物理形态方面的检测内容。
3. 掌握涂料施工性能方面的检测内容。
4. 能够进行涂料物理形态方面的性能检测。
5. 能够进行涂料流挂性和遮盖力的检测。

一、任务分析

涂料检验是对涂料产品或生产过程的一个或多个特性进行诸如测量、检查、试验或度量并将结果与规定要求进行比较，以确定每项特性合格情况所进行的活动。满足规定的要求为合格；没有满足规定的要求为不合格。按生产过程的次序分质量检验的种类有进货检验、过程检验、最终检验。表 6-1 列出了汽车涂料部分国家检测标准，仅供参考。

表 6-1　汽车涂料国家标准

涂料性能检测标准	
标准号	标　准　名　称
GB/T 1722—1992	清漆、清油及稀释剂颜色测定法
GB/T 1723—1993	涂料黏度测定法
GB/T 1724—1989	涂料细度测定法
GB/T 1725—2007	色漆、清漆和塑料　不挥发物含量的测定
GB/T 1726—1989	涂料遮盖力测定法
HG/T 3858—2006	稀释剂、防潮剂水分测定法
HG/T 3861—2006	稀释剂、防潮剂胶凝数测定法
GB/T 6750—2007	色漆和清漆　密度的测定　比重瓶法
GB/T 6753. 3—1986	涂料储存稳定性试验方法
涂料施工性能检测标准	
标准号	标准名称
GB/T 1728—1989	漆膜、腻子膜干燥时间测定法
HG/T 3859—2006	稀释剂、防潮剂白化性测定法
HG/T 3860—2006	稀释剂、防潮剂挥发性测定法
GB/T 9278—2008	涂料试样状态调节和试验的温湿度

二、相关知识

1. 涂料物理形态方面的检测

（1）颜色及外观

对色漆产品颜色的控制从生产到检验大体过程：首先要得到标准样板，生产车间调色后由质检人员确定颜色，确定颜色的观察方式是在标准光源下进行目视比色，目视比色的光照条件为 D65 光源(即标准光源)，光源箱内壁涂成中性灰，在所规定的视场中除试板以外不允许有其他彩色物体存在，以防止对颜色判断的干扰。除标准光源以外，对观察者(定色人)在色视觉、视力等方面也有相应的要求。在调色定色方面，除人的肉眼观察外，还结合配以电子计算机进行色差的识别，电子计算机通过标准板与试板的比对给出一系列数据供检验人员参考，人的肉眼观察是定性的，电子计算机给出的数据是定量的。通过这种配合使产品能够在颜色上给予较严格的控制。

对于罩光漆、清油及稀释剂，是检验其是否含有机械杂质和呈现浑浊的程度。

（2）细度

涂料的细度主要是涂料中的颜料、体质颜料的颗粒大小或分散度。涂料的细度直接影响涂膜的平整性、保护性、透水性及涂料储存的稳定性。涂料的用途不同，涂料的细度要求也不同。如面漆要求涂料要细，而底漆则要求涂料不应太细，以免影响涂膜的附着力。

涂料的细度的检测，GB/T 1724—1989《涂料细度测定法》规定采用刮板细度计，以 μm 为单位，使用的设备有刮板细度计和小调漆刀。

1）刮板细度计是用合金工具钢制成的磨光平板，在板面上有一条长 155mm±5mm，宽 12mm±0. 2mm 的沟槽，在 150mm 长度内刻有表示沟槽的等分线。细度计的正面槽底与背面平直度误差为 0. 003mm/全长，正面粗糙度 *Ra* 为 0. 8μm。刮板细度计按量程分为三种，如图 6-1 所示，各项技术数据见表 6-2。

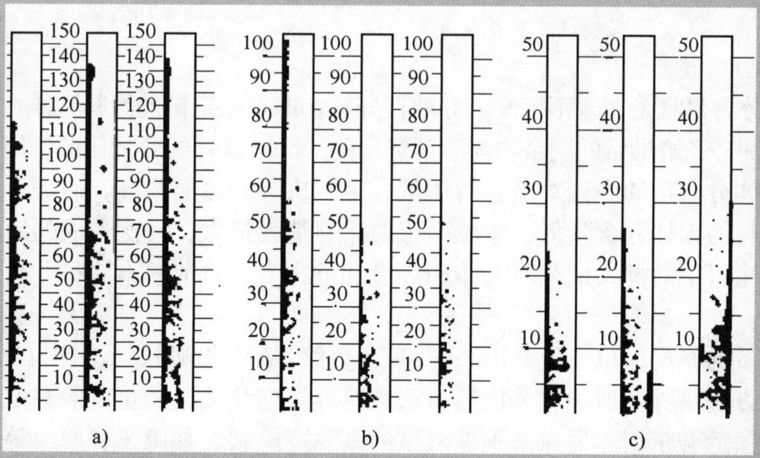

图 6-1　细度计种类

表 6-2 细度计技术数据

种类	量程	最小分度	沟槽倾斜度	适用的粒度
a	0~50μm	2.5μm	1∶3000	大于或等于 30μm
b	0~100μm	5μm	1∶1500	31~70μm
c	0~150μm	5μm	1∶1000	大于 70μm

2）刮刀是用优质碳素工具钢制成的，两刃均磨光，长 60mm±0.5mm、宽 42mm±0.5mm，刀刃平直度误差为 0.002mm/全长，表面粗糙度 *Ra* 为 0.32μm，刀刃表面粗糙度 *Ra* 为 0.08μm。

（3）黏度

黏度是液体分子间相互作用而产生阻碍其分子间相对运动能力的量度，即液体流动的阻力，这种阻力通常以单位面积所受的力（剪切应力）来计算。在涂料生产控制中，一般测定的是相对黏度和条件黏度。相对黏度是液体的绝对黏度与同条件下标准液体的绝对黏度之比。条件黏度是一定量的涂料试样，在一定的温度下从规定的直径的孔所流出的时间。条件黏度在汽车涂料制作与使用过程中应用得更加广泛一些，主要是检测涂料应稀释的程度。由于温度对黏度的影响很大，因此测试时试样要有温度的要求（23℃±1℃/25℃±1℃）。

汽车涂料产品黏度检验中大部分采用涂—4 黏度计（也有个别产品采用涂—6 黏度计），出厂产品一般检验原漆黏度，方法是在标准规定温度条件下测定其黏度是否符合标准。此外在制作测试板进行其他项目的检验时，应将原漆用稀释剂加稀至喷涂黏度（或称施工黏度），一般说来施工黏度的依据大部分来自于汽车生产厂。

（4）密度

测定单位体积涂料的质量。其意义是通过密度的测定，可以较快地核对连续几批产品混合后的均匀程度，可以知道产品包装时单位容积的质量，可以计算单位面积上色漆的耗用量等。

（5）固体分含量

涂料固体分含量就是所含不挥发成分的百分比。即把一定量的涂料试样在一定温度下加热，使溶剂蒸发，经焙烘后的剩余物与溶剂蒸发前的涂料试样的质量比值，用百分比表示。

涂料的固体分含量的高低对涂料的用量、施工次数。涂层厚度，遮盖力等都有很大的影响。如果涂料的固体分含量低，单位面积的涂料消耗量大，一次形成的涂膜太薄，遮盖力不足。而且涂料中的挥发成分对人体和环境的危害大，目前粉末涂料、高固体分涂料应用越来越广泛。

固体分含量的测量，以 GB/T 1725—2007《色漆、清漆和塑料　不挥发物含量的测定》采用两种测定方法培养器皿法和表面器皿法。培养器皿法适合测量一般黏度的涂料固体含量，表面器皿法适合于培养器皿法不能测试的高黏度涂料，如腻子、厚漆等。

（6）储存稳定性

储存稳定性指色漆和罩光漆在密闭容器中放置，自然环境或加速条件下储存后，测定所产生的黏度变化、色漆中颜料沉降、色漆重新混合以至于使用的难易程度以及其他按产品规定所需检测的性能变化。也就是涂料自包装之日起到开始使用这段时间，在正常储存、运输条件下，要求它质量稳定，不产生严重结皮、变色、变稠、沉淀、浑浊等现象，更不能出现胶化等重大质量变化，能达到不发生以上变化的时间，称为储存期或质量保证期，用年月日表示，储存稳定性越好，储存期就越长。涂料储存保管中的注意事项：

1）涂料必须储存在干燥、阴凉、通风、隔热、无阳光直射、邻近无直接火源的仓库内。原则上应和其他物品分库储存，但可根据具体情况，允许和不燃性物质并存在一个仓库内，绝不允许和可燃物质、氧化剂和金属粉末等混合存放。挥发性涂料如硝基涂料是易燃易爆品，过氯乙烯涂料本身虽不易燃，但含闪点较低的溶剂，管理不好也会引起燃烧爆炸。喷涂用稀释剂、胶黏剂等一级易燃液体也有类似情况。仓库的照明和电器设备必须有防爆装置，严禁管理人员携带火柴入内。仓库内应有消防器材，并有“严禁烟火”的警示牌。

2）仓库内的温度一般在5~32℃为宜。温度过低，乳胶漆、水溶性涂料会冻结，无法使用，其他涂料也会暂时性地变质。温度过高，会加速涂料在储存中稠化凝胶变质，严重的就会报废，特别是储存一级易燃液体涂料，桶内溶剂蒸气压力过高，会使桶破裂，溶剂喷出，如遇明火会酿成火灾。因此仓库要有降温设备。对于储存水性涂料的仓库，冬季要有暖气加热设施。

3）仓库内不准调漆，调漆场所应与仓库有一定距离，以免易燃、有毒蒸气扩散至仓库。仓库内不得存放未用完敞开口的涂料桶。严禁随地抛弃棉丝、纸屑。用完的涂料空桶应另放在通风的场所，定期处理。

4）仓库的位置、建筑和消防设施要符合当地公安消防部门的规定。万一发生火灾，应立即报警，切断电源，用黄沙或泡沫灭火器施救，严禁以水灭火。

5）许多涂料在储存期间，缓慢地进行着化学反应，慢慢稠化变质，这是正常现象。储存温度低一些，这种进程慢一些。因此对各种涂料都规定了储存期限。涂料入库应建立记录，发货时“先进先出”，避免积压过久。

6）对库存涂料必须定期检查，发现漏桶，必须移到安全地点换桶或堵塞。

2. 涂料施工性能的检测

涂料施工性能的检测，是评价涂料产品质量好坏的重要方面。

（1）流挂性测定

流挂性测定板是汽车用冷轧钢板350mm×300mm×1mm，在对角线上钻8个ϕ10mm的孔，孔边沿不修整，呈刀刃状，用于各类汽车漆的流挂性测定。测量开始流挂的孔对应的涂膜厚度，即为流挂性数据，单位以微米(μm)表示。

（2）流平性

流平性就是涂料涂布于物体表面后，经过一定的时间，涂膜表面的痕迹能自行消失，形成均匀、平滑的表面的性能。流平性影响涂膜的形成质量。流平性太差，涂膜表面的痕迹不易消失，产生涂装缺陷；流平性太好，涂膜则容易产生流挂、流痕等缺陷。

流平性的测定，根据GB1750—79《涂料流平性测定法》，分为刷涂法和喷涂法。就是将涂料刷涂或喷涂于平整的底板表面上，以刷纹消失和形成平滑表面所需要的时间，以分(min)计。

（3）涂料的遮盖力

涂料的遮盖力指色漆试样均匀地涂覆在物体表面上，使物体表面的原有底色不复呈现的最少用漆量，称为涂料的遮盖力。涂料的遮盖力在修补涂装中直接影响修补质量和涂料用量。

测定涂料遮盖力的方法有：单位面积重量法、最小漆膜厚度法、光学仪器测定法。GB 1726—86《涂料遮盖力测定法》采用的是单位面积测量法。即把色漆均匀地涂布在物体表面上，使其原底漆色不复呈现的最小用漆量，以 g/m^2 表示。

三、任务实施

教师在实训前应为每组准备好如下工具与设备：

1）汽车用涂料、配套固化剂和稀释剂。

2）小调漆刀，刮板细度计。

3）压缩空气、气管、喷枪、350mm×300mm×1mm 规格的冷轧钢板、膜厚仪。

4）漆刷、黑白格玻璃板、电子秤、木制暗箱。

5）脱脂剂、擦拭纸、个人防护用品。

（一）涂料产品物理形态的检测

1. 检测涂料的颜色及外观

1）对色漆产品颜色的控制，首先要得到标准样板，生产车间调色后由质检人员确定颜色，确定颜色的观察方式是在标准光源下进行目视比色。在调色定色方面，除人的肉眼观察外，还结合配以电子计算机进行色差的识别，人的肉眼观察是定性的，电子计算机给出的数据是定量的。通过这种配合使产品能够在颜色上给予较严格的控制。

2）对于罩光漆、清油及稀释剂，是检验其是否含有机械杂质和呈现浑浊的程度。

2. 检测涂料的细度

1）刮板细度计在使用前，必须用溶剂仔细清洗、擦净。

2）用小刀充分搅匀涂料试样，然后在刮板细度计的沟槽最深部分滴入涂料试样数滴，以充满沟槽且有多余为好。

3）用双手持刮刀，横直在刮板计磨光平面上端，并与平面垂直，在 3s 内，把刮刀由沟深的部位向浅的部位拉回，使涂料充满沟槽，而表面没有，如图 6-2 所示。

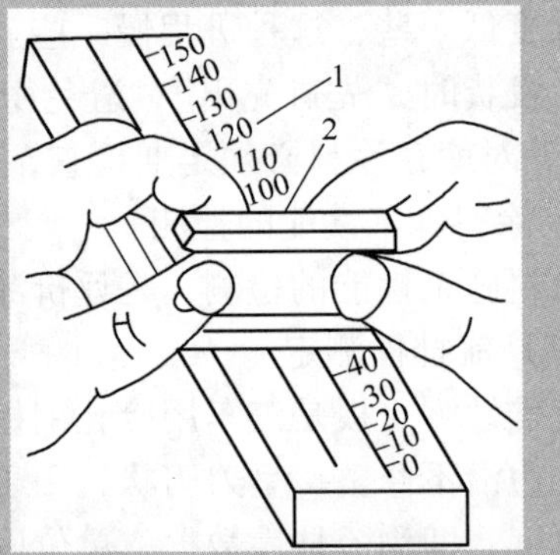

图 6-2 涂料细度的检测

4）刮刀拉过后，立即使视线与沟槽平面成 15°~30°，对光观察沟槽中颗粒均匀显露处的刻划线，计下读数。如有个别颗粒显露于其他分度线时，则读数与相邻分度线范围内，不得超过三粒。

5）试验三次，取两次结果相近读数的算术平均值。两次读数的误差应不大于最小分度值。

6）测试完后，清洗、擦净刮板细度计表面、沟槽。

3. 检测涂料的黏度

1）测试时试样要有温度的要求（23℃±1℃/25℃±1℃）。

2）汽车涂料产品黏度检验中大部分采用涂—4 黏度计（也有个别产品采用涂—6 黏度计），出厂产品一般检验原漆黏度，方法是在标准规定温度条件下测定其黏度是否符合标准。

3）此外在制作测试板进行其他项目的检验时，应将原漆用稀释剂加稀至喷涂黏度（或称施工黏度）。

4. 检测涂料的固体分含量

（1）仪器设备

玻璃培养皿，直径 75~80mm，边高 8~10mm。玻璃表面器皿，直径 80~100mm。磨口滴瓶 50mL。玻璃干燥器，内放变色硅胶或无水氯化钠。温度计 0~200℃，0~300℃。天平感应量为 0.01g。恒温烘箱。

（2）培养器皿法测定

1）先将干燥洁净的培养器皿在 130℃±2℃烘拷箱内焙烘 30min，取出后放入干燥器中干燥冷却至室温，称重。

2）用磨口滴瓶取样，以减量法称取 1.5~2g 的涂料，置于已称好的器皿中，使涂料试样均匀地流布于容器底部，然后放入已调节到规定温度的焙烘箱内，焙烘到一定时间后，取出放入干燥器中冷却至室温，称重。直至两次称重的重量差小于 0.01g。

3）试验时平行测试两个试样。

（3）表面器皿法测定

1）先将两块干燥洁净可以相互吻合（凹凸吻合）的表面器皿，在 105℃±2℃的烘烤箱内焙烤 30min，取出后放入干燥器中冷却至室温，称重。

2）将涂料试样放在一块器皿表面上，另一块盖在上面（凸面向上），在天平上称取 1.5~2g，然后将盖在上面的器皿翻过来，使两块表面器皿相吻合，轻轻压下，再将两块器皿分开，使涂料表面朝上，放入已调节到规定温度的烘烤箱内，焙烤一定时间后，取出放入干燥器中冷却至室温，称重。再放入烘箱焙烤，再取出冷却，称重。直至两次的重量差小于 0.01g。

3）要平行测定两个涂料试样。测定结果取两次平行试验的平均值，两次值之差不大于 3%。

（4）计算法

固体分含量可按下式计算：

$$X=(W_1-W)/G\times100$$

式中　X——涂料固体含量（%）；

W——容器重量（g）；

W_1——烘烤后容器和涂料试样的总重量（g）；

G——涂料试样重量（g）。

（二）涂料施工性能的检测

1. 涂料流挂性测定

1）测定板表面油、无锈，垂直放置（倾斜度小于 50°）。

2）用正常工作粘度的涂料，自上至下均匀地喷涂。

3）1min 后，从第三孔起往下再喷涂一遍。

4）依此类推，便形成自上而下的不同涂膜厚度，直到某孔及以下的孔边沿出现涂料流挂。

5）喷涂时，气压及涂料喷出量应控制在第 3 至第 5 孔边始出现流挂，并至少应喷涂两遍涂料。

6）放置10min后，按涂料技术条件要求进行烘干，测量开始流挂的孔对应的涂膜厚度，即为流挂性数据。

2. 涂料遮盖力测定

（1）材料和仪器设备

1）漆刷，宽25~38mm。

2）玻璃板，100mm×250mm×(1.2~2)mm。

3）天平，感量为0.01g。

注意：

刷涂法用黑白格玻璃板，如图6-3所示；喷涂法用黑白格木板。

4）木制暗箱，600mm×500mm×400mm，如图6-4所示。

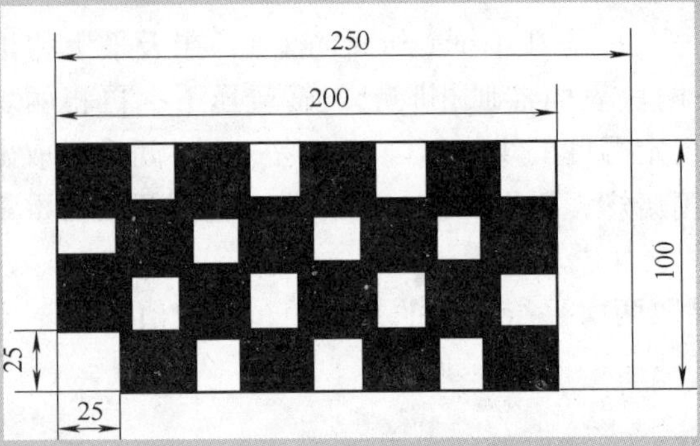

图6-3　黑白格玻璃板

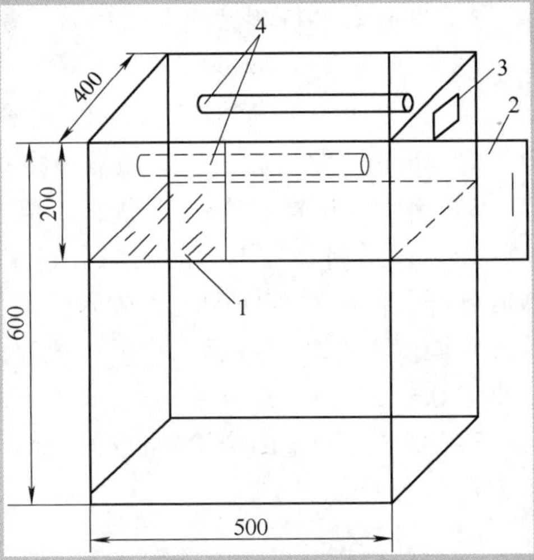

图6-4　木制暗箱示意图

1—玻璃　2—挡板　3—电源开关　4—灯管

（2）测定方法

1）在感量为0.01g天平上称出盛有涂料的杯子和毛刷的总重量。

2）用毛刷将涂料快速均匀地刷涂于黑白玻璃格板上(不得刷在玻璃的边沿)，将试样板放入暗箱内，距离磨砂玻璃15~20cm，并使有黑白格的一面与水平面成30°~45°。

3）在两只日光灯下观察，均以刚好看不见黑白格为止。

4）将剩余的涂料、杯子及漆刷一起称重，求出玻璃格板上涂料的重量。

注意：

如果被测涂料的黏度大而不易刷涂时，则应将涂料试样调整到能刷涂的黏度。但在遮盖力的计算时，应扣除稀释剂的重量。

5）遮盖力可按下式计算求出（以湿膜计）：

$$X=10^4\times(W_1-W_2)/S=50(W_1-W_2)$$

式中　X——涂料遮盖力（g/m^2）；

W_1——未涂刷前的涂料、杯子及涂刷的总重量（g）；

W_2——涂刷后剩有涂料的杯子及漆刷的总重量（g）；

S——黑白格玻璃板的面积（$200cm^2$）。

6）两次结果之差不大于平均值的5%，取其平均值。如果两次结果相差大，则应重新试验。

实训记录单

日期		姓名/学号	

1. 请将教师提供的涂料外观性能记录在下面：

2. 请将使用刮板细度计检测的涂料细度和检测过程情况记录在下面：

3. 请将涂料的流挂性测定方法和检测结果记录如下：

4. 请将涂料遮盖力测定方法和测定结果记录在下面：

5. 实训中出现的问题、原因及解决办法：

6. 个人技能掌握程度：非常熟练□　比较熟练□　一般熟练□　不熟练□

教师评语：

实训记录成绩______分

______年____月____日

任务二　汽车涂膜性能检测

学习目标

1. 了解国家标准对车身涂膜性能的要求。
2. 掌握汽车涂膜检测的内容。
3. 能够检测涂膜的外观、硬度、附着力和光泽度等项目。
4. 能够根据检测结果对涂膜性能进行评价。

一、任务分析

对于汽车涂膜的性能国家相关标准给出了具体的要求，汽车生产企业必须严格按照标准执行。有许多检测方法也适用于修补涂装，比如涂膜外观、附着力、光泽度等。

二、相关知识

1. 涂膜一般使用性能的检测项目

（1）涂膜外观

按规定的指标测定涂膜外观，要求与标准样板的颜色无明显差别，表面平整光亮，无皱纹、针孔、刷痕、发白、发乌等弊病。

（2）硬度

涂膜硬度的测定可以使用硬度计测量也可以使用铅笔硬度来测定。

1）硬度计(图 6-5)测定法。在有关产品的单层或多层涂层上进行摆杆阻尼试验，测定其阻尼时间。摆杆阻尼试验的工作原理：接触涂层表面的摆杆以一定周期摆动时，表面越软，则摆杆的摆幅衰减越快，反之衰减越慢。目前摆杆硬度有单摆和双摆两种，由于各种摆的结构、质量、尺寸、摆动周期及摆幅不同，外加摆杆与涂层之间的相互作用还取决于涂层具有的复杂的弹性和黏弹性，由此各种摆的测定结果之间不能建立起相互的换算关系，因而在产品标准中测定某种涂膜的阻尼时间时，只规定使用一种摆杆的仪器。由于摆的测定结果反映了涂膜阻尼

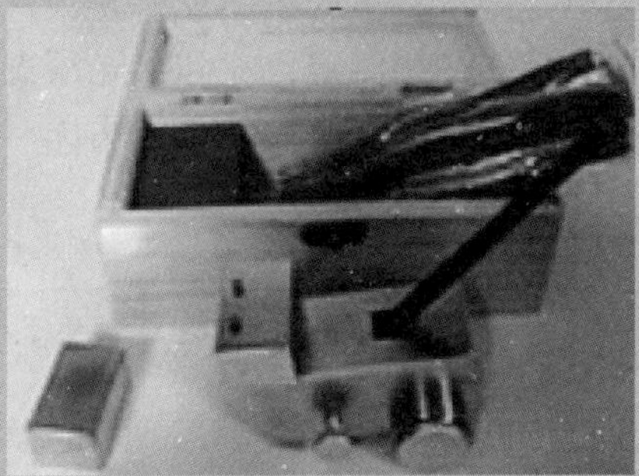

图 6-5　硬度计

时间对测定环境的敏感性，因此试验应控制在恒温恒湿条件，并且现场不应有气流。此外涂膜厚度和底材也能影响阻尼时间。

2）铅笔硬度法测定。采用一套同一批号的中华牌高级绘图铅笔，铅笔规格为6H、5H、4H、3H、2H、H、HB、B、2B、3B、4B、5B、6B，共13个级别，6H最硬6B最软。按规定削出长3mm笔芯。将试样样板放在平面上，手握铅笔与试样成45°角，用以1mm/s的速度向前推进，如图6-6所示。从最硬的铅笔开始划五道长10mm的划痕，直至找出划道不伤涂膜的铅笔为止，不伤涂膜的铅笔硬度即代表涂膜的硬度。

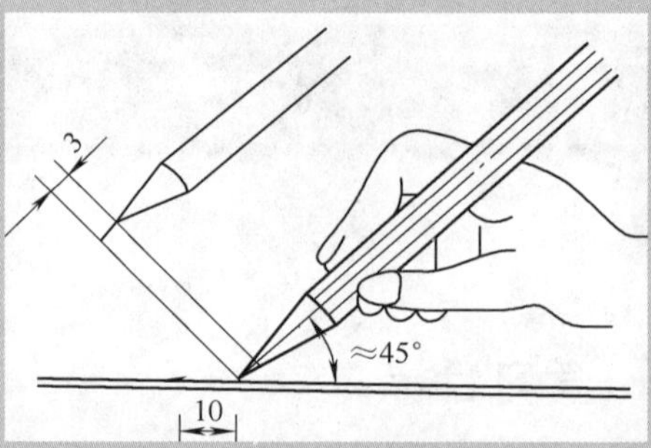

图6-6 涂膜的铅笔硬度测定

（3）冲击强度

原理是一定重量的重锤，从一定高度落下时对涂膜的破坏程度。其结果主要观察的是涂膜有无裂纹、皱纹及剥落等现象。测定时涂膜厚度、烘烤时间等因素都可能会对涂膜抗冲击性造成影响。在汽车涂装中，多涂层涂装对于冲击的抵抗是一个非常重要的因素。汽车行业应用多涂层涂料来抵抗腐蚀的能力的测试已经基本解决，但对于抗机械冲击的测试还没有得到满意的解决。多冲击试验（石击试验）是用压缩空气将锐边冷铸的金属粒子抛向测试板，从而尽可能地模拟真实使用时的状况，来测试多层涂料的抗冲击能力。

（4）附着力

该项的测定方法有画圈法和划格法。汽车涂料检测多采用划格试验的方法，划格试验也称为十字切割试验，是一种以直角网格图形切割涂层穿透至底材来评定涂层从底材上脱离的抗性的一种试验方法，用这种经验性的试验程序测得的性能，除了取决于该涂料与上道涂层或底材的附着力之外，还取决于其他因素。这个方法虽然主要规定用于实验室，但也适用于施工现场。

（5）光泽

光泽是评估涂膜表面时得到的视觉印象，直接反射的光越多，光泽的感觉越明显。光滑和高度抛光的表面能清晰地反射影像，入射光直接在表面反射，即只在主反射方向反射。光泽是测量物体的镜向反射光，常用的角度有20°、45°、60°、85°。目前45°光泽已逐渐被替代，使用测定色漆和罩光漆光泽方法是等效采用ISO国际标准。

对漆膜的失光测定评价，即用优、良、中、差、劣五个等级评定，其五级评价办法见表6-3。

表6-3 漆膜失光等级评价

等　级	失光程度	失光百分率
优	无	小于5%
良	轻微	6%~30%
中	明显	31%~60%
差	严重	61%~90%
劣	完全	90%以上

（6）雾影

雾影是高光泽表面所特有的现象。质量好的表面应该有明亮而清晰的外观。由于涂料中颜料分散得不好或施工方法不当，会在涂膜表面接近主反射光的方向产生低强度的散射光，给人以乳状的感觉，这种效果被称为雾影。涂膜表面看起来有很高的光泽，但影像不够清晰，影响涂膜的美观。

（7）柔韧性

以不引起涂膜破坏的最小轴棒直径表示涂膜的柔韧性。结果检查的是开裂情况。检测涂膜的柔韧性共有三种方法：

①柔韧性测定仪。分为1~7个轴棒。

②圆轴柱法。按轴的直径从2~32mm共分为12个轴，板材只限于0.2~0.3mm的马口铁，是等效采用ISO国际标准的方法。

③锥形轴法。其测定过程是在2~3s内完成绕轴180度，该方法适用于最大厚度为0.8mm的板材。

（8）打磨性

涂膜干燥后用砂纸打磨成平坦表面时的难易程度，是底漆、腻子、中涂的重要检测项目，也是装饰漆、汽车漆、木器漆的重要检测项目之一。

（9）杯突试验

此项目实际是一个实验指标，是评价产品涂层在标准条件下使之逐渐变形后，其抗开裂或抗与金属底材分离的性能，是产品柔韧性、硬度、附着力、强度的一个综合体现。测量结果是记录涂层第一次（或刚刚）出现开裂或分离时的深度。

（10）色差测定

在实际应用中，当$\Delta E<0.5$时，人眼几乎无法区别其颜色差别。当$\Delta E=1.6\sim3.0$，相当于涂膜老化试验中的一级变色。对于下线新车，涂层色差（ΔX）一般控制在1.0左右。对于绿色调涂层，ΔE可允许稍大一些。

2. 特殊使用性能的检测项目

1）耐水性。涂膜抵抗水解的性能。耐水性的好坏对涂膜的保护性能有着决定性的影响。耐水试验浸泡时应使每块试板长度的2/3浸泡在液体中，观察失光、变色、起泡、起皱、脱落、生锈等现象和恢复时间。

2）耐热性。涂膜对热的稳定性。通过这个项目的检测可以控制绝缘、锅炉、内燃机及汽车排气管、飞机等物体使用的涂料产品质量，如果涂膜不耐热，就极易变软、发黏、起泡、破裂、剥落、炭化等。

3）耐寒性。涂膜受冷冻作用后的稳定性。

4）耐温变性。涂膜在骤冷、骤热作用下的稳定性。

5）耐光性。涂膜在光（主要是紫外光）作用下的稳定性。

6）耐候性。涂膜对阳光、风雪、雨露、温度等自然侵蚀的耐受能力，也就是涂膜的曝晒性能或天然老化性能。

7）防锈性能。涂膜防止金属生锈的能力，是判断防锈漆质量的重要指标。

8）耐化学腐蚀性。是评价防腐蚀涂料质量好坏的重要技术指标，一般包括耐酸、耐碱、耐盐水、耐溶剂、耐汽油、耐化学药品等性能的检查。

9）耐湿热性。是检查涂膜对湿热条件的抵抗能力。

10）耐盐雾性。是检查涂膜抵抗含盐水蒸气的能力。

11）防霉性。是检查涂膜防止霉菌生长的性能。

12）绝缘性。是检查涂膜对电的绝缘能力。

13）防污性。是检查涂膜排放出毒剂杀死海洋微生物的能力。

14）耐高温性。是涂膜抵抗的最高温度及抵抗时间。

15）抗污水性。是测定涂膜对 CO_2、NO_2、SO_2、H_2S、NH_3 等工业大气污染的抵抗能力。

16）耐油性。耐油试验的种类很多，如耐汽油性、耐机油性、耐柴油性、耐润滑油性、耐变压器油性等。耐油性测定的是涂膜在达到一定时间时涂膜表面无起泡、起皱、变软、变色、失光及脱落等现象。耐油试验浸泡时应使每块试板长度的 2/3 浸泡在液体中。

三、任务实施

教师在实训前应为每组准备好如下工具与设备：

1）喷涂过的汽车、喷涂过的车身板件。

2）整套中华绘图铅笔、小刀、百格刀、胶带、光泽仪。

3）擦拭纸、个人防护用品。

1. 检测涂膜外观

按规定的指标测定涂膜外观，要求与标准样板的颜色无明显差别，表面平整光亮，无皱纹、针孔、刷痕、发白、发乌等弊病。

2. 检测涂膜铅笔硬度

从一套中华牌绘图铅笔中找到不伤涂膜的铅笔硬度，此铅笔硬度即代表涂膜的硬度。

3. 检测涂膜附着力

1）划格试验测定时使用的切割工具(图 6-7)的刀刃间隔有 1mm、2mm、3mm 等。

图 6-7　百格刀

注意：

测定时切割间距的选择取决于涂层厚度和底材的类型，如 0~60μm 的硬底材应使用 1mm 的间距、0~60μm 的软底材应使用 2mm 的间距，60~120μm 硬或软底材应使用 2mm 的间距，121~250μm 硬或软底材应使用 3mm 的间距，大于 250μm 的涂层不适用这种方法。

2）试验前被测样板应在规定的条件下至少放置 16h。

3）划格时应切穿涂膜的整个深度，切割完毕后，只有硬底材方使用胶带粘撕。

4）划格试验结果的判断分六级(图 6-8)：其中 0 级为 100%完好；1 级为切口交叉处有少许涂层脱落，但受影响不能大于 5%；2 级为切口交叉处有涂层脱落，受影响大于 5%但不能大于 15%；一般来说，前三级是令人满意的。

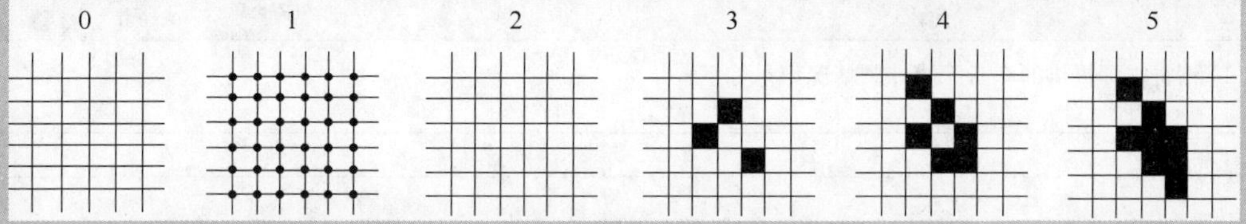

图 6-8　十字划格法(0 级最好 5 级最差)

4. 检测涂膜光泽

1）光泽仪就是测量物体的镜向反射光，常用的角度有 20°、45°、60°、85°，如图 6-9 所示。

2）60°光泽测定法适用于所有色漆涂膜，但对于光泽很高的色漆，20°光泽测定则更为适宜，可提高鉴别能力。

3）对接近无光的色漆，85°则更为适宜，可提高鉴别能力。

图 6-9　光泽仪

⚠ 注意：

测定光泽只有在平整性好的涂膜表面上才有意义，因为底材的稍微弯曲或局部不平整都会影响测定结果。

实训记录单

日期		姓名/学号

1. 请将教师提供的车身涂膜外观情况记录如下：

2. 请将涂膜的硬度检测方法和检测结果记录如下：

3. 请将涂膜的附着力检测方法和检测结果记录如下：

4. 请将涂膜的光泽度检测方法和检测结果记录如下：

5. 请记录火花塞和高压线检查情况：

6. 实训中出现的问题、原因及解决办法：

7. 个人技能掌握程度：非常熟练□　比较熟练□　一般熟练□　不熟练□

教师评语：

实训记录成绩______分

______年___月___日

任务三 常见涂膜缺陷与防治

学习目标

1. 了解涂料在储运过程中产生的弊病与防范办法。
2. 熟悉在喷涂过程中常见的涂膜弊病与防范办法。
3. 熟悉常见的干膜弊病与补救办法。

一、任务分析

涂膜弊病有上百种，在何时、何种场合产生的，要仔细分析，一种弊病可能会由十几种因素造成的，必须找到根本的原因，才能有效地防治。从事制漆和涂装的专业人员必须熟知各种涂膜弊病及其防治方法，才能及时排除生产中出现的质量问题，采取有效的预防措施。

二、相关知识

汽车涂装时涂膜缺陷的出现是相当复杂的，是多种潜在因素作用的结果。它归结起来，来自三个主要方面：涂料本身的缺陷、被涂底材或工件的缺陷以及施工工艺过程和环境、操作的缺陷。

由于大部分涂料体系是由若干层单独的涂层构成，并且下面任何一层的任何缺陷都会在面漆上表现出来，仅从表面缺陷表观的检查，一般几乎得不到其成因结论性信息。底材的质量确实是个影响因素。为了便于对缺陷下层涂料进行评价，就缺陷周围区域进行处理是必要的，有三种可行的处理技术。

1）小刀处理。用小刀切割是让缺陷的部位裸露出来是最为简单的方法。在立体显微镜下，用一把特殊的小刀成45°角把缺陷斜向切到底材。在许多情况下用这种方法产生的横截面就可以给产生的缺陷一个初步的评价。然而，这种处理方法通常不能给缺陷照相。

2）切片（超薄切片）。抽取一个典型样品，将其嵌入一个合适的支撑材料中，夹在台钳上以及用特殊的刀片切下一个大约只有10~30μm厚的薄片。然后将其放入载物玻璃片和上盖玻璃之间的浸渍油。该样品即可在显微镜下检测。由于刀片锋利度的原因，此方法仅用于涂装的塑料底材或游离的涂膜。

3）横切截面。因为涂料的底材主要是金属，横切截面是涂料的制备处理最经常采用的手法。准备一个横截面，取一个大小约2cm×1cm含有被调查缺陷在内的样板。随后将其插到硅橡胶上，并埋入一种专用的双组分浸渍材料里。然后用不同规格的砂纸打磨，用这种方法得到的铸件直到缺陷显现为止。如有必要可以用不同规格的金刚石研磨抛光膏抛光。经处理的样板就可以在光学显微镜下检测了。

（一）汽车涂装过程中产生的弊病

1. 流挂

液体涂料施涂于垂直表面上，在湿膜干燥以前，部分湿膜的表面容易向下流坠，形成上部变薄、下部变厚的现象。流挂的形态呈现多种多样，有的面积较大，呈帘幕状，有的呈条纹状、水柱状或波纹状，如图 6-10 所示。

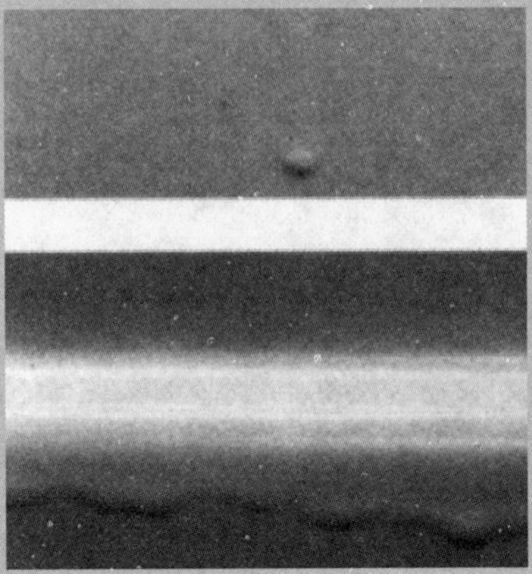

图 6-10　流挂

涂料的流挂主要取决于涂层的流动特性。对涂装来说，主要是指与施工操作有关的流动特性和与涂膜形成有关的流动特性。涂膜的流动性越强，涂膜的流平性越好，越容易产生流挂。涂层的流挂和流平是两个相互矛盾的现象，良好的涂膜流平性要求在足够长的时间内将黏度保持在最低点，有充分的时间使涂膜流平，形成平整的涂膜。这样往往会出现流挂问题。反之，要求完全不出现流挂，涂料黏度必须特别高，它将导致涂膜很少或完全没有流动性。

流挂产生于喷涂、闪蒸及烘烤整个过程中。如果涂料是置于垂直面上的牛顿流体，沿垂直方向整体位移的量，用 Q 表示。每单位时间、单位宽度总涂膜厚度的涂膜整体位移量 Q 可用式（式 6-1）表示。

$$Q=\rho g\Delta^3/6\eta \tag{6-1}$$

式中　ρ——涂料的密度；

g——重力加速度；

Δ——涂膜总厚度；

η——动态黏度。

很明显，流挂程度与涂膜厚度的三次方成正比，与动态黏度成反比。涂膜的厚度和动态黏度是影响流挂最直接的原因。

涂膜的动态黏度是影响涂膜流动性的表现，隐藏在动态黏度背后的因素不仅包括了涂料本身的表面张力、溶剂溶解能力和挥发性能、流平性等，而且还涵盖了涂料施工中的各种条件，如雾化器的雾化程度、施工时的气候条件、施工的工艺条件等。流挂与湿涂膜性能的关系如图 6-11 所示。

（1）流挂的分类

流挂是指在涂覆和固化期涂膜出现的下边缘较厚或出现流痕的现象，根据流痕的形状，流挂可分为下沉、流挂、流淌等。

1）下沉。涂装完毕到干燥期间涂层局部垂流，产生厚度不均的半圆状、冰瘤状、波状等的现象。

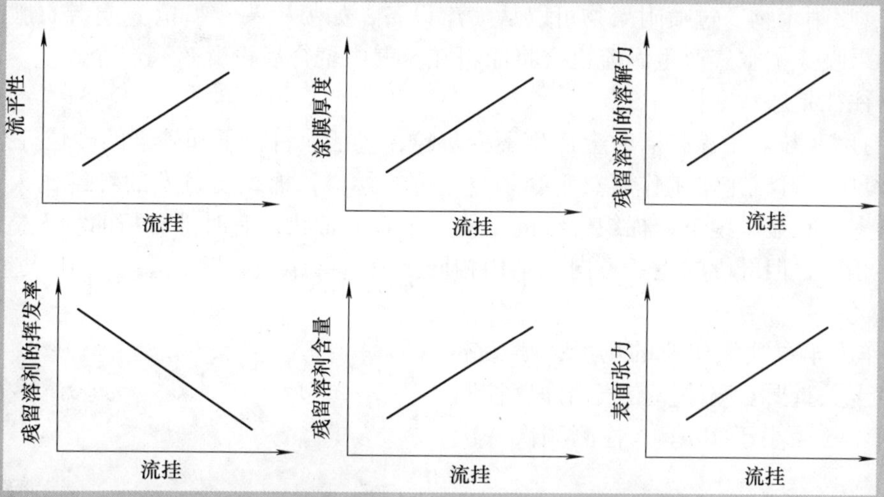

图 6-11　流挂与湿涂膜性能的关系

2）流挂。在采用浸、淋、喷、刷等涂装方法的场合，涂料在被涂物的垂直面和边缘附近积留后，照原样固化并牢固附着的现象。

3）流淌。被涂物垂直表面涂膜大面积的流挂现象。

（2）产生流挂的原因

1）涂料黏度太低，流平性太好。

2）涂膜一次性涂得太厚，喷涂操作不当，喷枪用力过大。

3）残留溶剂的含量太高，残留溶剂的溶解能力太高，挥发速率太低。

4）环境温度过低或周围空气的溶剂蒸气含量过高。

5）表面张力太大。

6）涂料中含有过多相对密度大的颜料(如沉淀硫酸钡)。

7）在光滑的涂膜上涂布新涂料时，也易发生垂流。

2. 脏物

轿车车身表面通常都是鲜艳夺目，光彩照人，一般要求光泽度大于 90，最好能达到 95 以上。如此光亮的表面，任何涂膜弊病都会看得一清二楚，特别是脏物，尤其显眼(图 6-12)，影响购车人对轿车的观感。脏物无处不在、无孔不入，比如车身涂装过程中的打磨工序就会不断产生灰粒，而灰粒又是高质量涂装过程中的最大危害。

在高倍显微镜下，可以将脏物形态、体积和材质分析得很清楚，从而可以进一步分析追溯脏物的来源。影响涂层的脏物大致可分为如下几类。

图 6-12　脏物

1）大气中的灰尘。以尘土为主，也包括各种各样的杂质。

2）过喷附聚物。过喷附聚物可以从喷涂设备，如喷枪头、喷枪上或者衣服上滴到湿膜上；如果喷漆室空气产生涡流也会将涂料在空气中聚合后再飘落到湿涂膜上。色漆的过喷附聚物往往是球状结构。

3）打磨灰粒。中涂打磨时会产生不少灰粒，包括涂料粒子和砂纸的砂粒等杂物。

4）纤维。纤维来自工作服、手套和空气过滤材料，棉织物散发的纤维比人造织物明显地多得多。在显微镜下，棉织纤维的结构是平直的带状，有时部分扭曲。人造纤维的横截面各不相同，但纤维的生长方向、结构相同。人造纤维破损时也会散发出大量的纤维，污染空气。

5）作为车身喷涂作业的场所，喷漆室的洁净度至关重要。喷漆室空气洁净度控制标准为灰尘粒径小于10μm，检测频次一次/月。

3. 桔皮

漆膜表面会呈疙瘩状、不平整，类似橘子皮的外观，如图6-13所示。桔皮又被称为流平不良、粗糙表面、平整不良等。桔皮形成的主要原因是油漆在漆膜表面凝结不当。

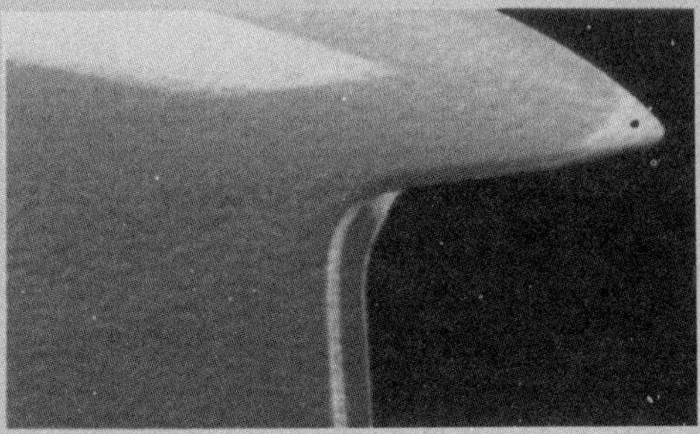

图6-13　桔皮

1）喷涂方法不当，喷枪离基材表面太远，压缩空气的压力不当，喷嘴调节不当。

2）漆膜太厚或太薄。

3）油漆混合不均匀，粘度不适当，稀释剂型号不对或质量太差。

4）各漆层间的流平时间不足。

5）环境温度或基材表面温度过高。

6）干燥不当。如在流平之前利用喷枪强制干燥等。

4. 爆沸、针孔、溶剂泡

爆沸、针孔、溶剂泡是在固化的涂膜上有小泡的现象，如图6-14所示。对汽车烘烤涂料来说，这通常与烘烤条件有关，但对空气干燥的涂料来说可能是由于涂料中带人空气引起(泡沫)。通常是由于在已经部分固化的涂膜中溶剂或空气的蒸发所引起的，在底色漆加罩光漆的涂装体系中爆沸也可由在底色漆中的残留溶剂引起。解决的常用方法是让湿膜多晾一些时间。引起的原因如下：

图6-14　溶剂泡

1）溶剂挥发快，涂料的黏度偏高。

2）涂层烘干时加热过急，晾干时间过短。

3）底材、底涂层或被涂面含有(或残留有)溶剂、水分或气体。

4）搅拌混入涂料中的气体未释放尽就涂装，或在刷涂时刷子走动过急而混入空气。

5）涂膜太厚。

6）涂料的活性太高，交联时间短。

7）表面张力太高。

8）涂料的触变性太高。

5. 缩孔

缩孔是指涂料涂膜上形成不规则的、有如碗状的、小的凹陷，使涂膜失去平整性。它们常常是以一滴或一小块杂质为中心，周围形成一个环形的棱。如图6-15所示。受被涂物面存在的（或混入涂料中）异物（如油、水等）的影响，涂料不能均匀附着，产生抽缩而露出被涂面的现象。由于产生的原因及现象有较大的差别，露出面积大且不规则的称为抽缩（俗称发笑）；呈圆形（直径多为0.1～2mm）的称为缩孔；在圆孔内有颗粒的称为“鱼眼”。这种缺陷产生在刚涂装完的湿涂膜上，有时在烘干后的干涂膜上才发现。

图6-15　缩孔

缩孔形成的关键是涂层表面产生了表面张力梯度。一方面是由于涂料干燥过程中的流动引起溶剂的蒸发，而产生表面张力梯度。另一方面是涂膜中颗粒、液滴等低表面张力物质的存在。如果涂膜周围及内部有粒子或液滴等污染物存在，当它们流动到达涂层表面时，污染物的表面张力低，就会造成表面张力梯度。另外，如果树脂中多组分物质分散不均匀，例如，双组分涂料中的固化剂，当它没有均匀分散时，在固化过程中，有些聚合物组分比其周围另一些聚合物组分多，前者表面张力比后者低，造成了表面张力梯度。由于表面张力梯度的形成，粒子或液滴的表面张力比湿涂膜低，在表面上径向地向外流动。由于湿涂膜黏度大，该污染物首先要克服黏度的阻滞作用，拖拉了一些表层以下的涂料。如果湿膜较厚，里层的涂料会移到表面补充，消除了缩孔。如果湿涂膜较薄，里层的涂料量不足以补充，就形成了缩孔。

施工过程中形成缩孔，还可以从涂料与底材之间表面张力的变化来说明，如图6-16所示。当涂料施涂于底材上时，含有溶剂的涂料表面张力为γ_1，底材表面张力为γ_2，此时，$\gamma_2>\gamma_1$，则易润湿，表现不出弊病。随着溶剂的挥发，涂料的表面张力发生变化，由γ_1慢慢提高至γ_3，当达到γ_2时，就会出现缩孔与缩边。如果涂料的表面张力达到

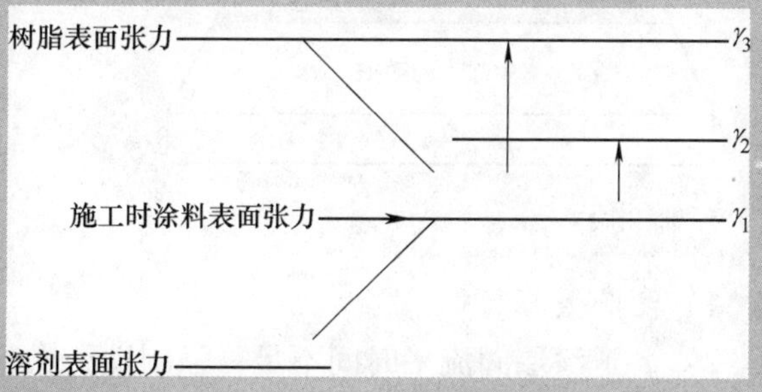

图6-16　涂料与底材之间表面张力的变化

γ_2时，其黏度已极大，此时的表面张力不足以拉破涂层，就不会出现缩孔。

缩孔的形成还决定于涂料本身的流动性。当湿涂膜上形成表面张力梯度时，该流体由一点到另一点流动，于是产生缩孔，在缩孔区域，如果流动量大，就会形成露底缩孔。所以，在一定条件下，缩孔是由式(6-2)决定的。

$$q=(h^2/2\eta)\Delta\gamma \tag{6-2}$$

式中 q——涂料流动性；

h——湿涂膜厚度；

η——黏度；

$\Delta\gamma$——横截面的表面张力梯度。

由式(6-2)可知，要减少缩孔，就应该使涂料的流动性小，而流动性的大小，又取决表面张力梯度，尽量使其表面张力均匀化。

施工过程中形成缩孔的原因如下：

1）所用涂料的表面张力偏高，流平性差，释放气泡性差，本身对缩孔的敏感性大。

2）调漆工具及设备不干净，使有害异物(有些是肉眼看不到的)混入涂料中。

3）被涂物面不净，有水、油、灰尘、肥皂、聚硅氧烷、打磨灰等异物附着。

4）制漆所用原材料受到油污、硅胶、水等污染。

5）涂装环境空气不清洁，有灰尘、漆雾、聚硅氧烷、蜡状物、飞絮等。

6）涂装工具、工作服、手套不干净。

6. 擦痕、打磨痕迹

擦拭涂膜或轻微打磨可引起局部表面张力的差异，随后用的涂料可对其敏感，并在固化后显示摩擦的痕迹，如图 6-17 所示。这个问题特别在修补时更容易看到，因为面漆中硅油含量高。这个问题有时也称为透印。

7. 起皱

漆膜上出现程度不同的隆起、起皱，如图 6-18 所示。起皱又被称为咬漆、烤漆起皱等。形成起皱的主要原因是漆膜内部固化不均匀。

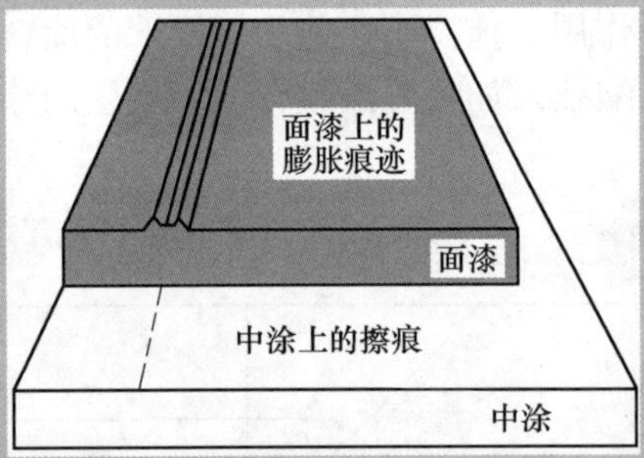

图 6-17　面漆扩大底材上的擦痕

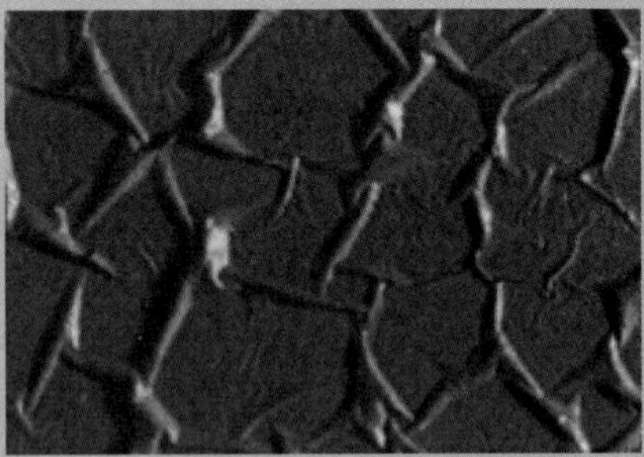
图 6-18　起皱

1）漆膜太厚。

2）各道漆层间流平时间不足，强制性干燥，空气温度不均匀。

3）油漆中使用的稀释剂型号不对或质量太差。

4）干燥速度过快。

8. 起云

常发生于金属色漆膜上。在喷涂后，颜色变得较白并成云团状，如图 6-19 所示。起云又被称为起斑及起雾等。形成起云的主要原因如下：

1）采用不匹配的催干剂或稀释剂，特别是采用快干型稀释剂，使涂膜过快冷却，表面温度降低而使表面凝结水分。

2）喷枪调整不当。气压过高，会对潮湿的油漆表面产生冷却效应，使水分凝结的可能性增大。

3）喷涂方法不对，漆膜太厚，漆膜挥发时间不足。

4）基材表面温度太高或太低。通常会在温度过低时出现，由于表面温度低，而容易凝结水分。

5）干燥方法不当。喷漆工常利用喷枪中的高压气流，对潮湿的漆膜进行空气喷扫，以加快干燥，这样会加速稀释剂的蒸发速度，导致水分凝结于漆膜表面。

（二）汽车涂膜在使用过程中产生的弊病

1. 腐蚀

漆膜（尤其是车身连接件周围、板的边缘或缝隙处）脱落、起泡或变色，如图 6-20 所示。腐蚀又被称为锈蚀及生锈等。形成腐蚀的主要原因是金属基材受腐蚀，造成漆膜的附着力下降。

图 6-19　起云

图 6-20　腐蚀

1）意外事故造成金属基材裸露，或钻孔后未及时处理裸露的金属表面。

2）污染物破坏了漆膜使金属基材裸露出来。

3）喷前的金属表面被手印、水分污染。

4）漆层剥落或划伤等。

5）金属表面预处理不充分。

2. 龟裂

肉眼看上去漆膜表面失去光泽，用低倍放大镜观察时可发现大量细微裂纹，像干池塘中的泥土裂开一样，如图 6-21 所示。龟裂又被称为裂纹、分裂、开裂等。形成龟裂的主要原因是漆膜内应力太大。

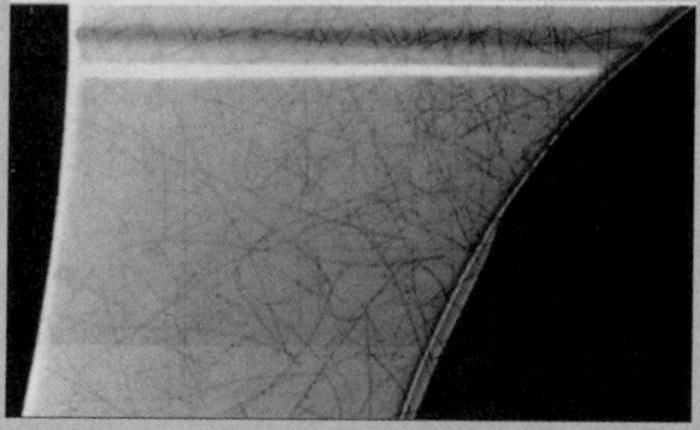

图 6-21　龟裂

1）油漆混合不均匀、稀释剂不足或所使用的稀释剂型号不对。

2）漆膜太厚或在未完全固化或过厚的底层漆上喷涂色漆。

3）被涂物面太热或太冷。

4）漆层互不匹配。

5）需要添加固化剂的涂料使用时没有加固化剂。

3. 表面无光

漆膜表面平整光滑，但缺少光泽，在显微镜下观察漆膜表面粗糙，如图6-22所示。表面无光又被称为异常失光。造成表面失光的原因如下：

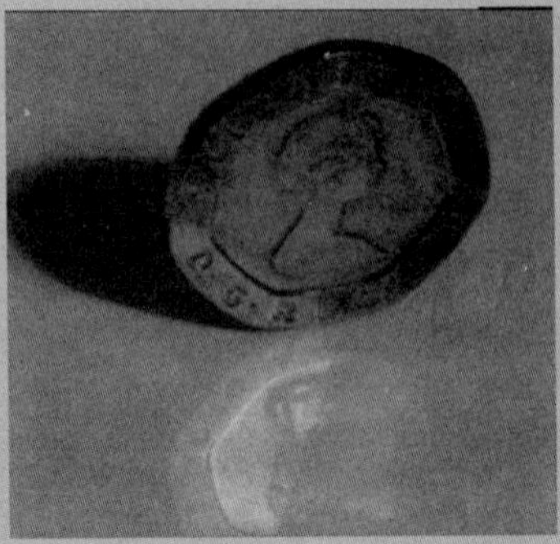
图6-22　表面无光

1）底漆附着力差，或底漆未彻底固化就在其上喷涂了面漆。

2）使用的稀释剂质量太差或型号不对，或使用了不配套的添加剂。

3）油漆调配或喷涂方法不当。

4）基材表面质量太差。

5）由于湿度太大或温度太低，漆层干燥速度太慢。

6）溶剂蒸气或汽车尾气侵入了漆膜表面。

7）漆膜表面受到蜡、油脂、水等的污染。

8）在新喷涂的漆膜上使用了太强的洗涤剂或清洁剂，或喷完面漆后过早地进行抛光，或使用的抛光膏太粗。

4. 剥落

漆膜表面出现鳞片状脱落。这些脱落的漆片易碎，其边缘呈上卷状脱离基材表面，如图6-23所示。剥落又被称为剥皮、起皮、失去附着力、剥壳、粘接差、附着性能差、脱漆等。形成剥落的主要原因是面漆层与其下层表面失去结合力。

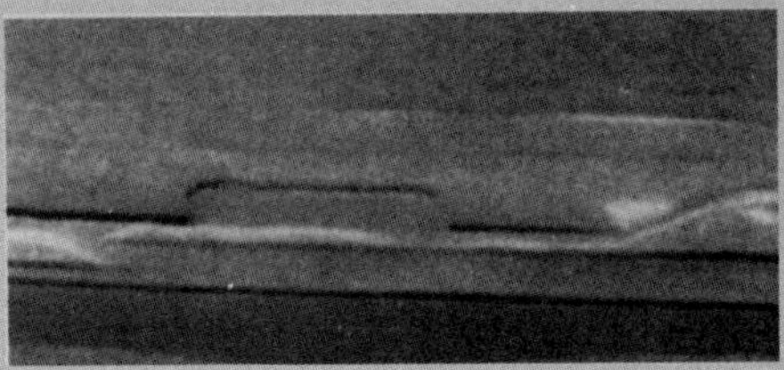
图6-23　剥落

1）下层表面处理不好，受到蜡、油脂、水、铁锈等的污染。

2）在钢或铝材表面未使用金属表面处理剂，或使用的处理剂型号不对。

3）喷漆时，基材表面温度太高或太低。

4）喷涂底漆的方法不当，底漆未充分干燥。

5）油漆的黏度不当，使用的稀释剂型号不对或质量差。

6）压缩空气的压力太高。

7）涂料没有混合均匀。

8）底漆选用不对。

9）漆膜过厚。

10）干喷。

11）揭去保护纸的胶带时漆膜太干燥或粘纸技术不良。

12）打磨不良。

5. 细裂纹

裂纹为色漆层小的细密型裂纹(约1.6~6.4mm)。如图6-24所示。形成细裂纹的原因如下:

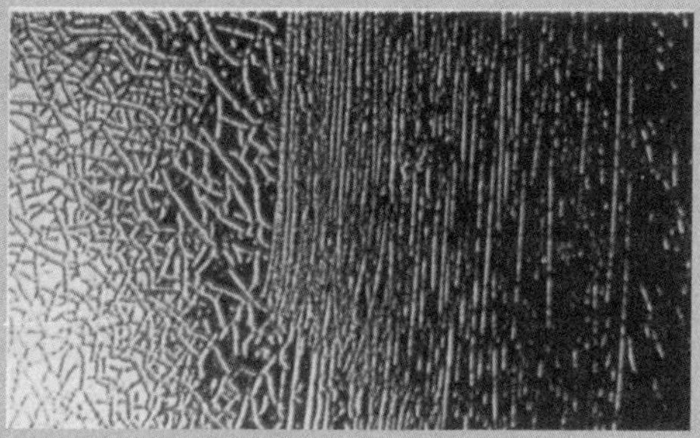

图6-24　细裂纹

1）曝露于有害物中。涂膜表面长期曝露于日光中，会产生细裂纹，在某种情况下，于邻近工业区附近，因大气环境不良，来自工业污染物或化学物对涂膜表面侵蚀，致使漆膜抗力减弱。

2）涂料搅拌不均匀。某些重要的油漆辅助成分被遗漏掉或搅拌不均匀，致使不能全部发挥作用，使漆膜张力减弱，因而发生细裂纹。

3）硬化剂使用不当。色漆使用非指定的硬化剂，因而降低漆膜的作用，使其对于日光的有害影响更为敏感。

4）旧漆或以前修补的影响。已经老化处，旧漆或修补处对新涂的色漆层有全面抗力减弱作用，因而影响漆膜的性能。

5）漆膜过厚。由于色漆层喷涂过厚。以至于超过正常漆膜的张力而造成细裂纹现象。

三、任务实施

（一）汽车涂装过程中产生弊病的防范与处理

1. 流挂的防范和处理方法

在喷涂当中造成流挂是非常常见的故障，由于喷涂环境的影响，在涂膜表面有颗粒等也是不可避免的。若流挂的面积很小，涂膜表面颗粒很少，可以用单独修理的方法进行处理，修理必须是在涂膜完全干燥的情况下进行。处理过程为首先平整流挂或颗粒部位，然后用抛光的方法使修理部位与其他部位光泽一致，消除修理痕迹。

（1）流挂的防范

1）正确选择溶剂，降低慢溶剂含量，注意溶剂的溶解能力和挥发速度，还可通过与含慢溶剂少的新鲜涂料掺和使用来补救流挂缺陷。

2）提高喷涂操作的熟练程度，喷涂均匀，一次不宜喷涂太厚。在喷涂时施工参数可以通过增加空气压力、增加喷枪和工件间的距离、增加二涂层间的闪蒸时间、降低涂料的流动速度、用较小的喷嘴、提高旋杯速度、提高涂料的雾化程度、降低涂料漆雾雾滴的大小等方法来控制。

3）严格控制涂料的施工黏度；加强换气，施工场所的环境温度保持在15℃以上，严格控制涂料的施工环境温度。

（2）流挂的处理

1）平整修理。平整流挂和小颗粒多采用打磨的方法，但对于流痕或颗粒比较大的情况下，往往先用刮刀将流痕或大颗粒削平，然后再用较细的砂纸打磨来加快工作的速度。打磨流挂部位一般使用1200#~2000#水磨砂纸配合硬质打磨垫块(不可使用软打磨垫)来进行，因为较细的砂纸产生的打磨痕迹比较容易抛光，但有时需要打磨的区域比较大，为提高效率可以先用较粗的砂纸(如 800#~1000#)先打磨一遍，待基本完成后再逐级用细一级的砂纸打磨，直到打磨痕迹可用抛光的方法消除为止，注意不要跨级使用砂纸。

打磨时为防止磨到周围不须打磨的部位，可以用贴护胶带对不须打磨的区域进行贴护。打磨的手法应使打磨垫块尽量平行于面漆涂膜，手法要轻一些，用水先将水砂纸润湿，然后在打磨区域上洒一些肥皂水，这样可以充分润滑打磨表面，且不至于产生太大的砂纸痕迹。打磨时要非常仔细，经常用胶质刮水片刮除打磨区域的水渍来观察打磨的程度，只要流挂部位消除并与周围涂膜齐平即可。千万不要磨穿或使漆膜过薄，要给抛光留出余量，并保证抛光后仍有足够的膜厚。对于边角等涂膜比较薄且极易磨穿的地方尤其要小心。

对于颗粒等小范围的打磨，一般使用小型打磨块配合 1500#~2000#水磨砂纸来进行。国外有些涂装工具公司一般专门为这项工作配有小磨头及其配套砂纸，如德国费斯拖工具公司即专门配有这种小型设备，国内的涂装工作人员一般使用砂纸包裹麻将牌来进行，效果也很好。打磨时同打磨流挂一样，须沿涂膜水平运动并用肥皂水润滑，如图 6-25 所示。如果颗粒过大或流痕突出部位非常明显，可以先用刮刀刮除，然后再用上述的打磨方法进行打磨。用刮刀刮除工作效率比较高，但操作上要求一定的技巧，刮削时刀刃应略向上方倾斜，不可切削过量，如图 6-26 所示。

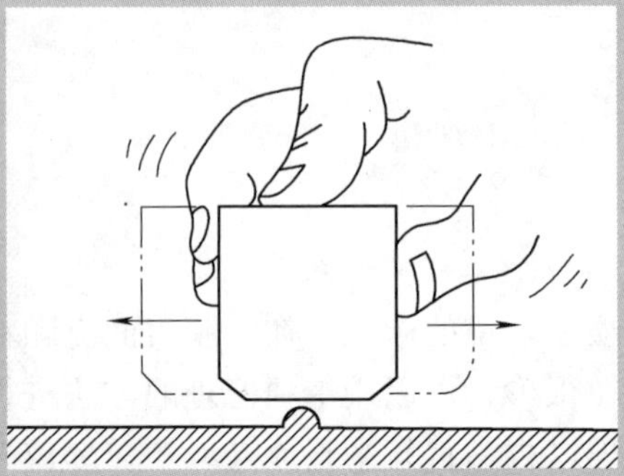

图 6-25 用小磨头打磨颗粒

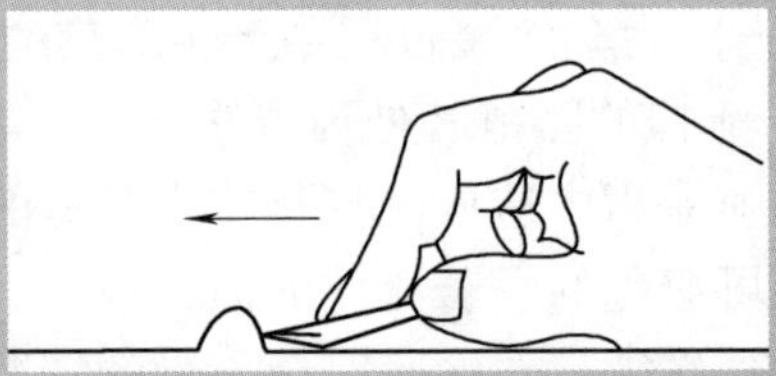

图 6-26 用刮刀修整表面

2）局部抛光。经过平整修理和打磨的区域必须进行抛光，对小范围修补区域一般使用手抛的方法即可，也可用机械抛光来提高效率。

用抛光机进行局部抛光同用手工抛光的基本步骤相同。首先将中粗抛光蜡涂抹于修理区域，选用硬质海绵抛光轮以较低的转速对修理区域进行研磨抛光，待修理区域基本消除打磨痕迹并显现出光泽后，逐渐提高转速并扩大抛光区域到修理区域的 3~5 倍，然后换用软海绵轮，用细蜡对整板进行上光操作，消除光泽和颜色的差异。

2. 脏物的防范和处理方法

（1）脏物的防范

1）喷漆室空气的相对湿度：65%±5%。

2）喷漆室空气下降速度(风速)和喷漆室各区风向。空气下降速度慢，过喷漆雾过多飘落在车身和喷涂设备上，是造成涂膜脏点的一个重要原因。

3）喷漆室内空气的相对压力。喷漆室内空气的压力相对于室外必须保证微正压，以保证喷漆室内空气的洁净度。将1m长的磁带条悬于喷漆室门上，打开喷漆室门，检查磁带条的飘动方向。

4）注意工具设备、操作人员工作服等的清洁。

（2）脏物的处理

如果脏物在涂膜的最表层，并且粒径不大，还可以通过打磨、抛光的方法进行处理，否则只能返工。

3. 桔皮的防范和处理方法

（1）预防措施

1）采用正确的喷涂方法，保证设备调节适当。

2）每次喷涂的漆膜要薄而均匀，使用推荐型号的稀释剂。

3）各漆层间要有足够的流平时间。

4）在推荐温度范围内喷涂，并保证通风适当。

5）彻底搅拌有颜料的底漆及面漆。

（2）处理方法

将桔皮缺陷打磨平，然后抛光。情况严重时，要将缺陷部位打磨平后，重新喷漆。

4. 针孔、溶剂泡的防范和处理方法

（1）预防措施

1）测量涂膜的厚度，降低涂膜的厚度。

2）按施工条件对涂料进行检测和调整，加入慢挥发溶剂；降低喷涂黏度；还可加入树脂溶液以降低颜料体积比。

3）涂料触变性太高时，必须重新设计颜料分散体配方，或加少量酸或氨类助剂纠正。

（2）处理方法

将缺陷彻底打磨处理掉，重新喷涂。

5. 缩孔的防范和处理方法

（1）预防措施

1）在研制和选用涂料时，要注意涂料对缩孔的敏感性。

2）在涂装车间，无论是设备、工具还是生产用辅助材料等，绝对不能带有对涂料有害的物质，尤其是聚硅氧烷。

3）应确保压缩空气清洁，无油、无水。

4）确保涂装环境清洁，空气中应无尘埃、油雾和漆雾等漂浮。

5）严禁裸手、脏手套和脏抹布接触被涂面，确保被涂面的洁净。

6）在旧涂层上喷涂时，应用砂纸充分打磨，并擦干净。

（2）处理方法

将缺陷彻底打磨处理掉，重新喷涂。

6. 擦痕、打磨痕迹的防范和处理方法

（1）预防措施

1）砂纸痕迹。中涂打磨用砂纸粒度过粗，造成打磨痕迹深面漆涂膜盖不住，应选用适当的砂纸，对轿车生产而言，选用P600或P800水砂纸；打磨手法不规范，局部打磨用力过度易造成打磨痕迹深，应加强管理，打磨规范化。

2）面漆涂层喷涂过薄，遮盖不住打磨痕，应加强操作，保证涂膜厚度。

3）面漆遮盖力差，遮盖不住中涂打磨痕迹，应更换材料或施工工艺。

4）擦净材料。常用浸有不干性树脂的纱布俗称黏性擦布。选用时必须通过试验后，确认对涂层外观、附着力等无影响后方可使用。黏性指标为被喷涂的表面灰尘被完全吸附除净，且不残留任何异物。

（2）处理方法

将缺陷彻底打磨处理掉，重新喷涂。

7. 起皱的防范和处理方法

（1）预防措施

1）每次喷涂的漆层要薄而均匀。

2）各层之间的流平时间要足，干燥温度要适当、均匀。

3）使用推荐的稀释剂。

4）控制好干燥速度。

（2）处理方法

首先让漆膜充分固化。对于轻微缺陷，将其打磨平，抛光即可。若缺陷严重，则需将漆膜打磨到基材，然后重新喷漆。

8. 起云的防范和处理方法

（1）预防措施

1）采用正确的喷涂方法。

2）开始喷涂前，将喷枪的扇形调整好。

3）使用推荐的稀释剂和催干剂，并充分混合好。

4）保证基材表面的温度处于推荐的范围之内。

5）涂装间的湿度超过80%时，应密封喷漆室升温干燥后再进行喷漆操作。

（2）处理方法

若还没有喷涂清漆层，可再喷一层银粉漆盖住起云的部位，可适量添加缓干剂或改用慢干型稀释剂。最好能将涂膜重新强制干燥（60℃，45min），再视情况进行抛光或重新喷涂。

（二）汽车涂膜在使用过程中产生弊病的防范与处理

1. 腐蚀防范和处理方法

（1）预防措施

1）保证所有裸露的金属表面都用金属处理液及防锈底漆处理后才进行喷涂。

2）漆膜损坏后要尽快将其修补好，特别是边角处新裸露出来的金属要立即进行处理。

（2）处理方法

将缺陷区域的漆膜磨掉，露出金属基材，除掉基材表面的锈迹，然后用正确的金属处理液及防锈底漆处理基材表面，最后重新喷涂。

2. 龟裂防范和处理方法

（1）预防措施

1）将油漆混合均匀，按规定的比例和型号使用稀释剂。

2）使用正确的喷涂方法，每层漆膜要薄而湿，要保证各层之间的流平时间。

3）按照油漆使用说明，添加规定的添加剂。

（2）处理方法

打磨产生裂纹区域的漆膜直至露出完整、平滑的表面甚至直到金属层，然后重新喷涂。

3. 表面无光防范和处理方法

（1）预防措施

1）使用合格的底漆，要等底漆层充分干燥后再在上面喷面漆。

2）只使用推荐的稀释剂和添加剂。

3）要充分搅拌油漆，保证喷漆环境符合要求，按正确的方法进行喷涂。

4）彻底地清理基材表面。

5）保证漆膜在温暖干燥的条件下进行干燥。

6）禁止在新喷涂的漆膜表面使用强力洗涤剂，在漆膜未充分固化之前，不得对其进行抛光，抛光时一定要使用正确规格的抛光膏。

（2）处理方法

通常用粗蜡研磨表面然后进行抛光，即可恢复正常的光泽。如果失光严重，用以上方法仍得不到满意的效果，应将面漆层磨平，然后重新喷漆。

4. 剥落防范和处理方法

（1）预防措施

1）彻底处理好准备喷涂的基材表面。

2）在钢或铝材表面一定要用正确的金属表面处理剂，处理好后，30min 内应开始喷涂，以防基材表面生锈。

3）喷涂和干燥时，要保证在推荐的温度范围内。

4）使用正确的工艺喷涂底漆，保证底漆充分固化后再喷涂面漆。

5）使用推荐的稀释剂将油漆稀释到要求的黏度范围。

6）每次喷涂的涂层要薄而湿。

7）使用同一油漆生产商生产的配套产品。

8）正确调整喷涂压力。

9）喷涂封底漆。

10）要充分打磨。

（2）处理方法

将剥落的漆膜清除，按要求的涂装方法材料，重新喷漆。

5. 细裂纹防范和处理方法

如经轻微的打磨粗蜡或抛光仍不能使其恢复适当的色泽及平滑，就必须将受影响的表面砂磨打平，然后再重新喷漆。在情况极为严重之处，受影响的表面应打磨到底漆层。

项目考核

一、理论考核

（一）判断题(每题1分,共20分)

1. 附着力是检测涂膜与被涂物表面结合在一起的牢固程度。 (　　)
2. 目前附着力的检测都会破坏涂膜表面。 (　　)
3. 在涂料的性能检验中，涂料固体分含量就是所含不挥发成分的百分比。 (　　)
4. 涂料的流平性是检测涂料经涂饰后，刷纹或桔皮消失，形成平滑表面所需要的时间。 (　　)
5. 涂料的流平性太好，易产生流挂、流痕等缺陷。 (　　)
6. 涂膜的硬度指标体现涂膜抗擦划碰撞及压陷的能力。 (　　)
7. 流平时间大于干燥时间，涂膜容易产生垂流。 (　　)
8. 涂料的遮盖力好，会增加施工及工作量。 (　　)
9. 涂料储存稳定性越好，储存期就越长。 (　　)
10. 对超过储存期的涂料，要按涂料的技术条件规定项目重新检测。 (　　)
11. 涂装前，对被涂物表面进行的一切准备，称表面预处理。 (　　)
12. 涂膜的光泽是指涂膜受到光线照射后吸收光线的能力。 (　　)
13. 涂膜的光泽度越高，其保护能力及防腐能力越强。 (　　)
14. 涂层受到碰撞冲击，对碰撞区的防护层会造成损坏，但不会影响其他部位。 (　　)
15. 涂装工艺规程，是指导和管理施工作业的。 (　　)
16. 底涂层是物体表面的基础用料。 (　　)
17. 底涂层的主要作用是提供附着力和防腐蚀。 (　　)
18. 面漆要求涂料不应太细，而底漆则要求涂料要细，以免影响涂膜的附着力。 (　　)
19. 面漆是物体表面最外层的涂膜，起着装饰、标识和保护物面的作用。 (　　)
20. 随汽车工业的发展，对涂膜表面的要求越来越高，而实现这一要求的最大障碍之一是涂膜中带入脏物。 (　　)

（二）单项选择题(每题2分,共20分)

1. 我国的涂料产品很多，相应的标准也很多，属于国家标准的有(　　)项。

A. 48　　B. 32　　C. 24　　D. 12

2. 用铅笔硬度法测定漆膜的硬度时，手握铅笔与试样成(　　)度角。

A. 30　　B. 45　　C. 60

3. 在涂料细度测定中，刮板细度是以(　　)为单位的。

A. 厘米(cm)　　B. 毫米(mm)　　C. 微米(μm)

4. 流平性是以(　　)单位记录的。

A. 秒(s)　　B. 分(min)　　C. 小时(h)

5. 涂料遮盖力测定采用单位面积测量法，是以(　　)单位表示。

A. g/m^2　　B. kg/m^2　　C. g/m^3　　D. kg/m^3

6. 轿车车身表面，一般要求光泽度大于(　　)。

A. 70%　　B. 80%　　C. 90%

7. 双组分涂料混合后最好先放置一定时间，便于两组分能均匀缓慢的反应，这段时间称(　　)。

A. 活化期　　B. 使用期　　C. 保质期　　D. 熟化期

8. 在影响涂层质量的因素中，影响比例最高的是(　　)。

A. 表面预处理　　B. 涂料的质量

C. 涂施的工艺　　D. 干燥的因素

9. 在下列涂膜性能的测试中，(　　)不会损坏涂层表面。

A. 附着力测定　　B. 光泽的测定　　C. 硬度的测定

10. 下列涂膜的老化现象中，(　　)显示涂膜老化趋向严重阶段。

A. 失光　　B. 变色　　C. 起泡　　D. 粉化

(三) 多项选择题(每题 4 分,共 60 分)

1. 车身涂装质量检验包含(　　)等内容才能真正评定车身涂装质量。

A. 原材料的性能　　B. 施工时性能

C. 涂膜的性能　　D. 涂层质量

2. 我国的标准包括(　　)。

A. 国家标准　　B. 行业标准　　C. 地方标准

D. 企业标准　　E. 自定标准

3. 涂料的细度直接影响(　　)。

A. 涂膜平整性　　B. 涂膜的保护性

C. 涂膜的透水性　　D. 涂料储存稳定性

4. 涂料的固体分含量的高低对(　　)有影响。

A. 涂料用量　　B. 涂饰次数　　C. 涂层膜厚

D. 遮盖力　　E. 光泽度

5. 影响涂料流平性与(　　)等情况有关。

A. 溶剂的溶解力　　B. 溶剂的挥发速度　　C. 喷枪的出漆量

D. 施工环境温度　　E. 喷房空气流速　　F. 一次成膜厚度

6. 按生产过程的次序，质量检验的种类有(　　)。

A. 进货检验　　B. 过程检验

C. 最终检验　　D. 工艺检验

7. 影响涂料遮盖力的因素有(　　)。

A. 颜料密度　　B. 颜料颗粒大小

C. 颜料的分散性　　D. 颜料的颜色

8. 在储存涂料时，不允许与(　　)等混合存放。

A. 不燃性物质　　B. 可燃物质

C. 氧化剂　　D. 金属粉末

9. 汽车涂装是一个完整的工艺过程，必须对涂装的(　　)等阶段进行检验。

A. 涂料的检验　　B. 被涂物表面的检验

C. 工艺过程检验　　D. 涂层的检验

10. 常用的涂层附着力检测方法有(　　)。

A. 打磨法　　B. 画圈法

C. 十字画格法　　D. 铅笔附着力测定法

11. 下列表面预处理的方法中，属于物理处理方法的是(　　)。

A. 喷砂除锈　　B. 酸洗除锈

C. 砂磨除锈　　D. 磷化除锈

12. 涂料的检测项目主要有(　　)。

A. 细度检测　　B. 固体分含量的检测　　C. 流平性的检测

D. 遮盖力的检测　　E. 存储稳定性的检测　　F. 活化期的检测

13. 与表面预处理的方法相适应的是(　　)。

A. 工件的用途　　B. 工件的材质

C. 工件的要求　　D. 工件的表面状况

14. 下列涂膜类型中，对装饰性无明显要求的是(　　)。

A. 高级装饰涂膜　　B. 装饰性涂膜　　C. 保护装饰性涂膜

D. 一般防护性涂膜　　E. 特殊防护性涂膜

15. 喷涂车身漆面底层时处理不当，会引起(　　)等问题。

A. 桔皮　　B. 鱼眼　　C. 流挂

D. 起花　　E. 附着力差

二、实操考核

指导教师在涂料性能检测项目中选取一项，在涂膜性能检测项目中选取一项，为学生提供相关设备和工具。考核学生对涂料和涂膜性能检测的掌握程度，教师对学生操作全程记录、打分，并把学生实训记录单的成绩计入本次考核的成绩中。

实操考核记录单

实训项目五　汽车涂料和涂膜性能检测					
序号	考核内容	配分	考核记录	扣分	得分
1	安全与卫生习惯	10	1. 未着工装及防护 2. 工具摆放不整齐 3. 结束操作未整理现场 4. 有自伤事故 5. 野蛮操作或损坏设备		
2	工具的正确选用、使用	10	1. 涂料性能检测工具 2. 涂膜性能检测工具		
3	操作流程	40	1. 涂料性能检测 2. 涂膜性能检测		
4	效果评价	30	1. 涂料性能检测结果 2. 涂膜性能检测结果		
5	学生实训记录单	10			
6	得分合计				

考核教师：____________　________年______月______日

参 考 文 献

[1] 吴兴敏．汽车涂装技术[M]．北京：北京理工大学出版社，2014.
[2] A. G. DEROCHE. 汽车车身修理与漆面修复[M]．李军，译．北京：北京理工大学出版社，2000.
[3] 宋东方．汽车涂装技术[M]．北京：化学工业出版社，2011.
[4] 林泉．汽车涂装技术[M]．北京：中国劳动社会保障出版社，2010.